KB137259

On the Art of Acting

연기예술을 논하다

On the Art of Acting

연기예술을 논하다

서출판 동인

조한준 지음

시작하며

연기는 순간의 예술입니다. 영상으로 기록되는 찰나, 그것은 마치 박제를 하듯 언제든지 꺼내볼 수 있게 매체화를 시킨 것일 뿐 배우의 연기 행위는 이미 행위 그 자체로 끝난 것입니다. 그만큼 연기는 체험이자 경험이고, 지금 이 순간에 벌어지는 '순간의' 예술입니다. 불꽃처럼 생겨났다가 연기(smoke)처럼 사라지는 것이 연기예술입니다. 그러한 연기예술을 책의 활자와 그림으로 이해하기란 여간 어려운 일이 아닙니다. 전달하고자 하는 사람, 그걸 통해 배우고자 사람 모두에게 말입니다. 또한 연기예술을 학문적으로, 원리적으로 정리를 하는 것도 상당히 아이러니한 지점이 있습니다. 자신만의 독창적인 아이디어가 아니기에 그렇습니다. 이미 선대의 연기 지도자, 이론가들의 위대한 발견들이 뿌리 깊은 나무로 굳건히 존재하여 그 이후의 모든 잔가지들은 그 발견들의 이해를 도모하고, 조금은 다른 차원에서 적용해 보기 위한 시도들에 불과하다고 봅니다. 아마 이러한 의미에서 필자의 스승님께서도 재직 중 연기예술 관련 서적을 출간하시는 데 한사코 손사래를 치셨던 것 같습니다. 당신의 가르침은 모두 다른 이들의 원리들을 잘 활용하고자 한 것일 뿐, 당신 스스로 무언가 독창적인 방법론을 고안해낸 것이 아니니 책을 통해 아는 척 하고 싶지 않다고 말씀하셨던 기억이 강렬하게 남아있습니다.

그런 가르침을 받았던 풋내기 제자가 감히 책을 내보기로 했습니다. 물론 이 책에 언급되는 모든 원리와 개념들 역시 필자가 독창적으로 주창하고자 하는 것이 전혀 아닙니다. 약 25년 간 연기를 현장에서 직접 체험하고, 학문으로서 연구해 보고, 다양한 대상들을 가르쳐보며 파생된 여러 의견들을 개인적 담론의 형태로 풀어보고자 했습니다. 어차피 대단히 주관적 관점이 투영될 수밖에 없는 연기예술이라는 분야를 논할 것이기에 주저 없이 주관적이고자 했습니다. 대학 교수로서 학술논문을 쓸 때 족쇄처럼 짓눌렀던 객관성과 신중함의 무게를 잠시 내려놓고, 현 시점에서 연기예술 전반에 대해 나누고 싶은 모든 이야기들을 가감 없이 털어놓고자 했습니다. 어쩌면 이 책의 대상도 마찬가지입니다. 연기를 시작하고자 하는 지망생, 현재 직업으로 연기를 하고 있는 배우, 그 배우들을 어디선가 가르치고 있는 연기 지도자, 이들 중 어떤 특정한 대상을 주요 독자층으로 잡지 않았습니다. 그래서 때로는 다소 학문적이거나 어렵게 다가갈 수도, 때로는 다소 가볍게 느껴지는 부분들도 있을 것이라 예상됩니다. 이는 그 모든 것들을 구체적으로 명확하게 설정한 후 연기예술을 논하기에 필자의 그릇이 너무나 작기 때문이라고 양해를 구하고 싶습니다.

그럼에도, 이 책을 통해 분명히 원했던 건 연기가 예술로서의 가치를 갖게 되는 이상(理想), 목표에 대한 제시와 더불어 그것을 편협한 테크닉으로 이해하거나 수단으로 활용하는 사람들에게 '진짜 연기'에 대한 진심 어린 제언을 하고자 했습니다. 연기란 '살아있는 사람이 하는 모든 것들을 살아있는 배우가 하는 것이다'라고 말입니다. 연기는 인간 본연의 메커니즘에 대한 원리를 체화함으로써 실제로 자극받고, 느끼고, 반응하며, 사고하고, 무엇보다 실제로 살아 숨 쉬며 소통하는 행위라고 말입니다. 이에 우리 배우들은 이 세상 그 누구도 범접할 수 없는 엄청나고 위대한 임무를 수행하는 신성한 예술가들이라고 말입니다. 이 책을 통해 비록 연기예술에 대한 유레카를 발견하지는 못할지라도 적어도 스스로 왜 연기를 하고자 하는지에 대한 근원적인 성찰을 해볼 수 있게 되기를 바라는 마음에서 미약한 생각을 나누고자 했음을 밝히는 바입니다.

이 책을 집필하면서 필자 스스로도 정말 많은 분들의 다양한 영향을 받았음을 새삼 확인할 수 있었습니다. 배우로서, 연기 교육자로서 지대한 영향을 주신 최형인 선생님, 연기에 대한 보다 넓은 관점을 갖게 해주신 영국의 Monique Wilson, Robin Sneller, Tracy Collier, Christina Gutekunst, Marcin Rudy 선생님, 러시아의 Vera Babicheva, Nikolay Karpov 선생님 등 많은 분들로부터 받은 소중한 가르침이 이 책의 근간이 되었음을 말씀드리고 싶습니다. 더불어 언제나 참된 교육자로서의 따끔한 자극을 주시는 권용, 김준희 교수님께 이 글을 빌려 감사의 말씀드리고자 합니다.

마지막으로, 바쁜 와중에 수차례의 토론을 통해 의미 있는 아이디어들을 투척해 준 세 분의 연기 선생님들, 김경아, 김태하, 오성수 선생님, 날카롭고 예리한 시선으로 조언과 도움을 아끼지 않은 김지은 조교, 이 책의 출간을 흔쾌히 허락하시어 출판을 진행해 주신 도서출판 동인의 이성모 대표님, 그리고 사랑하는 아내와 하온이, 이 세상에서 가장 존경하는 아버지, 어머니께 온 마음을 다해 감사의 말씀 전합니다.

2022년 4월

조한준

차례

4장 센터와 상상력

5장 배우와 언어

6장 배역화에 대하여

7장 연기교육에 대하여

8장 에필로그: 액팅 코치들의 수다

1장

연기란 무엇인가

프롤로그: 당신이 연기를 하고자 하는 이유는?

참으로 희한하다. 학령인구의 급격한 감소로 인해 지방 대학들은 정원을 채우지 못해 문을 닫는 곳들이 나오고, 서울의 주요 대학들도 인원 미달 문제가 이제 더 이상 남 일이 아닌 게 되었는데도 아직 특정 분야만은 지원자가 넘쳐난다. 유사 학과까지 합치면 이미 전국적으로 약 50개 대학에서 학과를 개설하여 운영 중일만큼 유독 한국에서 스테디셀러인 분야, 바로 연기예술이다. 해마다 대학 연기 실기전형 심사에 참여하다 보면 크게 두 부류의 학생들을 만나게 된다. 전자의 수험생들은 대학 입학에 대한 열망, 절실함이 온몸에 투영되어 눈에서 레이저가 나오는 듯하다. 지원 동기를 물으면 닭똥 같은 눈물을 뚝뚝 흘리며 입학만 시켜주면 무엇이든 할 것 같은 절절함을 표출한다. '정말 저렇게까지 이 일이 하고 싶을까?', '저 학생들은 연기예술에 대해 얼마나 알고, 얼마나 경험해 봤길래 저렇게까지 인생을 담은 절실함을 장착했을까?' 이와 정반대로 후자의 수험생들은 마치 태어나서 남 앞에 처음 서본 것처럼 심사위원들의 눈도 마주치지 못한다. 목소리는 웅얼거려서 알아들을 수가 없고, 온몸을 비비꼬며 어찌할 줄을 몰라 한다. 마치 누군가가 벌을 주려 억지로 데려다가 세워놓은 것 같다. 그들에게는 오히려 심사위원들이 읍소를 한다. 무언가라도 보여줘야 최소한의 심사를 한다고 말이다. 필자는 다소 의도적으로 그들에게 연기가 재밌는지 묻고는 한다. 그리고 믿기 어렵겠지만, 그들은 연기가 정말 재미있고 평생 하고 싶다고 한다. '대체 여기를 왜 왔을까?', '저 학생들은 연기의 어떤 부분들을 알고 경험했기에 연기가 재미있다고 생각했을까?' 상반되는 이 두 부류의 학생들은 과연 연기가 무엇이고, 배우가 뭘 하는 사람으로 알고 있길래 땅콩이나 오물거리면서 형식적인 질문을 해대는 그 무시무시한 현장에 홀로 맨몸으로 설 생각을 했을까?

한편, 이와는 또 다른 차원의 연기예술 분야에 대한 수요가 있다. 바로 대학원 연기 전공의 입학 희망자들이다. 필자가 근무하고 있는 학과에는 연기실기 석사, 박사 과정이 있다. 그리고 우리 학과 연기 전공 대학원 재학생 숫자만 한 학기 평균 약 70명을 넘는다. 학과 학부생 정원이 연 21명이니 쉽게 비교가 가능할 것이다. 우리 대학원 연기 전공의 등록금은 2022학년도 1학기 기준, 학기당 약 690만원(입학금 제외)이다. 그럼에도 불구하고, 일 년에 네 차례나 이루어지는 입학 면접에는 항상 수십 명의 지원자가 몰려든다. 물론 그들 중 약 40% 정도는 학부에서 연기를 전공한 후 보다 깊이 있는 학문적 수양을 위해, 혹은 교수 등 강단에 서고자 하는 바람으로 대학원 진학을 희망한다. 문제는 나머지 60%이다. 서울대 출신의 평범한 직장인, 민사고를 거쳐 미국 서부 명문대를 졸업하고 막 귀국한 학생, LG전자 과장을 하다 사표를 내던지고 온 사람, 초등학교 선생님을 그만두고 온 사람 등은 일도 아니다. 한 가정의 가장으로 생계를 책임지는 일조차 힘겨워 보임에도 불구하고 세상 무엇보다 자신이 하고 싶은 일을 시도해 보고자 모든 것을 내던진 사람, 혹은 이미 사회적으로 안정된 위치에 자리했음에도 불구하고 그것을 과감하게 버려버리고 이 바닥에 새로운 도전장을 내미는 사람들의 눈물겨운 지원 동기를 듣는 것은 이제 필자에겐 너무나 익숙한 일상이다. 그들의 감동 스토리에 현혹되어 입학을 시킨 후 본격적인 연기 수업을 시작한 지 얼마 지나지 않으면 필자나 해당 학생 모두, 혹은 적어도 필자 스스로 알게 되는 것이 있다. 그들이 연기를 하고 싶은 이유는, 배우가 되고자 하는 이유는, 오히려 그들의 심리적인 측면에 맥락이 있다고 말이다. 동경하던 대상을 부모의 반대나 사회적 여건 때문에 시도해 보지 못했다는 막연한 후회, 학창시절 왕따 등 핍박받던 자아를 대중 앞에 드러냄으로써 뭔가 해방감을 느낄 것이라는 기대, 가족이나 가까운 주변으로부터 칭찬, 관심을 받지 못해 평생 마음속으로 '나 좀 봐 주세요'를 할 수밖에 없었던 정신적 외로움 같은 것 말이다. 이 모두 연기를 일종의 심리적 해방을 위한 탈출의 매개로 여긴 것이다. 한마디로 사람의 관심에 대단히 목이 마른 사람이다. 사랑받고 싶은 사람이고, 인생의 주인공이 한번 되어 보고 싶은 사람이다. 그러나 배우라는 존재는 다름 아닌 자신의 몸과 마음이라는 두 가지를 유이한 재료이자 동시에 매체로 활용한다. 때문에 몸과 마음이 하얀 도화지와 같이 '보편적'인 재료로 준비가 되어 있어야 한다. 그리고 그 하얀 도화지에 물감을 떨어뜨리면 어떠한 왜곡도 변형도 없이 도화지가 그 색깔로 변해야 한다. 그러나 이와 같은 사람들은 재료 자체가 보편적인 것과 거리가 멀다. 도화지 자체가 하얗기는커녕 온갖 색깔로 뒤덮여 있어서 어떠한 물감을 떨어뜨려도 변화하지 않는다. 혹은 도화지가 코팅이 되어 있어서 물감을 떨어뜨리면 흡수되지 못하고 그대로 흘러내린다. 이들은 자신들의 가정환경, 사회환경 등의 성장배경 속에서 축적된 자아의 결핍이 배우라는 존재, 연기예술이라는 행위를 통해 너무나도 속 시원히 해소가 되어 해방감을 만끽할 수 있을 것이라 기대하지만 '나'라는 사람을 드러내지 못하고 꽁꽁 싸맨 채 살아온 사람을 하얀 도화지로 만드는 일은 보통 어려운 일이 아니다. 무엇보다 연기를 가르치는 곳은 그러한 일을 하는 데가 아니다. 오랜 시간 동안 묻혀있던 유물의 봉인을 풀어 주는 곳이 아니다. 이들의 공통점은 남 앞에 서는 것이 여간 괴로운 일이 아님을 온몸으로 느끼면서도 스스로는 재미있다고 착각한다는 것이다. 인물의 정서의 폭발을 경험해 봄으로써 봉인되었던 나 자신을 함께 분출할 수 있을 것이라 기대하지만 일단 연기예술이라는 것이 정서의 폭발을 목적으로 하지 않을뿐더러, 정작 그러한 순간에 맞닥뜨리면 폭발 근처에 가지도 못하고 괴로워한다. 스스로 손발이 오그라들다 못해 몸 안으로 파고들어가는 것만 같다. 그들은 어쩌면 여기 연기 전공 대학원보다 오히려 정신상담사나 심리치료 전문가를 찾아가는 것이 적합할지 모른다. 아니면 독서 소모임, 영화/공연감상 동아리 등과 같이 본인이 좋아하는 것을 남들과 공유하고 자신의 의견을 남에게 전달함으로써 얻는, 타인으로부터 적정 수준의 관심을 받고 '나'라는 사람을 너무 지나치지 않게 표현하면 되는 그러한 종류의 일이면 충분할지 모른다.

이와 같은 대학이나 대학원으로의 진학이야말로 배우가 되는 길이자, 혹은 연기를 '잘' 배울 수 있는 유일한 길이라 생각하는 사람들과 더불어 배우를 사회적 성공이나 경제적인 관점에서 접근하는 사람도 부지기수다. 대표적인 사례로, 요즘은 하기 싫다는 어린 아이의 손을 잡고 오히려 부모가 먼저 에이전시를 돌아다니며 반강제 조기교육 혹은 재테크를 시도하는 경우도 많다. 아이들이 대형 기획사의 길거리 캐스팅을 당해 명함이라도 받아오면 마치 과거에 급제해 온 것마냥 영광스럽게 생각하는 부모들도 있다. 아이들도 이제 더 이상 산골 출신이 사법고시를 패스하던 시절이나 흙수저가 서울대를 수석으로 입학하던 '전설' 따위엔 관심이 없다. G-dragon의 일 년 저작료 수입이나, 아이유의 연 매출이 웬만한 중소기업을 넘는다는 것, 그리고 그들이 어떻게 처음 연예인 활동을 시작하게 되었는지에 대한 '사실'이 더 중요하다. 나아가, 최근엔 유튜브로 대표되는 각종 동영상 공유 플랫폼으로 벼락부자가 되는 일반인들을 더욱 가깝게 접하며 '전설'보다 '사실'에 더욱 현실적인 실현 가능성이 있어 보인다고 확신한다. 그러면서 아이들은 점점 연기를 예술로 생각하지 않는다. 배우를 예술가로 생각할 생각조차 못 한다. 인간을 다루는 인문학적 종합예술인 연극 따위에는 일말의 관심도 없다. 그렇다고 이 분야에 대해 분명한 비즈니스적 관점이 있는 것도 아니다. 단지, 한 인간이 사회인으로서 예측 가능한 선을 넘을 정도의 경제적 수익을 벌 수 있는 거의 유일한 길이 이 분야라고 생각하고, 그렇게 성공하는 것이 자신의 신분을 상승시키거나 새롭게 태어나게 하는 일이라고 여긴다. 가장 큰 문제는 이제 너무나 쉽게 찾아볼 수 있는 '성공 사례'들로 인해 아이들 스스로가 자신도 할 수 있다는 막연한, 그러나 너무나 쉽게 으스러져버리는 환상을 갖는다는 것이다. 이것이 배우를 꿈꾸는 한국의 수많은 초, 중, 고등학생들의 현실이며 이는 대학 입시 현장이나 오디션 현장에서 무척이나 자주 접할 수 있는 일이다. 물론 사람은 누구나 자신이 생각한 바대로 시도해 보고 실패해 볼 권리가 있다. 문제는 연기란 것이 무엇이고, 배우란 무엇을 하는 사람이며, 그걸 위해서는 무엇을 준비하고 해낼 수 있어야 하는지에 대한 객관적 자기성찰이 부재하다는 것이다. 그래서 마치 시간이 지나면 자연스럽게 연기력이 장착되거나 향상이 될 것이라 기대하고 오디션 기회가 많지 않거나 자신과 이미지가 맞지 않아서, 혹은 단지 때가 안 되었기 때문에 자신에게 아직 기회가 오지 않았다고 생각한다. 그리고 그러한 생각과 막연한 기다림으로 많게는 수십 년의 세월을 스스로만 '배우'라고 생각하며 그냥 보낸다. 그리고 아르바이트를 전전하다가 인생의 방향을 바꾸고자 할 시기가 오면 할 줄 아는 것이 아무것도 없는 스스로를 발견한다. 다소 공격적으로 들릴 수 있는 이와 같은 비판적 시각에 필자 역시 자유롭지 못했다. 그만큼 필자도 막연하게 배우가 되고 싶어 했다.

필자의 부모님은 연세가 많다. 늦둥이 막내아들로 태어나 집안의 사랑을 독차지했지만, 그와 반대로 부모님의 기대를 온몸으로 받아야 했다. 그리고 아버지는 격동의 한국사를 공무원의 신분으로 겪어 오신, 대단히 보수적인 분이었다. 그런 부모님에게 하나뿐인 아들이 배우를 하겠다니. 차라리 때리셨다면 좋았을 걸, 아버지는 새벽에 베란다에서 멍 하고 계시거나 가끔 눈물을 닦으셨다. 그게 더욱 죄송하고, 속이 상했다. "왜 그렇게 싫으세요? 뭐가 그렇게 문제인가요?" 어린 나이에 도무지 이해가 되지 않았다. 내 인생이니까. 자신이 있었으니까. 기억을 더듬어서 그 당시 아버지의 대답을 회상해 보면 이런 표현이었다. "돈을 못 벌고 안정적이지 않다는 것은 두 번째 문제다. 내 아들이 남 앞에 서서 그들의 웃음거리, 오락거리가 되는 딴따라 인생을 걷는 게 싫다." 당시 우리 동네에 대단히 파격적인 밴드의 리드보컬 여가수 가족이 살았었다. 그 가수는 생방송 중에 가운데 손가락을 날리기도 하고, 형형색색의 헤어스타일과 파격적인 의상으로 당시 젊은이들에게 신선한(?) 파장을 일으켰었다. 그리고 그 여가수의 아버지는 국회의원이었다. 필자의 어머니는 그 여가수의 어머니가 동네 슈퍼에 올 때도 얼굴 전체를 꽁꽁 싸매고 마치 범죄자가 검찰 수사 받으러 들어가는 것처럼 살아야 하는 그 인생을 빗대며 필자의 배우에 대한 진로를 반대하셨다. 그러한 부모님의 반대에 필자는 방송국 PD가 되겠다는 거짓말로 대학 연극영화학과에 입학했다. 수능 성적이 부족하여 연기 실기전형을 봤어야만 했고 모 대학 연극학과에 재학 중인 동네 형에게 연기를 배우기 시작했다. 지금 생각해 보면 필자는 사기를 당한 거나 마찬가지이다. 이제 대학 2학년 올라가는 햇병아리에게 1997년 당시 한 달 1백만 원에 가까운 돈을 주고 연기를 배웠으니 말이다. 과정이 어쨌든 필자는 그 동네 형에게 연기를 단지 사흘 배우고 테스트 삼아 실기시험을 본 현 모교에 47대 1의 경쟁률을 뚫고 특차 합격을 했다. 소가 뒷걸음질 쳐 제대로 쥐를 잡은 뒤 막상 대학에 입학해 보니 필자와는 너무나도 다른 차원의 동기, 선배들이 있었다. 연기, 연극, 영화에 대한 그들의 이해와 관심의 깊이는 연기를 사흘 배우고 온 사람과는 차원이 달랐다. 수업시간이나 사석에서 그들과 관련 분야의 대화를 나누고 있노라면 스스로 텅텅 빈 수레가 된 느낌이 든 날이 다반사였다. 그렇게나 막연하게 대학 입학을 한 필자에게 오히려 아이러니한 일들이 계속 벌어졌다. 입학한 지 얼마 지나지 않아 상업 영화 공개 오디션 공고가 학과 게시판에 붙었고, 수십 명의 동기, 선배들이 함께 오디션을 보았지만 오직 필자 혼자만 캐스팅이 된 것 아닌가. 연기 사흘 배운 '뒷걸음질 치던 소'는 그렇게 데뷔까지 했고, 이후 TV 드라마, 모델, VJ 등의 다양한 활동이 이어지며 필자를 막연함과 무지함, 어수룩함으로 한심해하던 동기와 선배들에게 보란 듯이 양 어깨를 으쓱하는 나날이 이어졌다. 그러던 어느 날, MBC에서 방영되던 주말 예능 프로그램의 단편 극장 형식의 드라마를 촬영하던 날이었다. 롯데월드 한복판에서, 그것도 당시 국민 아이돌

S.E.S와 필자가 주인공으로 촬영을 했으니 얼마나 많은 인파들이 몰려서 구경을 했었겠는가. 그날은 필자 인생에서 대단히 중요한 전환점이 된 날이었다. 이유는 간단했다. 감독이 필자가 연기를 못한다며 고성과 욕설을 내뱉기 시작했고, 수많은 인파들에 둘러싸인 무명의 뒷걸음질 소는 한순간에 국민 아이돌에게 방해가 되는 민폐 배우가 되기 시작했다. 감독은 필자에게 이 장면에서 이 역할이 해야 하는 것이 무엇이냐고 물었다. 이전 상황과의 연관성을 물었으며 상대 역할과의 관계를 물었다. 그리고 이 역할이 보여야 할 정서적 결핍, 아픔이 무엇인지 물었다. 그리고 어버버 대답하지 못하는 필자에게 "이런 쓰레기 같은, 배우도 아닌 xx를 누가 어디서 데리고 왔어!!"라고 소리치며 거의 난동을 부렸다. 감독으로 빙의되어 보이던 수많은 군중들도 필자에게 같은 내용으로 소리를 치는 것만 같았다. 그 이후 필자는 모든 것을 정리하고 다시 학교로 돌아왔다. 배움, 앎에 대한 의지와 열망이 가득해졌다. 그리고 학과에서 연기를 가장 잘하고, 동시에 가장 무섭다고 소문이 난 선배에게 찾아가서 연기를 배우고 싶다고 했다. 무슨 무협영화에서처럼 그 선배는 몇 번을 무시하더니 반복되던 필자의 청에 자신의 하숙집에서 같이 영화를 보자는 것으로 첫 반응을 보였다. 그리고 우리는 함께 영화 〈대부〉 시리즈를 하룻밤에 몰아서 봤다. 그렇게 잠이 들었는데, 무슨 소리에 깜짝 놀라 잠이 깼다. 그 선배가 갑자기 중얼거리면서 손을 허공에 대고 허우적대는 것이 아닌가. 그것은 당시 그 선배가 학교 공연에서 맡았던 역할의 대사였다. 그 선배는 자면서도 자신의 역할의 대사, 장면을 상기하고 있었던 것이다. 물론 지금 이 이야기를 가끔 꺼내면 듣던 사람들은 박장대소하면서 그 선배의 '연기'에 필자가 낚인 것

이라고 하는 사람들도 있지만, 당시 필자에게는 그 장면이 대단히 충격적이었다. 자신의 연기에 모든 진심을 다하는 그 선배를 통해 그동안 스스로 얼마나 막연하게 배우가 되고 싶어 했는지 생각해 보게 되었다. 배우가 되고자 하는 것이 유명해지고 싶은 것이고 이 모든 것은 돈을 많이 벌어 성공하기 위함이라고 생각하던 스스로가 단단히 잘못되었음을 깨닫게 해준 계기였다. 그리고 '연기란 대체 무엇일까', '배우의 임무, 사명은 무엇일까', '어떻게 해야 존경받고, 칭송받는 배우가 될까'라는 비밀의 문을 너무나도 열어보고 싶다는 강렬한 열망이 생겨났다.

지금까지의 이야기들은 본격적인 논의에 앞서 얼마나 많은 사람들이 '배우', '연기예술'이라는 것에 얼마만큼 막연하게 접근을 하고 있는지 짚어보고자 하는 일종의 문제 제기였다. 손에 잡히지 않는 무형적 특성으로 인해 누구나 '쉽게' 접근할 수 있다고 생각을 하는 사람들에게, 피아노, 바이올린, 미술처럼 재료와 매체가 정해져 있어 그것들을 운용하는 고난도의 스킬이 필요한 다른 예술들과 달리 맨몸으로 그냥 시도하면 될 것 같아 쉽게 보이는 사람들에게 연기예술이란 그런 차원의 것이 아님을 인지시키기 위한 사전 작업이었다. 연기는 돈을 벌기 위한 수단도 아니고, 대학을 가기 위한 방편도 아니어야 하며, 자기 자신을 치유하고 분출하는 매개도 아니어야 한다. 다른 예술들과 달리 대중적이고 상업적인 파급력을 갖춘 덕분에 연기를 통해 부와 명예를 얻는 것도 한순간이지만 그만큼 나락으로 떨어지는 것도 찰나인지라 더욱 연기예술 그 근원에 대한 이해가 깊이 있게 성찰되어야 한다고 본다. 그러한 의미에서 먼저 필자는 연기예술이란 과연 무엇인지, 배우는 뭘 하는 사람인지에 대한 단상을 이어보려 한다.

배우, 위대한 마술사

배우라는 존재의 기원은 그 누구도 감히 정의하지 못한다. 몇몇 서양 연극사 관련 책에 고대 그리스 시대 테스피스가 배우의 시초라고 언급하고 있지만 이는 지극히 서양 중심적 사고방식에서 채택된 아이디어이자, 연기예술의 범주를 지나치게 좁힌 사고에서 비롯된 것이다. 모방본능, 유희본능, 제의 등 연기예술의 기원적 측면에서 보자면 과연 배우를 어떠한 사람으로부터 시작했다고 볼 수 있을까?

『문학과 예술의 사회사』를 쓴 역사학자 아르놀트 하우저는 인류의 역사로 볼 때 예술가의 기원은 일종의 '마술사'였다고 한다. 하루하루의 생존 그 자체가 최대 과제였던 구구구석기 시대 인류 최초의 예술가란 특정한 행위를 통해 인간 생존에 보탬을 이끌어내는, 마술적 능력을 지닌 사람이었던 것이다. 동굴에 동물 그림의 벽화를 그렸더니 실제 그 동물이 나타났다든지, 비를 내려달라고 하늘에 대고 괴성을 질렀더니 실제 비가 내렸다든지, 아픈 가족을 낫게 해달라고 돌들을 쌓았더니 실제 아픈 몸이 나았다든지, 그러한 엄청난 현상을 실제로 이끌어낸 사람이 그 당시 있었다면 그들이야말로 마술사가 아니고 무엇이었겠는가. 그리고 배우의 기원 역시 그러한 마술사적 관점에서 이해되어야 한다고 본다. 그 시대의 배우들 또한 인간 생존과 직결된 존재였을 것이다. 그들은 사냥, 채집과 같은 인간 신체를 단순하게 활용하는 차원이 아닌, 또 다른 차원에서 인간의 생존에 영향을 미쳤을 것이다. 그것이 영적 차원이든 심리적 차원이든 말이다. 그들은 동물과 소통하고, 하늘과 소통하며, 신과 소통하는 매개였다. 신, 조상의 대리인으로서 그들의 메시지를 인간들에게 전달했으며, 반대로 평범한 인간들의 메시지를 절대적 존재에게 바치는 위대한 전령이었다. 고대 그리스 비극의 코러스장, 중세 종교극에서의 신의 대리인, 기사 작위를 수여받는 영국 왕실 소속의 배우와 같은 고귀한 신분에서부터, 음란하고 퇴폐한 이야기꾼, 망나니보다 못한 신분으로서의 딴따라들까지 인류 역사상 배우라는 존재는 이 세상 어떤 직업보다 변화무쌍한 정체성을 보여 왔다. 그러나 이러한 극단적인 차이에는 하나의 공통된 원인, 이유가 있다. 그것은 바로, 배우가 갖는 마술과 같은 영향력이다.

배우는 인간(작가)이 쓴 인간을 주제로 한 이야기를 인간(관객)에게 전달하는 '살아있는 인간'이다.

관객은 배우라는 인간에게 투영된 가상의 인간의 이야기를 통해 지금껏 살아온 삶을 반추하고, 현재의 삶을 돌아보며, 앞으로 살아갈 자신의 인생을 그려본다. 한 종교와의 만남이 한 인간의 삶을 송두리째 바꿔놓듯이, 배우 역시 평범한 한 인간의 가치관, 인생관을 완전히 바꿔놓을 수 있다. 자신이 속해 있는 사회와 관계들을 되돌아보게 하고, 보다 의미 있는 앞으로를 위한 예술적 자극을 선사한다. 인류의 역사 속에서 연극이라는 예술 장르, 그리고 그 안의 배우라는 예술가가 당대의 정치/사회상과 밀접한 연관을 맺으며 끊임없이 변화해 왔다는 사실이 이를 방증한다. 고대 로마 황제 네로, 독일의 히틀러, 소련의 스탈린, 영국의 엘리자베스 여왕 등은 일찍이 이러한 배우의 영향력을 중요하게 인지하였고, 이를 각기 다른 방법으로 사용하거나 혹은 제거해 나갔다. 영화 〈왕의 남자〉에서처럼, 우리의 옛 조상들도 윗사람들을 풍자하고 비꼬던 길거리의 배우들을 처단한 것 역시 단지 기분이 나빠서라기보다 그러한 행위가 다수의 사람들에게 미칠 파급력 때문일 것이다. 다른 예술 장르의 작품들, 예를 들어 시, 소설과 같은 문학, 그리고 회화나 조각과 같은 미술도 보는 이에게 예술적 영감을 제공한다면, 배우라는 예술가는 거기에 '생명'을 불어넣는다. 활자가 인쇄된 종잇장의 예술작품에 숨을 쉬고, 사고하며, 정서를 느끼는 살아있는 인간이 또 다른 차원의 생명력을 주입하여 일으켜 세우는 위대한 마술인 것이다. 마치 종이로 보던 만화책의 등장인물이 내 눈앞에 살아서 튀어나오는 것처럼 말이다. 이 이야기들을 계속해서 강조하는 이유는, 배우란 이와 같은 자신의 영향력, 파급력을 인지하고 받아들이며 그것을 소중히 해야 하는 책무가 있음을 알아야 하기 때문이다. '왜 배우가 되고 싶니?', '연기가 뭐라고 생각해?'라는 질문에 '정신적 해방을 하고 싶어서요', '연기를 할 때 나 자신이 카타르시스를 느껴요', '여러 사람, 여러 직업들을 경험해 보며 새 삶을 사는 것 같아요'와 같은, 자기 스스로를 위한 답으로 자기 위안하면 안 된다는 것이다. 다시 강조하자면, 배우는 작가와 관객 간의 매개이자 전달자이다. 배우의 모든 연기 행위는 오로지 관객을 위해 존재한다. 카타르시스는 배우 스스로가 느끼는 것이 아니라 관객이 느끼는 것이다. 배우는 자신의 가치관 속에 등장인물의 가치관을 접목하여 관객의 가치관에 개입하는 존재이다. 관객의 심장을 뛰게 하고 피의 순환에 영향을 미치며 소름을 돋게 하고, 영감과 감동을 선사해야 한다. 때로는 관객을 거리로 뛰어나오게 하고, 행동하게 해야 한다. 그러한 의미에서 배우라는 존재는 단순히 기술을 연마하는 '~쟁이' 여서는 안 된다. 예술, 마술, 기술 사이에서 자유자재로 그 영역들을 넘나드는, 이 세상에 둘도 없는 고급진 예술가인 것이다.

연기는 보여주기가 아니다

많은 연기 지망생들은 그렇게나 배우가 되고 싶어 하면서도 또 막상 멍석을 깔아주고 시켜보면 그렇게나 떤다. 긴장한다. 호흡이 가빠지고 입안의 침이 바싹바싹 마르거나 혹은 흥건히 고인다. 근육이 뻣뻣해지고 신체 움직임이 로봇처럼 부자연스러워진다. 이러한 긴장감이 흔히 말하는 '기분 좋은 긴장'으로 작용하면 그나마 다행이지만, 거의 대부분은 대단히 괴롭다. 여기서 말하는 기분 좋은 긴장이란 극한 상황을 있는 그대로 마주할 수 있는 담대함을 말한다. 마치 올림픽 결승전을 앞둔 선수가 엔도르핀의 상승과 같은 심리 - 신체적 변화에도 불구하고, 이성적 침착함과 심리적 담대함을 유지한 채 경기에 온전히 '집중'하게 되는 상태를 예로 든다면 보다 이해가 쉬울 것 같다. 이와 다르게 대부분의 연기 지망생들이 긴장으로 인해 괴로움을 느낀다고 언급한 것은 배우 자신의 '자의식'(自意識)과 연결하여 이해할 수 있다. 자의식이란 사전적 의미로 자기 자신이 처한 상황이나 행동에 대한 자기 인식을 의미한다. 연기예술이 본래 배우와 역할이라는 두 인간의 영역을 넘나드는 일이기 때문에 배우의 이중적 자아에 대한 논쟁이 근원적으로 존재해

왔지만, 그럼에도 불구하고 연기예술에서 '자의식'이라는 단어는 긴장을 이기지 못해 역할로서가 아닌 배우 자신에 의해 침잠해버린, 일종의 부정적 의미로써 주로 사용된다. 자의식은 배우 스스로가 누군가에게 보임을 당하고 있다는 강렬한 의식에서 비롯된다. 또한 그것은 미리 암기하고 준비한 것을 틀림이 없이 해내야 한다는 강박에서 비롯된다. 뿐만 아니라 그것은 본인 연기의 결과물에 대한 좋은 평가를 받아서 그 다음의 사회적 행보로 이어져야 한다는 배우 스스로의 의식에서 비롯된다. 연기를 할 때 이러한 자의식이 느껴질 때면 배우는 대개, 연기가 즐겁지 않고 괴롭다.

필자는 바로 이러한 배우의 정신적 긴장, 자의식의 원인으로 배우가 연기를 '보여준다'라는 차원에서 접근하는 것이 근원적 이유라고 강조하고자 한다. 앞서 언급했던 것과 같이 대부분의 배우들은 흔히 말해 남 앞에 서기 위해 연기를 시작한다. 남들이 나를 주목했으면 좋겠고 사랑해 줬으면 하며, 나만 봤으면 하는 바람으로 연기를 시작한다. 그러나 실상 연기예술은 절대로 '보여주기', 즉 'showing'이 아니다. 우리가 긴장을 하는 이유는, 연기란 '대사를 잘 외우고, 그것을 틀리지 않게, 그럴듯한 감정과 함께 잘 보여주어야 한다'고 생각하기 때문이다. 그래서 거울을 보고 연습을 하며, 눈으로 레이저빔을 쏘듯 표정 연습을 하고, 같은 대사를 여러 음성으로 뱉어보며 가장 그럴 듯한 사운드를 찾고, '가갸거겨고교' 혹은 '아에이오우'와 같은 '딕션' 훈련을 한다. 그리고 연기를 시작하기 전에 벽을 보고 드래곤볼마냥 감정의 에네르기를 모아야 하는 시간이 필요하다. 그리고는 역도 결승전 최종 시도를 시작하는 사람마냥 깊은 날숨과 함께 준비한 것을 '보여준다'.

필자 역시 상당히 떠는 배우이다. 그리고 그 떨림이 대단히 괴로워서 어느 순간부터 연기하는 것이 재미있기보다 무서워진 배우이다. 찻잔이 덜그럭거릴 정도로 떨어서 차나 커피를 마시는 장면을 싫어하고, 라이터나 성냥 켜는 손이 너무 떨려서 담배 피우는 장면도 기피하는 겁쟁이 배우이다. 그런데 영국에서 연기 유학을 할 당시 대단히 놀라운 경험을 했다. 공연제작 프로덕션의 첫 공연 날, 분장실과 무대 뒤에서는 온통 긴장에 사로잡혀 있는 외국인 동료 배우들이 몸과 목을 풀고, 담배를 피우고, 물을 마시고, 과도한 수다를 떨어대며 난리가 나있었다. 그중 유독 구석에서 세상 편하게 앉아 그 광경들을 흥미롭게 관찰하던 동양인 배우가 있었고, 그게 바로 필자였다. 필자는 차례가 되자 그대로 무대에 나가 맡은 바 임무를 수행하고 왔고, 커튼콜을 했으며, 끝나고 집으로 바로 갔다. 왜냐하면, 공연 끝나고 만날 사람이 아무도 없었던 것이다. 즉, 객석에 내가 아는 사람이 한 명도 없었으며, 내가 잘 보여야 하는 사람도 없었고, 관객은 외국인들이라 나의 영어 발음이 완벽하지 않다는 것을 이미 알고 있기 때문에 나는 특별히 나의 상태를 포장할 필요가 없었다. 또한 나는 졸업과 동시에 한국으로 돌아와야 했기에 그들에게 배우로서 잘 보여 캐스팅이 되는 등 앞으로를 기대할 필요가 없었다. 이 경험은 필자에게 연기를 '보여준다'라는 생각이 그동안 얼마만큼 스스로를 옭아매며 긴장을 부여했는지 놀라운 깨달음을 주는 계기였다. 특히 유달리 남의 시선을 의식하고, 남에게 잘 보이고 싶어하는 한국인들에게 연기는 더욱 치명적인 압박 예술이다.

역사적으로 보았을 때에도 연기예술은 그동안 단 한번도 '보여주기'가 목적이었던 적이 없다. 인류의 가장 첫 번째 배우는 누구였을까?

『일리아드』와 『오디세이』의 호메로스 이전에 말이다. 필자는 인류의 언어가 탄생하기도 훨씬 전, '우가우가'로 대화를 했을 구구구구석기 시대에 이미 명배우가 있었을 것으로 생각한다. 아르놀트 하우저의 말대로 분명 당시 '순간의' 생존과 밀접하게 연관되어서 말이다.

한 원시인이 쥐를 바라보고 있다. 그 쥐가 찍찍 소리를 냈다. 그 소리를 듣고 멧돼지가 나타났다. 멧돼지가 쥐를 잡아먹었다. 원시인은 제 발로 온 멧돼지를 잡아먹었다. 다음 날 원시인은 같은 자리에서 멧돼지를 기다렸다. 멧돼지가 오지 않자, 원시인은 찍찍 소리를 내며 보이지 않는 멧돼지를 유인하였다. 그 소리를 듣고 멧돼지가 나타났고, 원시인은 다시 멧돼지를 잡아먹었다. 그리고 그 광경을 보고는 우가우가 하며 박수를 치는 다른 원시인이 있었다. 쥐소리를 내던 원시인은 계속해서 쥐소리 내기를 연습했고, 날이 갈수록 진짜 쥐와 유사해졌으며 그 원시인은 이제 쥐소리 전문가로 모든 사냥과 기타 업무에서 열외가 되었다. 그리고 쥐소리로 멧돼지를 잡을 때마다 뒷다리를 상으로 수여받았다. 날이 갈수록 그의 쥐소리를 이용한 사냥을 보러 오는 원시인들이 많아졌다.

정말 완벽한 배우의 조건 아닌가? 그 원시인의 행위가 반박할 수 없는 연기예술이라고 한다면, 그는 쥐소리를 남에게 '보여주기' 위해서 냈나? 또 다른 원시인 부족에는 큰 가뭄이 들었다고 가정하자. 부족장이 하늘에 대고 춤을 추며 비가 오길 기원한다. 그리고 부족 사람들은 그 부족장을 둘러싼 채 한마음으로 기원하고 있다. 부족장의 행위 역시 반박할 수 없는 연기예술의 일종이라고 볼 수 있다면, 그는 그 행위를 사람들에게 '보여주기' 위해서 한 것인가? 원시인은 멧돼지와, 부족장은 하늘 혹은 자연과 소통을 한 것이다. 구체적이고 명확한 목적이 있는 소통 행위였던 것이다. 보이지는 않지만 멧돼지에게, 그리고 비를 관장하는 신에게 제발 와달라고 의지를 발산하여 소통한 것이다. 고대 그리스, 로마, 중세, 르네상스 시대의 배우들이 하던 연기예술도 마찬가지이다. 연극사적으로,

배우의 연기예술은 언제나 '목적이 분명한 소통 행위'였다.

그런데 어느 날 연극과 배우들이 극장이라는 공간의 실내로 들어오기 시작하자 드디어 객석의 불을 끄기 시작했다. 무대와 객석이 완벽하게 분리되기 시작하고 객석의 관객들은 마치 없는 사람처럼 조용히 집중하여 무대에서 벌어지는 일들을 관음하기 시작한 것이다. 배우들은 이제 어둠 속의 수많은 눈들에게 보임을 당할 수밖에 없는 환경에 놓이기 시작했으며, 배우 스스로도 보임을 당한다는 의식에서 벗어나기 어려워진 것이다. 하지만 이러한 어려운 상황 속에서도 연기란 어두운 객석의 관객에게 '보여지기' 위한 것이 아니라, 무대 위 상대방 혹은 스스로에게 하는 소통 행위여야 한다.

대학 입시 연기의 단골 대사인 〈유리동물원〉 중 톰의 독백을 예로 들어보자. "난 어떨 거라고 생각하세요? 참을 수 있을 거라고 생각하세요?..." 이 유명한 첫 대사를 위해 연기 지망생들은 벽을 보고 에너르기를 모은다. 감정을 한껏 끌어올려서 준비가 되면 정면을 보고, 심호흡을 하며, "가 번호 00번, 연기 시작하겠습니다!"라는 힘찬 멘트와 함께 첫 대사를 격정적으로 뿜어낸다. 중간에 한번쯤 목소리를 떨며 감정적으로 격앙되었다는 것을 보여줘야 할 것 같고, 눈물까지 나와 주면 금상첨화이다. 그리고 독백이 진행될수록 소리가 커져서 마치 정말 엄마한테 화가 난 것처럼 보이면 오늘 독백은 대성공이다. 또 다른 단골 손님 〈세일즈맨의 죽음〉의 비프를 보자. "어느 정신 나간 놈이 제 목을 스스로 매겠어요??!!!!" 첫 대사에 물음표가 두 개나 있고, 느낌표도 네 개가 있다. 엄청난 놈이다. 이놈은 에너르기를 더 모아야 한다. 그리고 정말 모든 걸 쏟아내는 것처럼 보여야 한다. 이 모든 접근들은 결국 '보여주기'라는 생각 때문에 벌어지는 오류이다. 연기예술의 목표, 이상의 최고봉이 결국 '살아있는 사람이 하는 모든 것들을 다름이 없이 똑같이 하자'라는 것에 이의를 제기할 수 없다면, 우리 인간은 엄마랑 싸울 때 내가 어떻게 보일 것인가 신경을 쓰는가? 엄마랑 싸울 때 소리를 그럴듯하게 지르기 위해서 연습을 하는가? 거울을 보며 눈에서 레이저빔이 제대로 나오는지 미리 확인을 하는가? 나가서 목을 매라는 아버지에게 그런 말을 어떻게 그렇게 쉽게 하냐고 반문을 하기 위해 우리 인간이 미리 준비하고, 연습하며, 그럴듯하게 잘 보이는지 신경을 쓰는가?

필자도 연기를 배우며 다음과 같은 관점, 연기관이 정립된 게 20대 후반이 다 되어서였다.

> 난 한국인이다. 난 한국어를 대단히 잘 구사하는 원어민이다. 난 엄마(톰으로서), 아빠(비프로서)와 소통한다. 대화한다. 뭐로써? '나'라는 자연인이 대화하는 데 아무런 문제가 없는 한국어로. 떨릴 필요가 없다. 왜? 보여줄 필요가 없으니까. 내가 다른 특별한 걸 하는 게 아니고 그저 대화를 할 건데, 떨 필요가 뭐가 있나? 또한 얼마든지 다시 할 수 있다. 왜? 대화는 언제든지 다시 시작할 수 있으니까. 에네르기를 모을 필요도 없다. 왜? 감정이 중요한 것이 아니라, 내가 엄마, 아빠에게 '얼마만큼' 묻고 싶은지, 나의 '의지'가 중요하니까. 그리고 나는 의지가 있는 자연인이니까.

별로 특별하지도 않은 이와 같은 가치관이 정립된 후 정말 손바닥 뒤집기처럼 연기에 접근하는 나 자신이 완전히 바뀌었고 연기가 쉬워졌으며, 재미있어졌고, 자신감이 생겼다.

배우들 중 연기를 '보여준다'라는 관점에서 문제를 보이는 부류는 두 가지가 있다. 먼저 이미 보여주는 연기에 익숙해져서 온갖 테크닉으로 자기의 연기를 공작새와 같이 드러내고 뽐어내는 데 여념이 없는 배우들이다. 마치 오페라의 아리아가 시작되면 정면으로 관객을 바라보고 자세부터 잡는 오페라 가수처럼 말이다. 그들은 자신의 연기를 과시하고 뽐내며, 그 과정 속에서 스스로 카타르시스를 느낀다. 그리고 독창적인 개인기를 성공적으로 마친 것마냥 공연이 끝나고 당당하게 생맥주를 마시러 간다. 두 번째 케이스는, 연기를 하면서 스스로 발버둥을 치지만 결국 자신이 남에게 '보임을 당하고 있다'라는 자의식에서 벗어나지 못하는 배우들이다. 그들의 자의식은 얼굴을 통해, 온몸을 통해 드러난다. 그들은 공연이 끝난 후 여전히 자유롭지 못했다는 괴로움을 잊으려 생맥주를 마시러 간다. 첫 번째 케이스의 배우들에게는 필자가 현재 논하고 있는 '연기란 무엇인가?'라는 질문을 던지고 싶다. 연기라는 예술행위의 기원과 역사가 단 한번도 '보여주기'가 아니었던 것처럼, 혹은 연기의 이상이 '살아있는 사람이 하는 모든 것들을 정말이지 똑같이 하자'인 것처럼, 연기란 '나'라는 자연인이 누군가와 나누는 소통 행위라고 말이다. 두 번째 케이스의 배우들에게는 '왜 배우가 되고 싶었는지?'를 다시 반문하고 싶다. 연기는 자기 스스로가 아닌 관객을 위해서 해야 한다고 강조했지만, 배우가 되고자 했던 근원에는 결국 사람들에게 자기를 좀 보여주고 싶은 욕망 같은 것이 잠재해 있지 않았나? 그럼 그 순간 자체가 벅차고 감동적이고, 감사하지 않나? 그러한 자의식은 대단히 괴로워서 스스로를 좀먹는 것과 같은데, 그 괴로움을 안고 왜 이 어려운 길에서 살아남고자 하는가? 다른 쉽고 편한 일이 세상에 널렸는데 말이다. 필자의 스승님께서 하신 명언 중에 이러한 말씀이 있다. "배우가 스스로 어색하다고 느끼면 보는 사람도 어색하다. 배우가 자의식이 들어오면 관객은 분명히 안다. 그리고 안쓰러워진다. 그 순간, 역할이 아니라 배우가 보인다."

Key Questions

- 현재 여러분은 배우가 되고 싶은가? 혹은 적어도 예전에 한번쯤 배우가 되고 싶은 꿈을 가진 적이 있나? 그렇다면 왜, 어떤 계기였나?

- 여러분은 남 앞에 서는 것이 즐거운가? 정말로 즐거운가? 스스로 즐거움을 느끼려고 애써 노력하고 있지는 않나?

- 크고 작던, 여러분 인생에 영향을 미쳤던 영화, 연극, TV 드라마의 작품을 생각해 보자. 그중 어떤 배우의, 어떤 장면의 연기가 여러분에게 그러한 영향을 끼쳤는가?

- '연기예술이란 무엇인가?', 그리고 '배우란 무엇을 하는 사람인가?'라는 질문에 각각 한 문장으로 정의를 내려보자. 남의 생각이 아닌 자신만의 관점으로 한 문장을 완성해 보자.

2장

좋은 연기란 무엇인가

자연스러운 것이 자연스러운 것만은 아니다

여러분의 가장 좋아하는 배우가 누구인가? 필자는 매해 학부 1학년 〈기초연기〉의 첫 수업 때 학생들에게 좋아하는 배우 이름과 이유를 묻곤 한다. 학생들이 선호하는 배우들 면면의 변화를 보면 필자도 나이가 들어가고 있는 것을 실감하게 되고, 동시에 학생들이 생각하는 '좋은' 연기에 대한 관점이 변화하는 것을 느낄 수 있다. 한석규, 송강호, 최민식, 이병헌, 전도연에서 조승우, 하정우, 김고은, 조진웅으로, 그리고 조정석, 박정민, 류준열, 최우식으로, 그리고 최근에는 이주영, 조현철, 전여빈 등등... 하지만 좋아하는 이유를 물어보면, 물론 다양한 이유들이 존재했지만, 그중 가장 공통적으로 나오는 대답이 있다. 바로 '연기가 자연스러워서...'이다.

연기는 그 어떠한 예술 장르보다 아티스트 스스로의 경험이 중요한 '체험의 예술'이다. 그래서 필자는 연기지도를 위해 배우의 연기를 감상하고 나면 먼저 배우 본인이 어땠는지 느낀 바, 체험한 바를 이야기하게끔 유도한다. 그러면 배우들은 대체로 언어로써 각자의 감상을 표현하기 상당히 어려워한다. 당연하다. 인물의 사고, 정서를 '나'의 것으로 가지고 와서 '나' 자체가 그 인물이 되어야 하는 연기예술의 무형성은 인간 이성의 집약체인 '언어'라는 도구로는 표현이 대단히 제한적일 수밖에 없기 때문이다. 마치 추상화나 클래식 음악을 감상하고 나서 느낀 바를 언어로 표현해 보라는 것과 같다. 그럼에도 불구하고 배우들이 자기 연기를 관찰하거나 평가하고 리뷰하는 데 있어 공통적으로 적용시키는 기준이 있다. '좀 자연스러웠다...' 혹은 '좀 부자연스러웠다...'

이다. 그리고 둘 중 어떤 결론이든, 그 이유 때문에 또 다시 500cc 생맥주를 마시러 간다.

과연 어떠한 연기가 '자연스러운' 연기인가? 자연스러운 연기가 대체 뭐기에 배우들은 그토록 그것에 목을 매는 것일까? 아마도 이 질문에 명쾌하게 답을 줄 수 있는 사람은 지구상에 존재하지 않을 것이다. 달리 말하자면, 인류의 역사와 함께 길을 걸어 온 연기라는 가장 오래된 형태의 예술 장르는 그동안 계속해서 이놈의 '자연스러움'과의 싸움이었을지 모른다. 소포클레스, 셰익스피어, 몰리에르 등 시대를 대표하던 희대의 극작가들은 작품을 쓰면서 자신의 작품을 당대의 배우들이 정말이지 자연스럽게 연기해 주길 바랐을 것이다. 스타니슬랍스키, 리스트라스버그, 미하일 체홉 등 현대의 위대한 연극인이자 동시에 연기 지도자들이었던 그들 역시 궁극적으로는 배우들의 자연스러운 연기를 이상으로 생각했음은 틀림이 없다.

한 가지 분명한 사실은 연기예술에 있어서 '자연스러움'이란 당대의 정치/사회상과 같은 시대상과 연기예술이 펼쳐졌던 공간(환경 등), 기타 조건(장르 등)들과 밀접하게 연관이 되어 있다는 것이다. 한번 상상해 보자. 약 1만 7천석 규모의 야외 원형 극장에 가득 들어차 있는 고대 그리스인들을. 디오니소스 축제에 참여한 시민들은 극장에서 먹고 마시며 축제를 즐기고 있고, 잠시 후 배우들은 신과 인간과의 투쟁 끝에 결국에 인간이 신에게 굴복한다는 대서사시를 공연할 예정이다. 현대적 의미의 음향 기술이 존재할리 만무했던 그 시절, 배우들이 어떻게 연기를 해야 자연스러웠을까. 조선시대 시골 5일장이 열린 장터 한복판, 빙 둘러싼 구경꾼들 한 가운데서 얼굴에 탈을 쓰고 손에는 북과 장구를 든 배우들은 어떻게 연기를 해야 자연스러웠을까. 중국 경극에서는 어떤 연기를 우리가 자연스럽다고 하나. 1930년대 조선 최고의 스타로 꼽혔던 배우 황철은 동양극장에서 올려진 〈사랑에 속고, 돈에 울고〉의 공연 당시, 그를 보러 온 기생들의 인력거들로 인해 극장 일대가 마비가 될 정도로 당시 파급력이 대단했다고 한다. 국민배우의 원조 신성일은 어떠한가. 〈별들의 고향〉에서 그가 던진 대사, "경아, 오랜만에 같이 누워보는군."은 요즘에도 각종 예능과 개그 프로그램에서 패러디할 만큼 그의 시그니처와 같은 연기로 꼽히고 있다. 황철과 신성일 모두 당시 대중들에게 그만큼의 인기가 있었던 것은 물론 외모 등 다른 요인들도 있었겠지만, 무엇보다 자연스러운 연기가 가장 큰 몫을 했을 것이다. 그러나 그 시대의 배우의 연기, 작품들을 최근에 본 적이 있는가? 마치 약 1천 년 전의 유물을 보듯 생경하고 어색하며, 신기할 것이다. 그 이유는 바로 위에서 언급한 바와 같이, '당대의 문화'란 각기 다른 시대적 배경 아래 대중들에게 '보편적'(universal)으로 통용이 되는 문화적 경계, 범주를 강렬하게 포함하고 있기 때문이다. 즉, 그 시대의 '자연스러움'이란 당시의 '보편적인 것'과 직결되며 그것은 사회 전반의 환경과 그 사회 구성원들의 가치관 등을 종합적으로 반영한 결과라는 것이다. 9시 뉴스 앵커들의 화술의 변화를 한번 살펴보자. 검색만 하면 쉽게 찾을 수 있을 터인데, 약 20-30년 전 뉴스 앵커들과 오늘날 앵커들의 뉴스를 전달하는 화술을 비교해 보면 이 또한 상당히 변화가 있음을 바로 알 수 있을 것이다. 그것이 '자연스러운', '말 하듯', '물 흐르듯' 등 어떤 표현으로 설명이 되든지 말이다. 또한 북한의 아나운서 혹은 대변인의 화술을 한번 보자. 단번에 느껴지는 이질감은 여기서 부연 설명을 하지 않아도 충분히 공감될 것이다.

이러한 변화를 언급함에 있어서 또다시 연극사의 사실주의, 자연주의의 영향에 대해 짚고 넘어가지 않을 수가 없다. 앞서 이야기했듯이, 19세기 말에 이르러 극장은 객석의 불을 껐고 무대 위는 앞다투어 어떻게든 인간의 실제 삶을 똑같이 재현하고자 애썼다. 2012년 필자가 러시아의 모스크바 예술극장에서 안톤 체홉 작 〈갈매기〉를 관람할 당시, 그들의 '리얼리티'에 대한 집착에 가까운 노력들에 깊은 감명을 받은 적이 있다. 그들은 무대 위에서 진짜 차를 마시고, 진짜 음식을 먹었으며, 진짜 침묵을 아랑곳 하지 않고 창조해냈다. 안톤 체홉이 텍스트에 제시한 '사이'를 정말이지, 진짜 긴 침묵으로 제시했다. 그들은 무대 위에서 살고, 일상을 생활했다. 총 공연 시간이 약 6시간 가까이 되었으니 말이다. 사실주의, 자연주의라는 예술 사조는 연기예술에 있어서 '자연스러움'에 대한 강력한 고정관념을 선사했다. 무대와 객석 사이를 제 4의 벽으로 잘라내 'a piece of life'를 만들고, 무대 위 배우들은 '관객이 없는 셈' 치고 최선을 다해 '실제 삶'과 같은 연기를 해야 했다. 말투, 제스처, 움직임 등 배우들이 하는 모든 신체적 발현은 무조건 리얼해야 했다. 아마도 최근 젊은 배우들이 연기를 고민하고 평가할 때 '리얼하냐?', '진짜 같지 않아'라고 하는 기준 역시 이와 같은 근원과 연관이 있다고 볼 수 있을 것이다. 이와 같은 사실주의, 자연주의 연극 양식의 대두와 더불어 연기예술의 방법론적인 측면에서 보자면 스타니슬랍스키의 '시스템'(System)이 거의 불난 곳에 기름을 부었다. '나'라는 재료에 대한 탐구, '나'라는 자연인의 '진짜 정서'에 대한 고찰로 대표될 수 있는 그의 초기 이론들이 미국의 할리우드와 브로드웨이의 폭발적 성장 시기에 지대한 영향력을 행사했고 그 힘이 고스란히 한국에 넘어왔다. 이로 인해 마치 일상에서 옆 사람과 대화하는 듯한 '사실적인' 대화들, 그리고 '나'의 내면의 중심에서 흘러나오는 듯한 감정 섞인 목소리가 소위 '내면 연기'라고 잘못 포장되어 오기도 하였다.

장르적으로는 당시 TV 드라마, 영화라는 완전히 새로운 매체의 탄생과 함께 배우의 연기예술은 이 새로운 매체의 특성에 걸맞게 보다 급격한 변화를 필요로 했다. 아무래도 인간의 실제 삶을 배경으로 하는 작품이 공상이나 초현실적인 작품보다 많았을 터, 배우의 연기예술 역시 스크린의 광활함을 반영하여 미니멀해지고 대단히 '현실적'일 필요가 있었다. 우리가 '메소드'(Method) 연기라 부르는 리 스트라스버그의 연기 방법론은 바로 이러한 배경 하에 탄생되었다. 할리우드의 급속한 팽창과 더불어 당시 시장과 대중들은 연기에 대한 무언가 전문적인 접근을 필요로 했고, 그 시점에 공교롭게도 사실주의적 접근 방법인 스타니슬랍스키의 초기 '시스템'이 미국에 소개가 되었다. 그리고 리 스트라스버그가 그것을 자신만의 방법론으로 재탄생시킨 것이다. 이러한 리 스트라스버그의 '메소드' 연기는 배우 자신의 진짜 정서를 가지고 오는 '정서적 기억'(affective memory)이라는 개념으로 찬사와 동시에 비판을 받았는데, 여기서 비판을 한 입장에서만 보자면, 배우가 중얼거리고 웅얼거려 무슨 말인지 알아들을 수가 없으며 단지 보이고 들리는 건 배우 스스로가 자신의 감정에 빠진 상태였다고 한다. 또한 배우 자신이 과거에 경험했던 실제 기억들을 다시 끄집어내 그 감정을 재생시키는 작업이 때로는 괴로운 작업이 될 수밖에 없었고, 문제는 그 감정이 인물의 감정이 아니라 배우 개인의 감정으로 왜곡되어 표출된다는 것이다. 그러나 일반 대중들은 그것을 배우의 진실한 감정연기, 혹은 '자연스러운 연기'라고 극찬을 하는 것이라고 말이다.

그렇다면 공연예술 쪽은 어떠했는가? 나라별로 다소 차이가 있지만, 1950년대를 전후하여 소극장들이 급격하게 생기고, 작아진 공간에 따른 배우의 연기에 대한 재고가 필요했을 것이다. 그에 따라 배우의 연기는 점점 더 작아지고 섬세해졌으며, 사람들은 그것을 리얼하고 '자연스럽다'고 여기기 시작했다. 당시 공연예술 분야는 TV 드라마, 영화라는 영상 매체의 습격에 그들 역시 텍스트 중심의, 우리의 일상과 다름이 없는 내러티브의 드라마들로 맞불을 놓았다. 관객들 역시 2시간 내외의 평범한 인간의 일상의 드라마를 굳이 무대 위에서 재현하는 것을 보다 선호하는 듯했고, 그렇게 공연예술의 연기 스타일 또한 더더욱 '리얼'해져야 했다. 사실주의 방식을 넘어 '극(단적)사실주의'에 가까운 연기들이 무대 위에서 벌어지고, 극장 공간이 조금이라도 커지면 배우들에게 마이크를 달거나 무대 상하부에 마이크를 심기도 하였다. 배우들의 발성과 움직임이 조금이라도 과장되어 보이면 이내 그것은 '연극적 연기'가 되어버리고 자연스럽지 못한 연기가 되었다. 영화계에서 정해진 대본과 콘티 없이 배우들의 즉흥 연기에 기반하여, 술을 마시는 장면에서는 카메라를 한쪽에 켜두고 실제 술을 마셔가며 배우들의 일상과 같은 수다를 카메라에 그대로 담기로 유명한 홍상수 감독의 영화가 '극사실주의'라는 리얼리티의 또 다른 장르가 된 것처럼, 현대 공연예술의 연기 양상 또한 그것과 별 다름이 없이 일상의 자연스러움에 대한 과도한 집착에 휩싸여 있는 듯했다. 오늘날은 어떠한가? 이제는 플랫폼과 장르의 다변화로 인해 기존의 드라마 형식이 파괴되고 해체되고 변형되었다. 손바닥만 한 화면으로 빠르게 돌려보는 웹 무비, 모바일 드라마는 회당 10분을 넘지 않으며 배우들의 연기는 당연히도 호흡이 짧고 템포가 빨라졌다. 보다 '자연스러운' 연기를 위해 슬픈 감정도 무표정, 즐거운 감정도 무표정, 행복한 느낌도 무표정, 살기를 느끼는 것도 무표정으로 연기하면 된다는 우스갯소리도 나온다.

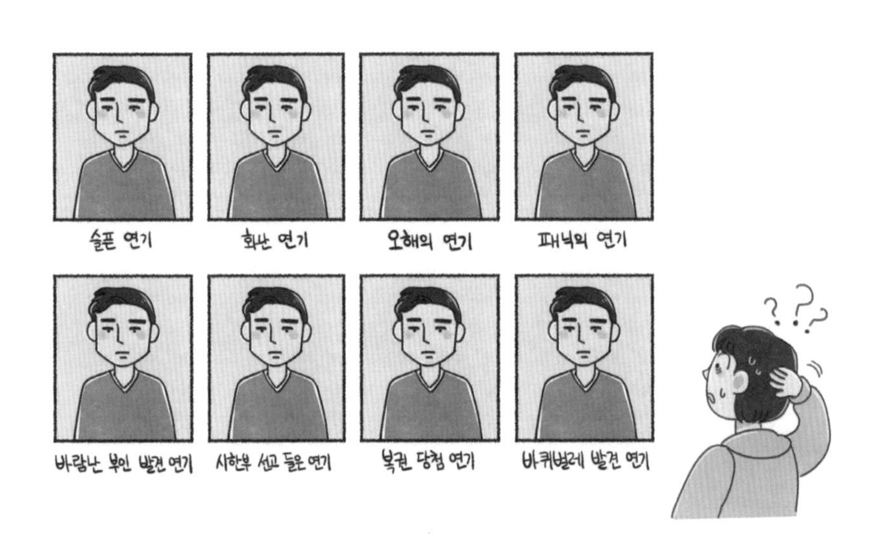

이와 같은 동시대의 자연스러운 연기에 대한 왜곡은 곧 연극의 위기, 배우의 위기를 불러왔다는 영국의 위대한 배우 사이먼 캘로우(Simon Callow)의 한탄에 필자 역시 격한 끄덕임을 하는 바이다. 4차 산업혁명의 첨단 테크놀로지가 이미 무대 곳곳에 침투하여 배우를 제외한 거의 모든 분야에 지대한 영향을 끼치고 실제 인간과 너무나 똑같이 움직이는 가상인간 로지들이 우리 배우들의 턱밑까지 추격해오는 현 시점에서 무엇보다 배우들에게 필요한 것은 연기예술의 근원, 배우라는 직업

의 소명, 예술가로서의 원초적 사명을 회복하는 일이라 본다. 굴곡진 굴레의 역사 속에서 끊임이 없이 살아남을 수 있었던 공연예술의 원초적 마력은 무엇이었으며 그 속의 핵심을 차지했던 배우들의 임무, 그리고 그 배우들이 수행했던 연기예술의 근원을 말이다. 멧돼지와 소통하고, 하늘의 신과 소통하며 우리 인간의 운명에 적극적으로 개입하던 전달자로서, 마술사로서의 배우로 말이다. 그럴듯한 흉내 내기 기술자로서의 '~쟁이', '~꾼'이 아니라 위대한 예술가, 마스터로서 말이다.

이를 위해서는 배우들이 최소한, 손바닥만 한 리얼을 추구하는 현대적 사실주의식 연기와 살아있는 사람의 모든 것을 똑같이 수행하고자 하는 진정한 의미의 '진짜 연기'와의 차이를 알아야 한다고 본다.

배우란 내가, 지금, 여기서, 현존하고 있음에, 동시에 함께 현존하고 있는 또 다른 인간들에게, 무엇을, 왜, 얼마만큼, 말하고 싶은가에 기반한 전령임을 알아야 한다.

그래서 우주의 한 구성원으로서 작은 소우주에 해당하는 '나'라는 자연인의 근원에서 비롯되는 진짜, 진심, 진정성, 의지에서 기반하는 소통이 실제 살아있는 우리 인간들이 영위하고 있는 것이며, 그것을 다름이 없이 똑같이 수행해 내는 것이 바로 연기라고 말이다. 따라서 연기예술에서의 모든 고민, 논의의 시작이 바로 이러한 인간 본연의 메커니즘에 기반해야 한다고 말이다. 자연스럽다는 것은 다름이 아닌 실제 살아있는 인간, 그것이 가장 자연스럽다.

'진짜', 날 것의 위대함에 대하여

어떻게 보면 좋은 연기란 단순하다. 앞서 필자는 배우의 연기를 하는 목적, 의도, 목표는 모두 관객에게 쏠려 있어야 한다고 했다. 이에 좋은 연기란 바로 관객이 판단할 몫이고, 그들에게 일종의 예술적 영감과 보다 나은 삶을 위한 자극을 주었다면 그 자체로 좋은 연기가 될 수 있을 것이다. 그렇다면 여기서, 모든 관객을 만족시켜야 하는가에 대한 부분은 열외 시키도록 하겠다. 즉, 만원 객석의 관객 중 단 한 명을 제외한 모든 관객들은 공연 중간에 나가버릴 정도로 그 배우의 연기를 마음에 들어 하지 않았으나, 남은 한 명이 기립박수를 치며 인생의 영감을 받았다고 치자. 그렇다면 그 배우의 연기는 좋은 연기인가에 대한 담론을 말하는 것이다. 이것은 장르를 초월한 모든 예술 전반에 대입이 되는 이슈이다. 연극 〈아트〉를 보면 아무것도 없는 그냥 하얀색 그림을 어떤 이는 거액을 주고 샀고 그의 한 친구는 그것을 그저 하얀색 판때기 그 이상으로 보지 못하는 데서 오는 예술적 논쟁을 펼치는데, 아마 이 이야기처럼 '과연 예술이 무엇인가'에 대한 질문으로 결부가 되어야 할 것이니, 이는 필자의 영역을 초월하는 예술의 미학적 담론의 수준이 될 것이기 때문이다. 물론, 필자의 지극히 개인적인 답은 있다. 결국에 연기는 대중예술과 밀접하게 연관이 되어 있는 법, 소수의 독특한(?) 취향보다 다수의 관객이 증명하는 결과가 옳지 않을까 한다. 또한 궁극적으로는 모든 배우들이 더 이상 좋다고 표현할 방법이 없을 정도의 '좋은 연기'로써 매순간 모든 관객들에게 극치의 자극과 영감을 선사할 수 있어야 하지 않나 라고 반문하고 싶다. 그렇다면 다시 '좋은 연기'란 도

대체 무엇인가라는 주제로 돌아온다. 다시 한번 강조하자면 여기서 말하는 '좋은 연기'는 사실주의식의, 지극히 일상과 똑같은 '자연스러운' 연기를 말하는 것이 아니다. 연기란 작가가 제시한 인쇄된 종이 속 가상의 인물을 살아있는 배우가 살아있는 인간으로 재창조하는 것인 바, 살아있는 생명체로서 인간이 하는 모든 것들을 진짜로 행하는 것이다. 진짜로 숨을 쉬고, 진짜로 사고하며, 진짜로 느끼고, 진짜로 반응하는 것이다. 지극히 당연하게 들리겠지만, 한 인간으로서의 진짜, 진심이 고스란히 반영되고 투영되는 연기가 바로 좋은 연기이다.

필자가 수업 시간에 자주 드는 예가 있다. 우리가 공연을 보러갔을 때 공연의 흐름에 따라 객석에서는 어떠한 변화가 일어나는가? 우리는 공연, 무대 위 배우의 연기에 따라 팔짱을 끼거나, 두 손을 꼭 부여잡거나, 혹은 옆 사람과 공연에 대한 대화를 시도하거나, 옆 사람이 말을 걸어도 대답을 하기 싫어지거나, 들고 들어온 팸플릿이나 리플릿을 펼쳐보거나, 손목시계를 보며 시간을 확인하거나, 객석에 기댄 몸을 더 깊숙이 묻거나 혹은 완전히 등을 떼서 팔꿈치로 앞 객석을 기대거나 한다. 하품을 하거나, 한숨을 쉬거나, 혹은 삐져나오는 흐느낌 소리를 참고, 박장대소를 하며 옆 사람 허벅지를 때리기도 한다. 너무나 당연하겠지만, 객석에서의 이 모든 반응들이 바로 배우의 연기와 대단히 밀접하게 연관되어 있다고 본다. 앞서 이야기한 반응 중에 무언가 '부정적인' 반응은 반드시 그 순간 배우의 연기에 문제가 있었을 것이다. 과연 어떤 연기가 우리에게 객석에 등을 파묻게 하거나 혹은 등이 떼어져서 앞으로 쏠리게 만들까? 우리는 어떨 때 팸플릿을 보다가, 또 어느 순간 갑자기 고개가 들려져서 무대를 뚫어지게 보게 되는 것일까? 정치인의 연설을 본 적이 있다면 기억을 더듬어 보자. 우리는 어떤 정치인의 어떤 연설에 감명을 받고, 생각을 고쳐먹거나 혹은 생각을 공고히 했나? 아니면, 온갖 열정적인 호소와 눈물에도 콧방귀조차 뀌지 않았다면 대체 무엇 때문이었나? 그것은 그 순간 '진짜로' 무슨 일이 벌어졌는가의 문제이다. 언어로 형용할 수 없는 무언가가, 배우 혹은 정치인, 기타의 매체가 되는 '인간'에 의해 발산된 무형의 에너지가 보는 이로 하여금 주의를 집중하게 만든 것이고, 그들을 공감하고, 이해하며, 받아들여지게 만든 것이다. 바로 그 찰나의 순간, 발신자와 수신자 모두를 둘러싸고 있는 공간의 분위기가 바뀌고 일종의 '긴장감'이 형성된다. 길을 걷다 교통사고가 난 현장을 발견했다고 치자. 그 현장의 상태가 심각하지 않거나 기타 다른 이유로 단지 시선을 잠시 빼앗았을 뿐, 걷던 걸음까지 멈추지 못하게 했다면 그 교통사고 현장은 딱 그만큼의 임팩트를 지닌 공간, 상황이었을 것이다. 단순 접촉 사고가 난 현장과 같이 말이다. 그러나 걷던 걸음이 즉각적으로 멈춰지고, 놀람과 충격으로 인해 신체가 굳어지며, 한동안 그 장소를 떠날 수 없게끔 만든 상황이라면 대체 무엇 때문에 그렇게 된 것일까. 그것은 처참하게 찌그러져 있는 자동차들과 그 파편들, 끔찍하게 피를 흘리며 바닥에 널브러져 있는 시체들과 같이 그 현장에서 발산하는 진짜의 자극들이 우리에게 진짜의 충동을 발생시켜 우리의 몸과 마음을 진짜로 반응하게 만들었기 때문이다. 처참함, 끔찍함 등으로 표현할 수조차 없는 그 현장의 분위기가 안타까움, 절망감, 애통함 등으로 표현할 수조차 없는, 말로는 도저히 표현할 수 없는 무형의 '진짜' 정서를 유발시킨 것이고 우리의 몸은 그 정서와 함께 변화하고 반응하게 되는 것이다.

필자는 배우들이 연기를 할 때 과연 그 순간 무슨 일이 '진짜로 일어났는지' 반문하고 확인을 한다. 배우가 아무리 울부짖고 소리를 지르며 닭똥 같은 눈물을 흘려내도, 바로 그 순간 무슨 일이 진짜로 일어나지 않았다면 보는 이들에게도 아무 일도 일어나지 않는다. 단지 소리만 버럭버럭 질러대는, 소위 '열연하는' 배우의 사운드만 들릴 뿐이다. 진짜로 무슨 일이 일어난다는 것은 배우가 살아있는 한 인간으로서, 세포와 감각이 '신경생리학적'으로 진짜 무슨 일이 일어나는 것을 의미한다. 예를 들어, 우리가 낯선 사람이 갑자기 다가와 주먹을 들어 때리려고 한다고 상상해 보자. 우리의 몸은 일단 신체적으로 주먹을 피하기 위해 고개가 숙여진다든지, 뒤로 물러난다든지의 반응을 보이고, 심리적으로는 공포감와 당혹감, 놀람 등의 충동이 순간적으로 발생한다. 이 신체적, 심리적 반응은 정말이지 찰나에 즉각적으로 발생한다. 이번엔 우리가 한 손에 칼을 들고 누군가를 죽이기 위해 살해 대상의 방안으로 몰래 들어간다고 상상해 보자. 온몸에 긴장이 들어가고, 호흡이 가빠지지만 소리가 새어나가지 않기 위해 최선을 다해 호흡을 누른다. 심장 박동은 너무나도 빨라져서 소위 심장이 터질 것만 같다. 미세한 소리마저 내지 않기 위해 온 신경세포들을 곤두세워 목표물을 향해 살금살금 다가간다. 만약 이것이 실제 상황이고 누군가가 그것을 보고 있다면, 그는 마치 자신이 그 사람을 죽이러 가는 것처럼 함께 긴장하며 침을 꼴깍꼴깍 삼킬 것이고, 아마도 심장박동도 같이 빨라질 것이다. 만약 이 상황이 극장 안에서 펼쳐지고 있고, 위에서 묘사한 바와 같이 배우가 정말 진짜로 일어나는 것처럼 행위를 이루어냈다면, 아마 팸플릿을 보며 지루해하던 관객들은 다시 두 눈에 그 배우의 행위가 꽂혀지고 함께 집중과 긴장을 하게 될 것이며, 이러한 긴장감은 개인을 넘어 무대와 객석, 극장 전체를 휩쓸게 될 것이다. 이렇듯,

'진짜의' 연기는 우리 살아있는 인간이 하는 행위를 정말 '살아있게' 하는 것을 의미한다.

그것은 말이나 행동이라고 하는 결과물을 그럴듯하게 흉내 내거나 혹은 의도적으로, 의식적으로 만들어내는 것이 아니라, 언어로 형용할 수 없는 찰나의 충동들이 '나'라고 하는 인간 생명체에 감각적으로 영향을 미쳐 의도하지 않은 심리 - 신체적 변화가 '일어나지는 것'을 의미한다. 필자는 여기서 색깔 표시로 '일어나는'이 아닌, '일어나지는'이라는 수동의 형태를 강조하였다. 우리 인간의 자극(원인) - 행위(결과) 사이에는 엄청난 과정이 숨어있다. 길을 가다 평생 잊지 못하고 있던 첫사랑을 우연히 마주친다면(자극), 순간적으로 정서적 충동(그리움? 아련함? 원망? 아니, 언어로 설명이 불가함)이 들숨과 함께 온몸으로 들어온다. 요동친다. 이로 인해 세포의 모든 감각들이 빠르게 돌아가며 내 신체에 변화를 일으켜 침을 마르게 한다든지, 심장박동을 빠르게 한다든지, 걸음을 멈추게 한다든지, 고개를 순간적으로 돌리게 한다든지의 신체적 반응(결과)을 일어나게 한다. 그리고 이 과정에는 그 어디에도 그 인간의 '의도', '의식'이 존재하지 않는다. 즉, 이 일련의 과정은 마치 인간이 심장의 기능을 조절할 수 없듯이 절대 의식적으로 계획할 수 없는 영역이다. 첫사랑이 내 시야에 들어온 바로 그 순간, 즉각적이고 직감적으

로 내 심리와 신체에 동시다발적으로 변화를 발생시키는 일련의 본능적 과정이다.

다시 연기의 세계로 돌아가 보자. 우리는 첫사랑을 재회하는 장면의 연기를 위해 "자... 잘... 지냈니?"라며 말을 더듬는 연습을 하고, 손과 발을 이리저리 만지고 움직이며 마치 어쩔 줄 몰라 하는 것과 같은 행동의 연습을 한다. 만약 내가 그 상황이라면 '나는 이렇게 행동할 것이다'라는 의도적인 예측에 의해서 말이다. 즉, 행위라는 결과에만 주목하고 그것을 예상하여 소위 '연습'을 한다. 문제의 핵심은 그 행위 이전의 '원인'과 '과정'에 있는데 말이다. 우리가 실제로 느끼고 반응하는 '진짜'에는 반드시 그 원인(자극)과 과정(충동)이 존재하는데 말이다.

연기예술의 어려움이 바로 여기에 있다. 우리 살아있는 인간에게 벌어지는 일은 우리가 미처 예상하지 못하기 때문에 이와 같은 '과정'이 즉각적으로 심리 - 신체에 반영이 된다. 문제는 연기예술에는 텍스트가 있다는 것이다. 즉, 우리 배우들은 우리에게 무슨 사건이 일어날지를 이미 알고 있다. 우리는 10분 뒤 무대 왼쪽에서 내 첫사랑 역할을 맡은 배우가 등장하여 하필 지금, 하필 이때, 무대의 가로등 세트 앞에서 우연히 마주칠 것이라는 것을 이미 연습 기간 내내 알고 있었으며, 지금도 알고 있고, 앞으로 남은 공연 기간 내내 알고 있을 예정이다. 그러나 나는 매회 공연마다, 매순간, 내 첫사랑을 진짜로 처음 마주친 살아있는 인간이어야 한다. 바로 이 문제가 연기의 어려움이며 연기가 기술의 차원을 넘어 예술이 되는 이유이다. 더 심한 표현을 쓰자면 배우가 출연료를 받는 이유이다. 배우는 작가에 의해 주어진 텍스트의 상황을 마치 처음으로 그 상황을 맞닥뜨린 것처럼 '되어져야' 한다. 감독이 같은 테이크를 열 번을 넘게 반복해서 찍더라도, 해당 공연이 일 년이 넘게 장기 공연 중이더라도 우리 배우들에게는 매순간이 항상 처음 일어나는 일이어야 한다. 그리고 그것은 행위나 감정을 겉으로 표현해 내는 것이 아니라, 그 순간 안에 '나'라는 생명체가 반응되어지게 놔둬야 한다는 것이다. 왜냐하면 연기예술의 이상, 목표가 '살아있는 인간이 하는 모든 것들을 똑같이 하자'라면 우리 인간의 자극 - 충동 - 반응(행위)의 과정이란 의도가 되는 차원이 아니라 순간적으로 '되어지는' 것이기 때문이다. 따라서 배우의 훈련 역시 표현하는 것을 연습하는 것이 아닌, 어떻게 하면 내 심리와 신체가 자연발생적으로 변화되고 움직여지는지에 집중이 되어야 한다. 변화무쌍한 자극들 속에서 발생하는, 언어로 형용할 수 없는 각각의 충동들을 내 신체가 있는 그대로 받아들이는지, 그리고 그 충동들이 반영된 행위로 왜곡 없이 연결이 되는지 관찰하고 훈련되어야 한다.

필자는 수업 시간에 위와 같은 '진짜의' 순간을 '날 것'이라 부른다. '보임을 당하고 있다'라는 것에 집착하기 쉬운 연기예술에서 한 배우가 한 인간으로서, 보임의 집착에서 벗어나 자신도 모르게 자신의 진짜가 드러나지는 찰나의 순간을 그 인간의 '날 것'이 나왔다고 말한다. 연기예술에서 '진실한 연기'를 논한다면, 필자는 바로 이 날 것의 연기에서부터 설명을 시작할 것이다. 날 것의 연기는 의도하지 않았기 때문에 자연발생적이다. 그래서 자연스럽다. 살아있다. 살아있기 때문에 보는 사람도 함께 빨려 들어간다. 단, 날 것이라는 의미가 소위 느낀 대로 마음껏 저질러도 된다는, 봉인해제의 의미를 말하는 것은 절대 아니다. 작가가 써준 자극과 행위의 정답지를 '나'라는 살아있는 도구가 완벽하게 녹여내는 것을 의미한다. 마지막으로 강조하자면, '나'라고 하는 유일한 도구이자 매체가 가상의 상황임에도 불구하고, 마치 실제의 삶 속에서 예상치 못한 상황을 온몸과 마음으로 독대하는 것과 같이 살아있자는 것이다. 그러기 위해서 가장 먼저 선행되어야 하는 것이 바로, '나'라고 하는 도구와 매체에 대한 관찰, 점검일 것이다.

몸(body)과 마음(mind): '나'라는 캔버스와 물감, 그리고 화가

앞서 필자는 연기예술의 기원이란 가늠조차 되지 않는 영역이라고 언급한 바 있다. 그것은 연기예술을 어디서부터 어디까지 범주에 넣을 수 있는지, 혹은 나아가 '예술이란 무엇인가'와도 연관되어 논의될 수 있는 영역이라 사료된다. 필자의 개인적 의견을 피력해 보자면, 연기예술이란 배우라 불릴 수 있는 조건을 갖춘 인간이 존재하고, 그 인간의 목적을 지닌 소통 행위가 비롯되었을 때부터 시작되었다고 말하고 싶다. 보이지 않는 하늘의 신에게 비를 내려달라고, 또는 보이지 않는 멧돼지에게 어서 와서 덫에 걸려달라고 신호를 보낼 때부터, 아니면 훨씬 그 이전부터 말이다.

그렇다면 배우라 불릴 수 있는 조건을 갖춘 인간은 무엇인가? 바로 여기서 연기예술이 타 예술 장르와 구분이 되는 독창성을 드러낸다. 배우가 다른 예술가들과 구분이 되는 지점이다. 그것은 바로,

배우는 자신의 몸(body)과 마음(mind)만이 도구(재료)이자, 동시에 표현의 매체가 된다는 것이다.

피아니스트에게는 당연히 피아노라는 매체가 존재한다. 작곡가가 써 준 악보를 토대로, 건반을 치는 자신의 양손과 페달을 밟는 한쪽 발을 이용하긴 하지만 결국엔 피아노라는 절대적 매개가 존재한다. 화가는 어떠한가? 정물화든, 인물화든 그릴 대상이 존재하고 캔버스, 물감, 점토 혹은 각가지 오브제 등 그것을 표현하고 창조해낼 재료와 매체가 존재한다. 배우는 이 모든 것들을 오롯이 자신의 몸과 마음(정서)으로 해결한다. 캔버스와 물감이라고 하는 재료 역시 몸과 마음이고, 대상을 그려내고 표현해야 하는 화가 역시 배우 자신의 몸과 마음이다. 스스로 피아노가 되어야 하고 동시에 피아니스트여야 한다. 어쩌면 바로 이러한 이유 때문에 많은 사람들이 연기를 해보겠다고 감히 '쉽게' 접근하는 것일 수도 있겠다. 또한, 어쩌면 바로 이러한 이유 때문에 많은 배우들이 연기 훈련에 대해 대단히 막연하게 생각하고 있을 수도 있겠다. 어디서부터 접근을 해야 할지 모르니까. 피아노를 전공하기 위해 준비를 하는 사람들을 보자. 그들은 체르니 100번, 30번, 40번, 50번 등의 순서로 진도를 나가고 그와 함께 모차르트, 베토벤, 쇼팽 등 나름의 과정을 통해 테크닉을 연마한다. 또한 한 곡을 익히기 위해 바를 정(正)자를 수십 번씩 그려가며 반복 연습을 한다. 화가는 어떠한가. 경험이 미천한 화가가 어느 날 갑자기 신내림 받은 사람마냥 자신의 영감을 미친 듯이 표출해 내고 그것이 사후에 엄청난 예술 작품이 되는, 영화 소재 급의

천재 아티스트가 존재하지 않는 한 대부분의 화가 역시 물리적인 시간과 노력이 동반된 연습의 과정이 필수적이다. 그렇다면 연기훈련을 위해 배우는 과연 어떻게, 어떤 순서로 접근을 해야 하는 것인가?

스타니슬랍스키가 연기예술 분야에 있어서 끼친 영향은 이루 말할 수 없을 정도로 지대하지만, 필자는 그중에서도 바로 배우의 '나'라는 개념을 수면 위로 꺼낸 것이라고 말하고 싶다. 그동안 예술계에서 신 vs 인간, 인간 vs 인간 등의 주제의 대결 구도, 혹은 스스로의 인간 존재에 대한 철학적 관점과 사유들을 다양하게 반영하고는 있었겠지만, 예술 표현의 주체로서 혹은 재료 그 자체로서 '나'에 대한 중요성을 연기예술의 관점에서 본격적으로 논하기 시작한 것은 바로 스타니슬랍스키부터라고 감히 이야기하고 싶다.

배우라는 존재가 연기예술이라는 행위를 해내기 위해 기댈 곳이란 오로지 자신의 몸과 마음밖에 없음을 모두가 동의한다면, 결국 배우 훈련의 시작은 너무나 단순히도 자신의 몸과 마음, 바로 '나'를 관찰하고 훈련하는 일에서부터 시작되어야 한다. '나'의 신체적 특성은 물론이고 표현 가능한 신체의 영역, 습관, 버릇, 정서적 특성 등을 종합적으로 관찰하고 탐구해야 한다. 너무나 지당하게도 스스로 '나'에 대한 박사 논문을 쓸 수 있을 만큼 자신을 잘 알아야 한다. 필자가 수업 시간에 사용하는 여러 언어적 표현 중에서 가장 좋아하는 단어는 'embrace'이다. 한국어 번역으로는 1) 안다, 포옹하다 2) 받아들이다, 수용하다 3) 아우르다 등으로 정의되는 말로서, 배우가 배우 훈련을 위해 가장 먼저 접근해야 하는 지점으로 스스로를 embrace 해주라고 한다. 아침에 칫솔에 치약을 묻히고 닦기 시작할 때 눈에 띈 거울 속의 '나'에게, 발을 닦을 때 혹은 발톱을 깎을 때에나 가끔 만날 수 있는 내 각각의 발가락들에게, 하루 일과 후 집에 돌아와 옷을 벗으며 느껴지는 하루하루 고되고 외롭고 처량하고 애처롭고 위태로운 '나' 자신에게 스스로 embrace 하며 쓰담쓰담 해주라고 말이다. 배우 훈련은 바로 여기서부터 시작된다. 이는 배우 스스로가 자기 자신에 대한 인식, 자각의 차원을 넘어 자존감을 고취시키는 것과도 연관된다. 배우는 기본적으로 한 인간 그 자체를 온전히 아우르고 포용할 수 있어야 한다. 최종적으로 관객을 그리할 수 있어야 하고, 그 전에 상대 역할을 그리할 수 있어야 하며, 그 전에 텍스트 상의 인물을 그리할 수 있어야 한다. 그리고 그 전에 자기 자신을 그리할 수 있어야 한다는 의미이다.

'나'에 대한 자각, 인식은 '현존감'(現存感)과도 연결된다. 연기예술의 근원적 주체가 배우 자신의 '나'라면 연기예술이라는 행위의 시작은 바로 현존감이다. 현존감은 '나'라는 존재가 '지금', '여기' 존재하고 있다는 감각이다. 덧붙이자면 이 세상에 단 하나뿐인 '나'라는 가장 소중한 존재가 1초, 1초 세월이 지나가고 있는 바로 '지금 이 순간', 온 우주 공간에서 하필 '여기 이곳에서', 살아 숨 쉬고 있는 생명체로 존재하고(being) 있다는 감각이다. 작가에 의해 주어진, 대본에 검은색 활자로 기록되어 있는 가상의 시공간을 배우가 이와 같은 '지금', '여기'에 살아 숨 쉬는 '나'라는 존재의 감각을 통해 가상의 인간을 실제의 인간으로 이행(transition)시키는 것이 연기이다.

연기예술에서 '현존'이라는 단어가 갖는 의미는 꽤나 심오하다. 현존은 연극사적으로 끊임없이 논의되어 오던 주요 논쟁거리이며 또한 철학, 심리학, 최근에는 인지과학 등 다양한 학문에 빗대거나 근거를 두며 배우와 역할 사이의 기묘한 넘나듦에 대한 고찰의 그 한복판에 자리하고 있었다. 그러나 필자가 여기서 논하고자 하는 현존의 의미는 단순하다. 여기서 말하는 현존은 스타니슬랍스키식 사실주의 연극과 반(反)사실주의 연극 간의 간극에서 오는 현존의 차이를 말하는 것이 아니다. 니체의 『비극의 탄생』에서 언급되던 연극의 기원, 고대 그리스 비극의 퍼포머(performer)로서의 현존을 말하는 것도 아니다. 필자가 말하고자 하는 현존은 사실주의와 반사실주의, 그리고 모든 스타일, 장르, 매체를 초월한 배우의 연기 그 자체에 대한 것이다. 4차 산업혁명으로 인해 모든 산업에서 급진적인 변화를 마주하고 있지만, 배우의 연기 분야는 첨단 기술로의 대체 가능성이 높게 점철되지 못하는 이유가 무엇인가? 책이나 시, 그림, 음악과 같은 인간의 오감 중 몇 가지 단순 감각들에 의지하는 예술들과 달리 오감을 넘어 육감까지 개입되어 수행자와 참여자가 동시간대에 한데 어울리는 예술, 그 복판에 누가 있는가? 바로 배우라는 인간이 있다. 한 공간 안에 인간들(배우-관객)이 함께 존재한다. 무언가를 전달하고 싶은 인간과 무언가를 공유 받고 싶은 인간이 함께 존재한다. 한 공간 안에 무언가를 '~싶은' 의지들로 가득 찬 인간들이 존재한다. 그 인간들은 숨을 쉰다. 살아있다. 그래서 순간적인 자극에 즉각적으로 반응한다. 정서를 느끼고, 그것이 발현된다. 즉각적으로 상호 영향을 주고, 영감을 주고, 맥박을 빨리 뛰게 하며, 살아있음을 새삼 느끼게 한다. 너무나 당연한 말처럼 들릴지 모르는 이 말들이 연기라는 압박 예술을 하게 되면 그게 그렇게 쉽게 되지 못한다. 긴장을 유발하는 여러 요인들로 인해 한 인간이 그저 숨 쉬고 자극 받고 반응하면 된다는 것, 그저 '살아있는' 인간으로서의 현존감을 유지하면 된다는 것이 대단히 어려운 일이 된다.

배우 스스로의 '나'에 대한 현존의 감각은 나아가 같은 시공간에 존재하는 또 다른 '나'들에 대한 자각, 인식으로 이어져야 한다. 바로 무대 위, 카메라 앵글 안에 함께 존재하는 다른 인물(배우)들이다. 그들 역시 '나'만큼이나 소중하고 값진, 이 세상에 둘도 없는 또 다른 '나'들이다. 그들 역시 나와 같은 시공간에 살아 숨 쉬고 있음을 인식하고, 받아들이며 그들을 embrace 할 수 있어야 한다. 그러기 위해서는 평소 다른 사람들에 대한 끊임없는 관찰이 요구되고 나아가 이해와 공감의 노력이 필수적으로 수반된다. '이해'는 지적인 작용이다. 스스로에 대해 혹은 남들에 대해 이성적이고 논리적으로 받아들이고 고려하려는 차원의 지적 작용이다. 반면에 '공감'은 언어적 표현이 불가한 정서적 작용이다. '이해는 되지만 공감이 되지 않는다'라는 표현은 바로 여기서 기인한다. 이해는 한 인간의 의식과 노력으로, 능동의 형태로 해낼 수 있는 영역이지만, 공감은 앞서 '좋은 연기'를 논할 때 언급한 바와 같이 능동의 형태가 아닌 수동의 형태이다. 공감은 어떠한 의식적 노력 없이 '되어지는' 것이다. 배우는 스스로의 '나'에 대한 이해와 공감의 작업뿐 아니라 동시에 또 다른 '나'들에 대한 이해와 공감을 획득하는 작업을 해내야 한다. 그 또 다른 '나'들은 내가 맡은 배역이 될 수도, 함께 등장하는 다른 인물들이 될 수도, 그리고 오늘 밤 대면하는 관객이 될 수도 있다.

보편적(universal) '나' vs 개인적(personal) '나'

연기예술의 유일한 재료, 도구이자 동시에 매체가 되는 '나'의 몸과 마음을 탐구함에 있어서 또 다른 중요한 요소는 '보편성'(universality)이다. 앞서 필자가 배우를 캔버스와 물감으로 비유한 것을 기억하는가? 우리의 몸과 마음이 캔버스라면 작가가 우리 몸과 마음에 물감을 떨어뜨리는 개념이다. 작가가 텍스트에서 시시각각 제시하는 물감 색깔이 우리의 캔버스에 즉각적으로 젖어들고 스며들어야 한다는 것이다. 그리고 그 색깔이 왜곡되거나 변질되면 안 된다는 의미이다. 그러나 우리의 캔버스가 이미 다른 물감들로 물들어 있다고 쳐보자. 혹은 우리의 캔버스 자체가 물감이 전혀 스며들지 못하는 재질이었다고 가정해 보

자. 무슨 일이 벌어질 것인가? 우린 작가의 의도를 온전하게 창조해 내지 못하는 범죄를 저지르게 되는 것이다. 여기서 의미하는 새하얀 캔버스, 그것이 보편성이다. 또 다른 예로, 보편성이란 자동차로 비유하자면 중립기어(N)에 해당한다. 작가에 의해 주차(P), 주행(D), 후진(R)이 즉각적으로 이행될 수 있는, 나의 몸과 마음이 '온전하게 준비된'(get ready) 상태를 의미한다.

위에서 첫 번째로 예를 든 캔버스와 물감의 잘못된 경우는 배우의 자극과 반응이라는 근원적 메커니즘의 오류에서 비롯된다. 필자가 즉흥극, 혹은 장면연기 등을 지도할 때 대단히 유별나게 반응을 보이거나 독특한 행위를 하는 배우들이 간혹 있다. 죽어가는 엄마에게 마지막으로 하고 싶은 말을 하는 바로 그 순간에 빈정댐 혹은 분노를 보이는 학생, 죽도록 사랑하는 연인에게 헤어짐을 통보받고 쿨하게 넘겨버리는 학생, 혹은 국가 권력에 의해 억울하게 사형 선고를 받고 최후의 진술을 하는 바로 그 순간에 마치 시답지 않은 일을 당하는 듯 넘겨버리는 학생들이 그 예들이 될 수 있겠다. 그들에게 왜 그랬는지, 어떤 내적, 외적 동기가 그렇게 만들었는지 물으면 학생들은 "제가 원래 그런데요?", 혹은 "선생님이 느낀 대로, 날 것으로 하라고 하셨잖아요. 제가 느낀 날 것이 그러했어요."라고 대답한다. 바로 이 부분이 배우 스스로가 보편적이지 않아서 벌어지는 일이다. 배우로서, 한 인간으로서, 자극과 반응의 체계 중 특정 파트가 잘못 장착되거나 오작동했기 때문이다. 그렇게 되기까지의 원인은 가정환경적, 기타 사회환경적으로 다양한 곳에서 발견될 수 있겠지만, 무엇이 되었든 어떤 이유로 인해 특정 자극과 특정 충동, 그에 따른 특정 반응이 보편적으로 나오지 못하고 오류가 나거나 혹은 왜곡되어 나가는 현상이다. 우리는 '엄마'라고 하는 단어, 존재에 대한 보편적 정서를 갖고 있다. 언어적 표현으로는 한계가 있지만, 굳이 하자면 따스함, 감사함, 미안함, 그리움, 소중함, 서운함 등등이 복합적으로 될 수 있겠다. 그런데 개개인별로 엄마라는 존재에 대해 전혀 다른 차원의 경험을 소유하고 있는 사람이 있을 수 있다. 유년시절에서 비롯된 엄마에 대한 트라우마가 있거나, 혹은 엄마를 정말이지 천하의 원수로 생각하는 사람도 있을 수 있겠다. 하지만 우리 배우들은 '엄마'라는 단어, 존재에 우선은 보편적으로 받아들이고, 투영하고, 반응할 수 있는 재료이자 악기가 되어야 한다는 것이다. 즉 개인적인 사상, 가치관, 경험들에 의해 왜곡되고 변형된 것이 아닌 그 존재, 그 대상 자체에 대한 보편적인 특성들이 투영되어야 한다는 것이다. 나의 새하얀 캔버스에 '엄마'라는 물감이 떨어지면, 우선적으로는 '엄마'라는 의미 자체가 주는 보편적인 색깔로 우리 몸과 마음이 변해야 한다는 것이다. 왕을 죽이고 반란을 꾀하는 맥베스와 같은 역적 역시 마찬가지이다. 살인, 반란, 음모, 권력, 야욕 등의 단어들로 표현할 수 있는 순간순간의 자극, 충동들이 보편적으로 받아들여질 수 있어야 한다. 그 밖의 살인마, 깡패, 사기꾼 등 온갖 나쁜 짓을 하는 역할들 역시 접근의 시작은 보편적이어야 한다. 그리고 그것의 최상단의 지점에 한 인간이 무언가를 이뤄내고자 하는, 무언가를 얻어내고자 하는, '~싶은' 의지의 보편성이 존재해야 한다. 너무나도 그것을 원하는 강렬한 내적 갈망의 의지가 보편적으로 있어야 한다는 것이다. 관객들 판단에 그 인물의 행위 자체가 나쁠 수 있지만 의지만큼은 보편적으로 이해되고 공감되어야 한다. 바로 한 인간으로서 '의지'의 보편성이 그 인물의 행위에 선악을 넘어 연민을 선사한다. 보편성을 전달하지 못한 맥베스는 그저 일국의 왕을 죽이고 스스로 왕이 되고자 하는 나쁜 놈이다. 그러나 보편성을 획득한 맥베스는 관객들에게 한 인간으로서의 안타까움, 안쓰러움 등의 연민을 선사한다는 것이다. 어머니를 찾아와 죽은 아버지의 초상화를 보여주며 어머니에게 저주와 협박을 서슴지 않는 햄릿이 관객들에게 패륜아 혹은 사이코패스가 아니라 가슴 찢어질 듯 아프고 불쌍하며 안타까운 한 인간이 되려면, 그 장면에서의 햄릿이 보편성에 기인해야 한다는 의미이다.

두 번째 예를 든 자동차 중립기어의 경우는 신체감각적 준비 상태와 연결된다. 연기 행위 직전 배우의 몸과 마음의 상태는 운동선수와는 또 다른 차원에서 '준비'가 되어 있어야 한다. 배우는 각자의 개성 있는 음색을 떠나 평소 지속적인 훈련을 통해 해당 연령대에 적합한 보편적인 음성적 범주를 갖고 있어야 하고, 체조 선수만큼 극단적으로 유연할 필요까지는 없겠지만 다양한 인물들을 신체적으로 접근할 수 있는 보편적 신체 상태가 갖춰 있어야 하며, 무수히 많은 자극에 대한 신체적 반응들 역시 보편적으로 수행이 가능해야 한다. 로보캅과 같은 근육질의 몸을 가질 필요까지는 없겠지만 보편적으로 '보기 좋은' 몸을 갖고 있어야 한다.

뿐만 아니라 연기 행위 직전 워밍업의 단계 역시 마찬가지이다. 월드컵 축구 결승전을 한 시간 앞둔 선수단의 라커룸을 상상해 보자. 그 안에서 무슨 일들이 일어날 것인가? 선수들은 각자가 혹은 단체로 어떤 준비의 상태를 거칠 것인가? 김연아 선수가 동계올림픽 결승 라운드 마지막 쇼트 프로그램을 앞두고 대기실을 나가기 직전의 상태를 상상해 보자. 과연 그녀는 어떤 신체적, 심리적 감각의 상태를 만들어 놓았을까? 그렇다면 햄릿을 맡은 배우는 리허설, 공연을 앞두고 어떤 신체, 심리적 상태를 준비해 놓아야 할까? 잠시 후에 아버지의 유령을 독대하고, 사랑하는 연인에게 수녀원으로 꺼지라는 막말을 해야 하며 그 연인의 죽음을 봐야 하는 햄릿이라는 인간이 되기 위해, 배우라는 또 다른 인간은 어떠한 상태가 되어야 하는가? 이와 같은 질문의 근원에 바로 보편성이 있다.

보편성을 획득하는 작업은 배우의 몸과 마음을 하얀 캔버스로 만드는 과정이다.

요약하자면, 보편성이란 내 몸과 마음이 작가에 의해 주어진, 혹은 상대방에 의해, 혹은 '나'라는 인물의 내적 사고에 의해 제시되는 자극들에 즉각적으로 반응할 수 있는, 완벽히 준비된 상태를 말한다. 개인적인 사사로운 작은 사건들이 아닌, 〈리어왕〉의 에드먼드와 같이 대자연을 논하고 〈인터스텔라〉와 같이 우주를 논하며, 셰익스피어의 배신과 음모, 질투, 죽음, 심지어 막장 아침드라마의 불륜, 패륜 등 한 인간에게 평생 한번 있을까 말까 하는 사건들을 단 두 시간 내외에 담아내야 하는 자연인의 그릇 그 자체가 보편성이다. 그 그릇이 간장 종지만큼 작다면 어떻게 우주를 담겠는가. 그 그릇에 구멍이 나서 물이 줄줄 샌다면, 어떻게 로미오와 줄리엣의 사랑을 가득 담겠는가. 배우에게 보편성이란 장인에 의해 갓 구워진, 티끌 한 점 없이 새 하얀, 그러나 그 크기를 가늠할 수 없을 만큼 큼직한 도자기에 비유할 수 있겠다.

이러한 보편성을 논하며 필자는 “연기란 ‘내가’ 하는 것이지 ‘나화(化)’시키는 것이 아니다.”라는 말을 자주 한다. 여기서 언급한 ‘나화’라는 개념이 앞서 배우의 몸과 마음을 논할 때 언급한 배우 자신의 ‘나’라는 개념과 혼란이 있을 수 있겠다. 배우 자신의 ‘나’는 여기서 ‘내가’에서의 보편적 ‘나’를 의미한다. ‘나화’에서의 ‘나’는 일상의 배우 개인이다. 연기는 조한준이라는 ‘내가’ 하는 것이지, 조한준이 편한 대로 변형시켜 ‘조한준화’하면 안 된다는 의미이다. 여기서 말하는 ‘내가’는 바로 완벽하게 준비된, 보편적인 ‘나’가 주체적으로 행위에 임하는 것을 말한다. 전 세계에 단 하나 밖에 없는 완벽하게 조율된 피아노 앞에 예술성과 기술을 겸비한 완벽한 피아니스트가 앉아, 수백 번도 더 연습하여 마스터한 곡을 온전하게 연주하는 것을 말한다. ‘나화’시키는 것은, 건반 몇 개가 이가 빠진 듯 고장 난 피아노 때문에 작곡가의 악보를 살짝 변형하여 변주하는 것을 말한다. 피아니스트의 다친 손가락 혹은 개인적 습관 때문에 악보를 스스로에게 편하게 변형하여 변주하는 것을 의미한다. 작가에 의해 빨간색 물감이 떨어졌지만, 이미 채워져 있던 다른 색깔들로 인해 주황색으로 변형시키는 것을 의미한다. 연기에 있어서는 배우 본인이 평소에 잘 느끼고 잘 반응되어지는 정서, 충동, 반응의 방법으로 메우는 것을 의미한다. 그것은 단지 습관이라는 단어로 좁혀질 수 없는 차원이기에 ‘나화’라는 단어를 사용하였다. 그것은 일종의 방어기제에서 기인할 수도, 트라우마에서 기인할 수도, 혹은 연기 행위 중에 엄습하는 자의식을 덮어 가리기 위한 원인에서 기인할 수도 있다. 또는 소위 ‘자연스러운’ 연기를 자신의 일상과 그저 똑같이 하는 것으로 알고 본인의 평소 말투나 반응의 방법을 그대로 시전함으로써 스스로

'자연스럽다'는 자위를 함에서 기인할 수도 있겠다. 우리가 특정 영화배우를 얘기하면서 '그 배우는 어떤 영화를 출연해도 어쩜 그렇게 다 똑같냐'라고 부정적인 평을 한다면, 그것 역시 '나화'에서 비롯된다고 볼 수 있다. 역할과 상황, 관계가 완전히 다른 작품이지만, 그 배역들을 임하는 배우의 순간순간의 '나화'가 된 정서, 반응 등이 나오기 때문이다. 이처럼 '나화'시키는 것은 그것이 비록 그 순간에는 일종의 '자연스러움', '날 것'으로 포장되어 마치 순간의 진실이 담긴 연기로 보이거나 스스로 느껴질 수 있겠으나 다양한 스펙트럼을 아우르는 데에는 치명적이다. 뿐만 아니라 작가가 써준 인물의 정서를 배우 개인의 정서로 변질시킬 가능성이 농후하다. 오필리어와의 장면에서 표출되어야 하는 것은 햄릿의 정서이지, 배우 개인이 바로 며칠 전 헤어졌던 연인과 경험했던 개인적 감정의 물타기가 아니어야 한다는 것이다. 그렇다면 다음과 같은 말은 또 어떻게 이해할 수 있는가? '나는 000 배우가 연기하는 햄릿을 꼭 보고 싶어. 그동안 많은 햄릿들을 봐 왔지만, 000이 하는 햄릿은 분명 특별한 점이 있을 것 같아. 그래서 돈이 많이 들더라도 반드시 티켓을 구하고 싶어'. 이는 이 말을 한 사람이 000의 '나화'에 대한 개인적 취향 때문인가? 아니다. 연기는 '내가' 하는 것이지만, '나'라는 악기 자체가 이미 전 세계에 단 하나 밖에 없기 때문이다. 연주자가 의식적으로 변주하지 않아도, 악보를 있는 그대로 연주해도 악기 그 자체의 유니크함과 '결'로 인해 독창적인 소리들이 나오기 때문이다. 그래서 마치 같은 작곡가의 같은 악보를 틀림이 없이 연주하더라도 우리가 피아니스트를 고르고, 그 피아니스트는 특정 피아노를 고집하는 이유이다. '나화'를 통한 왜곡된 자연스러움 때문이 아니다.

열연 말고 호연: 그녀는 나를 정말로 때렸다

필자가 영국 East15 Acting School에서의 유학 시절, 장면연기 수업에서 벌어진 일이다. 필자는 루마니아 출신의 한 여배우와 파트너가 되었다. 그녀는 우리 반에서 별명이 야생마라고 불릴 만큼 소위 자유로운 영혼의 소유자였고 연기를 함에 있어서 언제나 거리낌이 없었다. 이에 많은 배우들이 그녀와 연기를 하고 싶어 할 만큼 '듣고 말할 줄' 아는, 상대에게 즉각적이고 즉흥적인 영감을 주는 배우였다. 우리에게 주어진 작품은 아우구스트 스트린드베리 작 〈미스 줄리〉였다. 해당 수업 시간의 장면연기 과정은 모든 것이 즉흥(improvisation)으로 진행되었다. 선생님은 배우들에게 대사를 절대 외우지 못하게 하였고, 이는 인물의 대사를 활자 자체로 '암기'하여 앵무새처럼 무의미한 사운드만을 내뱉지 못하게 함인 것을 우리는 이미 잘 알고 있었다. 사건이 벌어진 날, 수업 시간의 과제는 대본에 나와 있지 않지만 대본에 있을 법한 두 인물 간의 가상의 장면을 상대 배우와 함께 구상해 오는 것이었다. 그리고 그 어떤 것도 미리 연습을 하거나 맞추지 못하게 하였다. 오직 시간, 장소, 직전 상황, 각자의 목적, 방해물 등 기초적인 조건만 의논을 한 채 모든 것을 수업 현장에서 처음 부딪쳐 보는 과정이었다. 필자가 맡은 〈미스 줄리〉의 장(Jean)은 줄리 집안의 하인이자 줄리와는 절대적인 종속 관계에 있는 인물이다. 원작에서는 이렇듯 절대적인 상하관계가 아슬아슬하게 넘나들다 결국 두 인물이 파멸을 맞게 되는데, 우리는 이에 착안을 하여 해당 수업 시간 장면으로 줄리의 약점을 잡은 하인 장이 줄리를 굴복시키는 것으로 목적을 정하였다. 즉흥 장면 실연에 들어가자 필자는 미리 논의된 것과 다름이 없이 그녀를 압박해 나갔다. 하나하나 꼬투리를 잡거나, 때론 언성을 높이고, 신체적으로는 위협적으로 가까이 다가가는 등 나름 다양한 방식을 동원하여 그녀의 입에서 최소한 '미안하다'라는 말을 꺼내기 위해 순조롭게 진행이 되고 있는 듯했다. 그런데 갑자기 그녀가 역으로 화를 내기 시작했다. 이것은 예정에 없었던 것이다. 그녀는 화를 내다 못해 분에 못 이기더니, 갑자기 눈빛이 완전히 달라지면서 거의 이성을 잃은 여자처럼 보였다. 갑자기 무서웠다. 그녀가 뭔 일을 낼 것 같았다. 아니나 다를까, 그녀는 순간적으로 온 힘을 다해 필자의 뺨을 쳤다. 거의 풀 파워 스윙으로 후려갈겼다. 너무나도 순간적으로 벌어진 일이었다. 객석에서 지켜보고 있던 동료 배우들이 단체로 입을 틀어막으며 '오 마이 갓'을 외치고자 하는 걸 참고 있는 것이 느껴졌다. 그때 그 느낌을 이렇게 글로써 표현하고자 하니 지금도 상당히 한계를 느낀다. 하늘이 노래졌다. 만화에서처럼 별들이 떠다니는 듯 했다. 그리고 순간적으로 분노가 치밀어 참을 수가 없었다. 이유는 모르겠지만 갑자기 일종의 인종적인 이슈로도 받아들여졌다. 평소 너무나도 이성적이어서 찔러도 피 한 방울 안 나올 것 같다는 이야기를 듣던 내가 그야말로 이성을 잃었다. 무대 위를 둘러보기 시작했다. 무언가 때릴 것이 필요했다. 여자를 때리는 걸 상상조차 못하던 내가 때릴 무기를 찾고 있었다. 그리고 한국어로 끊임없이 상욕을 내뱉으며 무대 위를 활보하다가 소품으로 준비했던 테이블 위 와인병을 집어 들었다. 객석에서는 아까보다도 훨씬 난리가 난 '오 마이 갓'의 속삭임들이 들리기 시작했다. 아마도 장면을 끊어야 하지 않나 라는 생각들도 들었을 것이다. 와인병을 들 때까지만 해도 난 그걸로 정말 때릴 수도 있을 것 같았다. 그러나 그걸 들고 그녀에게 다가가며 아주 약간의 정신이 들었고, 난 그녀의 코앞에 서서 씩씩대고 마주하다가 조용히 와인병을 들어 그 안에 있던 거의 한 병에 가까운 레드 와인을 그녀의 정수리에다가 붇기 시작했다. 객석은 아예 아수라장이 되었고 줄리 역의 여배우는 울기 시작했다. 그리고 내 앞에 무릎을 꿇었다. 우리가 설정하고 계획했던 즉흥 장면의 목적이 완성된 순간이었다.

여러분은 이 이야기를 어떻게 받아들이는가? 그날 우리는 '날 것' 그 자체였다. 살아있었고, 두 인물로서 자연스러웠으며 진실한 감정이 나왔다. 언급했던 것과 같이 객석은 지루할 틈도 없이 충격과 공포의 연속이었으며 우리 둘은 그 순간, '진짜'였다. 그러나 아마 여러분도 예상을 하겠지만 우린 둘 다 기분이 대단히 좋지 않았다. 그리고 선생님께 아마 수학 기간 내내 처음이자 마지막으로 봤을 만큼 엄청난 꾸지람을 들었다. 그때 선생님의 이야기와 지금 필자가 여기서 하고자 하는 말은 같다. 그건 예술이 아니었다. '날 것'으로 포장된 소위 개싸움이었다. 우리가 이성을 잃은 순간, 관객들은 줄리와 장을 보는 것이 아닌 두 배우가 보였을 것이고 우리를 걱정하기 시작했을 것이며, 무대 위에서 더한 폭력적 사건이 실제로 벌어지지 않을까 우려를 했을 것이다. 그렇다면, 지금까지 필자가 언급한 '날 것'은 무엇인가. '진실한' 연기는 무엇인가. 순간의 즉각적이고 즉흥적이며 직감적인 충동을 배우가 가감이 없이 반응으로 내보낼 수 있어야 한다고 하지 않았나? 그럼 그것이 위 사례와는 어떠한 차이가 있는가?

이쯤에서 이번 챕터의 주제를 제시하자면 바로 예술의 형식, 형태이다. 위의 사례와 같이 배우들과 작업을 하다보면 예상치 못한 갑작스러운 정서의 폭발, 예기치 않은 돌발적인 행동 등을 마치 스스로 순간의 영감을 받아, 소위 '그 분'의 계시를 받아 발설을 해 놓고서는 그것을 명연기로 오인을 하는 경우를 본다. 그러나 이는 관객으로서 참 보기가 싫다. 또한 앞서 말한 바와 같이 역할이 보이는 것이 아니라 배우들이 보인다. 그것은 열연일지 몰라도 절대로 호연이 아니다. 길거리의 한 연인의 실제 싸움과 무대 위 연인들의 싸움, 예를 들어 햄릿과 오필리어, 니나와 뜨레쁠료프 간의 싸움의 차이는 무엇인가? 길거리 연인들의 실제 싸움도 대단히 리얼하지 않나? 그래서 때론 걸음을 멈추고 구경을 하고 싶을 정도로 흥미진진하지 않나? 어떨 땐 연기를 못하는 배우들의 연인 장면을 보고 있느니, 차라리 길거리 연인의 싸움을 더 보고 싶지 않나? 우리는 100% '나화'가 되어 있는 길거리 연인의 싸움과는 완전히 다른 차원의 일을 해야 한다. 그들은 일상적 리얼리티와 '나화'에서 비롯되는 순간의 재미, 호기심을 제공할지 몰라도 예술적 영감을 선사하지 못한다. 보는 이로 하여금 자신의 과거를 돌아보게 하고 현재를 반추하게 하며, 더 나은 미래를 고민하게 하지 못한다. 우리가 하는 일은 예술적이어야 한다. 그것이 2분짜리 독백이든, 장면이든, 코미디이든, 비극이든, 우리가 연기라는 예술 행위를 시작하는 그 순간부터 끝까지 모두 양질의, 고급진 예술 작품(masterpiece)이어야 한다. 무대 위에서 경험이 많지 않은 배우들의 움직임을 본 적이 있는가? 그들은 요란하게 움직인다. 무대 위의 걸음걸이, 행동들이 일상에서의 움직임과 다름이 없이 크고 시끄럽다. 다소 간의 신체적 접촉이 있어야 하는 장면을 할라치면 실제에 가까운 몸싸움이 벌어질 정도로 거칠어져 중간에 끊어야 하는 경우가 다반사이다. 혹시 이렇게 일상을 있는 그대로 일상답게 하는 것이 사실주의 연기의 정수라고 생각하지는 않는가? 그것은 사실주의도 예술도 아니다. 단지 훈련되지 않은 '일반인'(연기를 공부하지 않는)의 '일상적' 움직임이다. 여기서 핵심은 연기란 예술적 형식, 형태를 갖춘 '정제된' 행위여야 한다는 것이다.

이와 관련하여 스타니슬랍스키의 제자이자, 자신만의 독창적인 연기 테크닉을 창안한 미하일 체홉(Michael Chekhov)의 'The Four Brothers'라는 개념을 활용하여 배우 연기예술의 정제된 형식, 형태에 대해 설명을 해보겠다. 체홉은 연기예술을 설명하면서 '아름다움의 감각'(Sense of Beauty), '편함의 감각'(Sense of Ease), '형태의 감각'(Sense of Form), '전체의 감각'(Sense of the Whole) 등 네 가지의 정제된 요소를 필수 감각으로 칭하였다. 이 네 가지는 각각 개별적으로 작용하는 것이 아니다. 이 모든 것이 한데 어우러졌을 때 비로소 그 배우의 연기가 예술적 형태를 갖게 되는 것이다. 첫째, '아름다움의 감각'은 배우가 어떤 연기를 하더라도 그것은 넓은 의미에서 예술적이고 미적인 아름다움을 갖추고 있어야 한다는 의미이다. 즉, 무대 위에서 오이디푸스가 자신의 눈을 찌르더라

도, 〈타이터스 안드로니커스〉와 같이 유혈이 낭자한 장면이 계속해서 나오더라도, 그 모든 연기에는 예술적 아름다움이 있어야 한다는 것이다. 보기가 좋아야 한다는 것이다.

둘째, '편함의 감각'은 쉽게 말해, 어떠한 격렬한 장면이 나오더라도 관객과 그것을 수행하는 배우 모두 예술적 편함(ease)의 감각을 잃지 않아야 한다는 것이다. 예를 들어, 햄릿과 레어티즈의 목숨을 건 마지막 칼싸움 장면에서 배우들은 관객의 숨을 막히게 할 정도로 긴박하고 실제와 같은 연기를 해야 하지만, 그것은 예술적 편안함으로 감싸진 채 관객들의 시선을 무대에서 빠지지 않도록 해야 한다는 것이다. 그리고 행위를 하는 배우들 역시 스스로를, 상대방을 다치게 하지 않는 안전을 절대적으로 의식하고 상대와 관객을 안심시키면서 동시에 인물의 행위에 완전히 몰입을 해야 한다는 것이다.

셋째, '형태의 감각'이란 모든 연기 행위에는 일종의 형태, 틀이 있어야 한다는 것이다. 마치 주물 제품을 만들기 위해 틀이 필요한 것과 같이, 무형의 연기 행위가 보기 좋게 만들기 위한 틀, 형태를 활용하여 그 안에 잘 포장이 되어야 한다고 표현하면 이해가 쉽지 않을까 생각한다. 마지막으로 '전체의 감각'은 어떠한 연기 행위를 하더라도 그것은 각각의 세밀한 부분들이 모인 하나의 '전체'로서 완성이 되어야 한다는 것이다. 처음과 끝이 존재하는, 마치 한 땀 한 땀씩 니트를 짤 때 첫 땀에서부터 완성된 니트가 나오게 되는 그 일련의 과정을 포함해야 한다는 의미로 이해되어도 좋겠다. 체홉은 이와 더불어 이 모든 감각들에는 배우 자신의 '초자아'(Higher Ego)가 뒷받침되어 있어야 한다고 주장한다. '초자아'라는 단어 자체가 대단히 철학적이고 심오하게 들려서 거부감이 들 수도 있겠으나, 최대한 쉽게 설명하자면 연기를 예술행위로 만들어주는 '나'의 또 다른 예술적 주체, 나아가 연기를 연기로 끝낼 수 있게 '나'를 보호해 주는 내 안의 또 다른 '나'로 이해하면 되겠다. 살인을 하는 장면에서 칼을 상대에게 찌르기 직전까지는 순간의 진실, 진정성으로 관객들에게 예술적 리얼리티를 선사해야 하지만, 칼을 찌를 때는 상대 배우의 안전을 고려해 약속된 것과 같이, 연습을 한 것과 같이 트릭의 찌르는 행위를 하게 해주는 존재가 초자아이다. 상대 배우가 중요한 소품을 실수로 분장실에 놓고 무대 위에 나왔을 때 인물에서 빠져나오지 않고 동시에 관객들이 눈치를 못 채게 하며 그 위기를 모면하게 해주는 존재가 초자아이다. 공연 중 관객의 휴대폰 소리가 귀에 들림에도 인물로서 빠져나오지 않고 연기 행위의 지속성을 지켜주는 존재도 초자아이다. 역할 vs 배우 간의 관계에서 건강한 거리를 유지하며 배우를 직업으로서 지켜주는 존재 역시 초자아이다. 영화 〈다크 나이트〉나 〈조커〉 등 작품 속 인물이 한 인간의 내면을 지나치게 갉아먹어 배우 스스로 실제와 작품 속의 상황의 분간이 어려운 지경에 빠져 있을 때 그곳으로부터 배우의 '나'를 구해주는 존재가 초자아이다.

이런 의미에서 배우는 아티스트이자, 동시에 테크니션이어야 한다고 본다. 어떤 쪽이 예술이고 어떤 쪽이 기술인지는 여러분 각자의 판단에 맡긴다. 확실한 건,

무대 위에서, 카메라 앞에서 하는 모든 행위들은 전부 '예술적'이어야 한다는 것이다.

연기는 매순간이 처음 벌어진 일이어야 하지만, 동시에 반복도 가능해야 한다. 관객들에게 우리 삶 속 인간이 하는 모든 것들과 일체의 다름이 없는 '리얼리티'를 선사해야 하지만, 그것은 예술적 리얼리티라는 고급스러운 포장으로 감싸져 있어야 한다는 의미이다. 그걸 가능케 하는 것이 체홉의 말대로 '초자아'의 존재 덕분일지, 신내림을 받아야 하는 영역일지 몰라도 적어도 확실한 건, 그래서 우리 배우들은 훈련을 해야 하는 것이다. 이에 마지막으로 여담을 나누자면, 지금도 그러한지는 확인이 필요하지만, 필자가 잠시 경험을 했던 때의 러시아 연극대학에서는 1학년들에게 대사가 있는 연기를 절대로 시키지 않는다고 한다. 그 대신 무대 위의 대도구, 소품 등을 어떻게 하면 주어진 짧은 시간 안에 일사분란하게, 완전한 중립을 지키며, 연극적이고 예술적인 움직임

을 장착한 채 이동시키고 치울 수 있는가를 중점적으로 훈련시킨다고 한다. 장면 전환 역시 예술적으로 보일 수 있도록 말이다. 갓 들어온 막내 요리사에게 오랜 시간 설거지만 시키듯, 언뜻 가혹해 보이는 이 교육 방식에 어쩌면 지금까지 이야기한 '정제된' 예술로의 첫 걸음이 담겨 있을지 모른다는 생각을 한다. 무대 위에서의 몸과 마음의 정제를 체화하고, '나'와 역할의 중간 지점으로서 중립을 체득하며 예술적 움직임을 온몸에 장착하기 위한 기초 단계로써 대단히 유의미할 것이라고 말이다.

절대 금기어 '감정': 톰과 비프는 패륜아가 아니다

필자는 매학기 연기 수업 첫 시간에 학생들과 한 학기 동안 함께 소통할 용어의 정리를 먼저 하곤 한다. 소위 금기어를 지정하기도 하고, 기존에 배우들이 흔히 사용하던 표현들을 다른 것으로 대체하자고 제안한다. 필자가 가장 금기시하는 개념이 바로 '감정'이다. 감정을 '정서'로 대체하고자 제안을 하고, 또한 '대사'라는 용어를 '생각'이나 '말'로 대체하자고 한다. 즉, '감정을 느낀다'가 아니라 '정서가 발생된다'로, '대사를 외운다'가 아니라 '생각을 장착한다'로, '대사를 친다'가 아니라 '말을 한다'로 바꾸어 표현하자고 제안을 한다.

이번 장에서는 이 중에서 특히 많은 배우들이 그렇게도 집착을 하는 배우의 '감정'이라는 개념에 대해 논해보고자 한다.

필자가 말하고자 하는 연기예술에 있어서의 감정은 배우 스스로의 의도에 의한 인공적인, 인위적인 결과물이다. 그에 반해 정서는 자극과 충동, 그리고 반응이라는 인간 본연의 메커니즘 과정 중에 자연발생적으로 일어난 부산물이다. 우리는 앞서 '연기는 보여주는 것(showing)이 아니다'라는 논의를 할 때 배우들의 감정에 대한 집착을 이야기한 바 있다. 대단히 개인적인 의견이지만, 필자는 유독 한국 배우들이 감정 표현에 지나치게 집착을 한다고 본다. 어쩌면 '연기를 한다'는 것을 특정한 '감정을 표출하여 보여준다'라고 오해를 하고 있는지도 모를 만큼 주변의 많은 배우들을 보면 모든 초점이 배우 자신의 감정에 쏠려 있다. 그날 감정 표현이 잘 되면 좋은 연기, 잘 안 되면 좋지 않은 연기로 생각을 하는 듯하다. 감정 표현이 잘 안 된 이유를 묻노라면 집중이 안 됐거나, 스스로를 못 믿었거나, 상대를 못 믿었거나, 확신이 없었거나 등등 대단히 그럴듯한 원인을 들며 스스로 자가진단을 한다. 이렇게 한국 배우들이 감정 표현에 집착하게 된 계기에는, 물론 다방면에서 고려가 되어야겠지만, 필자는 특히 연기교육, 그중에서도 대학 입시 환경과 대학 입학을 위한 결과 중심적인 학원 교육이 가장 큰 문제라고 생각한다. 짧은 시간 안에 모든 것을 '보여줘야' 하고, 그 보여주려고 하는 핵심에 역할의 감정을 얼마만큼 그럴듯하게 느끼고 표현할 수 있느냐를 강박처럼 갖게 될 수밖에 없으니 말이다. 그리고 연기를 처음 접하는 어린 학생들에게 바로 그것이 연기라고 각인될 것이기 때문이다.

배우의 감정을 논하기 위해서는 먼저 회자가 되어야 하는 인물이 있다. 세계 최초로 『백과전서』를 집필하기도 한 18세기 프랑스의 철학자이자 문학가인 드니 디드로이다. 그는 학문 간의 경계를 뛰어넘는 박학다식함으로 다양한 분야에서 업적을 남겼지만 그중에서 특히, 어쩌면 지금 디드로가 살아있어서 그에게 물어본다면 자신이 그걸 썼는지 기억조차 못 할 것 같은 아주 작은 기록, 『배우에 관한 역설』이라는 책으로 후대 배우들에게 실로 엄청난 해결과제를 던졌다. '머리는 차갑게, 가슴은 뜨겁게'로 대표되는, 바로 배우의 이성과 감정 간의 간극의 문제였다. 디드로의 문제 제기는 간단했다. 어느 날 연극 공연을 보러 갔다가 한 배우의 절절한 연기에 큰 감명을 받았고, 다음 날 그 공연을 다시 보러 간 것이다. 그런데, 그 배우의 연기는 어제 자신이 감명을 받은 연기와는 너무나 달랐던 것이다. '어째서, 왜 배우의 연기가 달라졌는가?' ... '왜 배우의 감정이 매일 달라지는가?'... '배우라는 존재는 자신의 이성, 감정을 조절할 수 있는 예술가이자 기술자여야 하는 것이 아닌가? ... 인간 이성의 집약체로 대표할 수 있는 백과사전이라는 것을 집필한 이성의 끝판왕에게 있어서 도저히 이놈의 배우들, 그들의 연기 행위는 이성과 논리로 정리가 되지 않는 것이었다.

한편, 20세기 초 현대 연극예술을 논할 때 빼놓을 수 없는 인물 중 한 명인 에드워드 고든 크레이그라는 영국의 무대미술가이자 연극이론가는 일찍이 배우의 감정에 대해 디드로가 던진 의문을 아예 다른 관점으로 바라보았다. 그는 배우들의 변화무쌍한 감정의 문제를 연극예술을 망치는 주요한 원인으로 보았다. 그래서 그는 심지어 미래 연극예술에서는 배우들을 마리오네트, '초인형'으로 대체해야 한다고 주장했다. 그래야만 연극예술에 있어서 작가, 연출자의 의도가 관객들에게 왜곡과 변질 없이 관객들에게 정확히 전달된다는 취지에서였다. 20세기 세계적인 연출자의 반열에 오른 미국의 로버트 윌슨은 어떠한가? 그는 자신의 작품에서 배우를 단지 이미지, 오브제로 사용하였다. 그의 작품에서 배우는 무대장치, 음악, 음향 등 자신의 연출미학을 '시각화'하는 도구에 지나지 않았다. 이 외에도 메이어홀드, 그로토프스키, 미하일 체홉 등 20세기 연극사의 거장들은 자신들의 연극관을 구축하고 설파함에 있어서 배우의 연기, 그중에서도 배우의 감정에 대한 각기 다른 가치관을 정립하고 독창적인 아이디어들을 제공하였다.

그러나 배우의 감정이라는 측면에서 그 누구보다 절대 빼놓을 수 없는 인물은 역시 스타니슬랍스키이다. 그는 인간의 '감각(sense)과 기억', 그리고 '감정(emotion)과 기억' 간의 관계를 학문적으로, 그리고 실제적으로 입증하여 추상적이고 무형의 차원에 머물렀던 배우의 감각과 감정의 개념을 계산이 서는, 반복이 가능한, 일종의 테크닉의 차원으로 끌어올리고자 하였다. 그래서 그는 심리학자 테오듈 리보, 생리학자 이반 파블로프 등등의 이론들을 가지고 와서 인간의 감각과 감정이 '기억'을 통해 재생을 할 수 있으며 배우들은 바로 이 점을 연기예술에 접목시킬 수 있음을 증명하고자 했다. 후대의 연기 지도자, 혹은 연극 이론가들의 의견에 따르면, 이와 같은 스타니슬랍스키의 접근에서 인간의 '감각'이라는 측면은 기억이 가능한 영역이고, 기억을 통한 재생 역시 훈련을 통해 가능하다는 입장이 중론이다. 감각이란 기억에 의해 일종의 '체화'가 되는 영역이라는 것이다. 피아노를 오랜 시간 연주를 해 온 사람이 세월이 한참 지나 피아노 앞에 앉아도 그것을 연주하는 감각들이 신체에 저장되고 기억되어 있다는 것이다. 레몬을 통째로 먹는 TV 예능의 장면을 보기만 해도 우리가 침이 고이고 인상이 찌푸려지는 것은 각자 레몬, 혹은 그것과 유사한 신 음식을 먹어본 감각의 기억 때문이다. 스타니슬랍스키는 초기에 인간의 감정 역시 감각과 마찬가지로 인간에게 있어 기억이 가능한 영역으로 고려하였다. 그리하여 배우 개인의 과거 감정을 기억을 통해 재생해 내어 연기할 때 적재적소에 활용한다면 그것이 인간 본연의 '진실한' 감정이 될 수 있을 것이라 생각한 것이다. 그리고 이 개념이 미국으로 건너가 테크닉으로 승화한 것이 바로 그 유명한 '메소드' 연기 방법론이다. TV 예능에서조차 웃음거리로 흔히 접할 수 있는 메소드 연기 개념의 기원은 바로 여기에 있다. 배우 개인의 과거 감정을 기억을 통해 재생해 내어 자신의 역할에 투영시키는 것 말이다. 그러나 이는 곧바로 반대 의견에 부딪히고 말았다. 인간의 감정은 기억이 되는 영역이 아니라는 것이다. 인간의 과거에 대한 기억은 단편적인 이미지, 심상들의 연속이라는 것이다. 마치 우리가 전날 꾼 꿈을 기억해 보려고 노력할 때 그것이 영상으로 재생되어 기억되지 않고, 꿈속에 느꼈던 감정 역시 막연하게만 느껴지며, 그 모든 꿈의 기억들이 단지 이미지로만 떠오르는 것처럼 말이다. 뿐만 아니라 배우 개인의 과거 감정들은 배우 개인이 느낀 감정이지 역할의 감정과 동일하지 않다는 것 또한 스타니슬랍스키 초기 이론, 그리고 '메소드' 연기가 받아야 했던 비판 중 하나였다. 그리고 배우 개인이 경험하지 못했고 경험할 수도 없는 상황, 예를 들어 초자연적인 현상, 공상과학 등을 다루는 연기예술에서의 적용의 한계 역시 마찬가지였다.

인간의 감정이란 그동안 철학, 심리학 등의 학문을 통해 주로 관념적 차원에서 다뤄졌던 것이 1950년대 전후 인지학을 만나고, 오늘날 뇌과학과의 만남을 통해 단계적 객관화를 거쳐 왔다. 우리는 이제 인간의 감정이 특정 뇌 활동의 패턴에 의해 활성화되는 것을 알고 있다. 인간의 감정이 대뇌 피질 아래의 변연계에서 생성되며 무의식적 경로와 의식적 경로로 나뉘어 편도체, 감각피질, 해마와 같은 기관들과 긴밀한 연관성을 갖는 것을 인지하고 있다. 이처럼 우리 인류는 역사적으로 감정의 객관적 실체를 끊임없이 규명해 내고자 했다. 연기예술에 있어서 감정이라는 개념은 일찍이 디드로가 문제 제기를 하고, 스타니슬랍스키가 해답을 찾기 위한 선구자의 역할을 했다면 미국의 심리학자 제임스가 던진 하나의 가설이 유레카와 같은, 감정에 대한 관점의 일대 전환을 맞이하게 하였다. 제임스의 '곰을 만난 인간의 반응'이라 불리는 가설은 대단히 간단한 원리이다. 그동안 사람들이 인간의 행동 체계를 1) 곰을 만난다 2) 두려움을 느낀다 3) 도망간다의 순서로 생각했다면, 그것이 1) 곰을 만난다 2) 도망간다 3) 두려움을 느낀다의 순서로 바뀌어야 한다는 것이다. 즉, 인간의 행동은 감정에 의해 후행되는 결과물이 아니라 인간의 감정이 행동에 의한 결과물이라는 관점이다. 인간의 행동은 순간적으로 맞닥뜨리는 자극에 즉각적으로 선행되고, 선행된 행동에 감정, 정서가 본인도 모르게, 어떠한 의도도 없이 수반된다는 의미이다. 즉, 인간에게 감정보다 행동이 먼저 수행되고, 감정이란 모든 과정 중에서 최종적으로 '발생되는' 것이다.

이에 감정은 절대로 계획될 수도 없고 의도될 수 없다. 목적도 될 수 없다. 자극에 의한 행동, 그 이후에 발생되는 것이 감정인데, 그것이 어떻게 선행적으로 계획될 수 있겠는가? 그런데 많은 배우들은 감정을 예상한다. 배우가 역할을 바라본 개인적인 해석, 주관적인 관점이 반영된 단편적인 감정을 미리 계획하고 연습하여 표현하고자 한다. 연기를 막 마친 배우들에게 '그 장면에서 역할의 목적이 뭐였지?'라는 질문을 던졌는데 '이 배역은 이러이러한 이유 때문에 슬펐어요, 혹은 화가 났어요, 혹은 외로웠어요' 등등과 같은 대답을 한다면 그것은 감정을 계획했거나, 혹은 표현의 목적으로 본 잘못된 대답들이다. 앞서 말한 바와 같이 감정은 부산물이다. 인간이 자극을 받으면 들숨과 함께 해당 자극에 대한 충동이 들어오고, 그 충동이 온몸을 관통할 때 감각적으로 작용하여 영향을 끼쳐 발생되는 것이 바로 감정이다. 이러한 감정을 배우가 계획하고 의도하는 순간, 그 배우의 연기는 역겨워진다. 캐릭터가 변질, 곡해, 왜곡된다. 배우 본인의 인간미가 투영되지 못하면서 진정성이 없어진다. 관객으로서 가슴이 아파지지 않는다. 함께 동화되고 연민을 느끼지 못하고 소위 그냥 관람을 하게 된다. 앞부분에서 예를 들었던 바 있는 〈유리동물원〉의 톰을 다시 살펴보자. "난 어떨 거라고 생각하세요? 참을 수 있을 거라고 생각하세요?"로 시작하는 이 독백의 연기를 위해 많은 학생들은 감정부터 끌어모은다. 벽을 보고 시간을 갖거나 큰 숨을 여러 번 들이쉬고 내뱉으며 기를 모은다. 심지어 잠시 뒤로 가서 소리를 있는 힘껏 지르다가 그 탄력을 이용하여 기습적으로 그 독백 연기를 시작한다. 오직 그 배우들에게는 본인의 감정을 한껏 표출하는 것만이 중요한 것이기 때문에 바닥에 발도 구르고 눈은 있는 힘껏 부라려가며 독백을 마무리해 나간다. 그쯤 되면 보는 이가 상상을 하게 된다. '이 이야기를 듣는 아만다(엄마)는 이미 바닥에 쓰러져 있겠구나', '이 독백 장면 직전에 이미 아들 톰이 엄마를 때려 눕혔겠구나', 혹은 '총으로 쐈거나 칼로 찌른 후에 이 독백을 시작했겠구나…'. 〈세일즈맨의 죽음〉의 비프 역시 마찬가지이다. 감정에 집착하여 그것을 표출하기 바쁜 배우들의 비프의 연기를 보고 있노라면, 윌리(아버지)는 이미 바닥에 죽어 있을 것만 같다. 필자가 극단적으로 표현을 한 감이 있지만, 톰과 비프는 패륜아가 아니다. 그들은 당시 사회상과 기타 복합적인 이유로 피해를 입은, 상처받은 가엾은 영혼들이다. 관객은 그들에게 연민과 공감을 느껴야 하고 마음이 아파야 하며, 그들을 위로해 주고 싶고, 안아주고 싶고, 할 수만 있다면 밥 한 끼라도 사주고 싶은 마음이 들어야 한다. 이런 상황쯤 되면, 필자는 독백을 중단시키고 배우에게 다시 묻는다. '뭐가 그렇게 힘들게 하는지?', '왜 그렇게나 분노를 했는지?' 배우들의 대답은 다양하지만 주를 이루는 것이 바로 감정에 대한 예측에서 비롯되는 어려움이다. 이 인물이 지금 이러이러한 상황이기 때문에 감정적으로 이러하고, 배우로서 그 감정을 그대로 느끼고 극대화하여 표현하고자 하니 힘이 들고 버겁다는 것이다. 감정이 극대화되어야 한다는 것은 누구의 의견인가? 그것은 배우 본인이 판단한 개인적인 '의견'이다. 연기의 이상적인 목표를 살아있는 사람이 하는 모든 것들을 똑같이 하자라고 보았을 때, 우리 인간이 엄마와 담판을 짓기 위해 감정을 계획하는가? 여러분은 오늘 저녁 7시에 엄마랑 싸울 예정인데, 화를 많이 내고자 계획할 수 있는가? 그럴 수 없다.

슬픔은 예정할 수 없다. 화를 의도할 수 없다.
인간은 감정을 계획할 수 없다.

한편, 계획되어 만들어지지 않는 인간의 감정은 그것이 발생될 때에는 대단히 즉각적이다. 예측하지 못했기 때문에 마치 쓰나미와 같이 일순간에 자신의 몸과 마음을 잠식해버린다. 여기서 또 하나의 문제는 그것을 양으로 가늠하고 조절할 수도 없다는 데 있다. 그렇다면 무엇이 조절이 가능한가? 연기예술에 있어서 무엇이 감정의 대체, 대안이 될 수 있는가? 배우가 의식적으로 조절하거나 운용할 수 있는 차원의 것이 무엇이 있는가?

이와 관련하여 필자는 무엇보다 '의지'(will power)의 개념을 강조한다. 스타니슬랍스키는 앞서 언급한 자신의 초기 이론에서 배우의 감정이 조절 가능하다고 보았던 것을 말년에 이르러 스스로 뒤엎었다. 대신 그는 배우의 연기예술에서 유일하게 반복이 가능하고 의식적 영역에서 조절이 가능한 것으로 배우의 역할에 대한 '신체적 행동'을 내세웠다. 즉, 인간의 심리와 신체는 상호 연관이 되어 있어 분리가 불가능하고, 따라서 조절할 수 없는 심리 대신, 조절이 가능한 신체 행동을 통해 심리와 직접적으로 연결을 시키는 쪽을 택한 것이다. 그리고 이 개념에 '의지'라는 측면이 추가가 되는 것이다. 즉, '의지를 포함한 신체적 행동'으로 간략하게 정의될 수 있겠다. 여기서 말하는 의지는 인간이 무언가를 얻고자 하는 데에서 비롯되는 적극적인 에너지이다. 전진하는 추진력(driving force)이다. 의지는 조절이 가능하다. 반복도 가능하다. 배우는 의지를 가동시키는 것만으로 신체의 자유와 더불어 정서라고 하는 보너스도 함께 득템하게 된다. 필자가 여기서 감정이 아닌 정서로 표현한 것은 혼란을 줄이고 이해를 돕기 위해 배우가 의도적으로 만들고 표현하는 것을 '감정'이라는 부정적 의미로 분류하고, 인간 본연의 메커니즘에 의해 자연발생된 것을 '정서'라는 긍정적 의미로 분류하고자 함이다. 자신의 아이가 집 안에 있는데 불이 났다고 가정해 보자. 본인은 마당에 나와 있지만 불길 때문에 집 안에 들어갈 수 없어서 창밖에 나와 있는 아이에게 밖으로 뛰어내리라고 손짓 발짓을 하는 상황이라고 생각해 보자. 과연 그 상황에서 그 사람에게 발산되는 의지는 얼마만큼일까? 손짓 발짓을 어떠한 크기의 제스처로 어떻게 할 것 같은가? 아이를 부르는 소리는 또 얼마만큼 질러지겠는가? 그러한 강력한 의지의 행동을 하는 것만으로 절실함, 처절함, 절박함 등 말로는 다 형용할 수 없는 인간으로서의 정서가 부싯돌에 붙는 불길처럼 몸과 마음에 발생되는 것이다. 부싯돌에 의지라는 돌들을 강력하게 부딪쳤기 때문에 불꽃이 발생된 것이다.

필자는 보다 극단적인 표현으로 배우의 의지의 영역을 마치 라디오 볼륨과 같이, 예를 들어 1-10단계로 나눌 수 있다고 강조한다. 그리고 주어진 상황이 무엇이든 간에 우리는 그 숫자만큼 해당하는 양의 의지를 가동시킬 수 있다고 말이다. 예를 들어 층간소음 관련 문제로 어떤 대상을 설득하고, 서명을 받아내야 하는 인물을 가정해 보자. 이 인물의 명확한 목적에 레벨 1의 의지를 적용해 보자. 그는 대단히 약한 의지만이 작동이 되기 때문에 아마도 주머니에 손을 꽂고 싶어 할지도, 짝다리가 짚어질지도 모르겠다. 말투나 표정 모든 것들이 딱 그만한 의지에 의해 작용되어 아마 이 사람은 마치 시간 때우기로 나온 동사무소 공익근무요원처럼 상대가 서명을 하든 말든 그것이 본인에게 그다지 큰 영향을 미치지 않는 사람으로 임하게 될 것이다. 반대로 레벨 10의 의지를 적용해 보자. 이 사람은 무슨 일이 있어도, 세상이 두 쪽이 나도, 지금, 이 순간에, 반드시 이 사람을 설득시켜서 서명을 받아내야만 한다. 의자에 앉아있을 수 없을 것이고 상대에게 가까이 다가가지게 될 것이다. 손짓 발짓은 물론이고 심지어 상대방 손이나 팔을 잡는 등 신체적 접촉을 하고 싶어 할 것이다. 다급해지고 긴박해질 것이다. 음성은 마치 소리를 지르는 것과 흡사할 만큼 높아지고 커질 것이다. 눈빛과 온 표정에서 절실함이 레이저와 같이 발사가 될 것이다. 아마 이 사람은 모르긴 몰라도 층간소음으로 인해 이미 엄청난 상처와 피해를 입은 사람일지도 모르겠다. 레벨 10을 실행하는 사람은 자신이 이루어내고자 하는 바, 설득하고자 하는 바를 온몸과 마음을 다 바쳐 실천하게 될 것이다. 그리고 그 과정 중에, 자신도 모르게 발생되는 정서의 꿈틀거림을 경험하게 될 것이다. 의도하지 않게 목소리도 떨리고, 심장박동도 빨라지며, 눈물도 맺히고, 양손과 발이 덜덜 떨리게 될지도 모르겠다. 어떠한 형태가 되었든 기대하지 않던 심리 - 신체적 변화가 동시다발적으로 일어나게 될 것이다. 이는 꼭 층간소음과 같은 논쟁의 이슈가 있는 사안으로만 적용이 가능한 것이 아니다. 우리 배우들은 그 어떠한 사안, 상황이 주어져도 그 안에서 우리의 의지를 자유자재로 적용시킬 수 있어야 한다. 가장 중요한 것은 그것을 '얼마만큼 원하는가'라는 의지의 문제이다. 그 '얼마만큼', '얼마나'가 바로 역할의 의지를 발동하게 하고, 절실함을 표출하게 한다. 우리 배우들이 다루는 인물들 중에 절실하지 않는 역할들은 대단히 드물다. 우리가 보통 다루는 작품들이 보통 대단히 드라마틱 하기 때문이다. 레벨로 따지면 거의 10에 해당하는 장면이 작품 안에서 대부분 나온다. 물론 레벨 1-3 정도에 해당되어도 무방할 법한 일상의 상황들도 마주하겠지만, 보편적으로 인간의 고뇌와 갈등을 아우르는, 우리가 흔히 걸작이라고 표현하는 작품들에서 말이다. 레벨 10의 의지가 장착된 인간은 덤프트럭과 같다. 죽어도 그것을 얻어내고 이뤄내야 하기 때문에 어마어마한 추진력을 장착했다. 반면

레벨 1의 의지가 장착된 인간은 킥보드 혹은 세발자전거 정도로 비유할 수 있겠다. 극단적으로 상반되는 두 추진력으로 부싯돌을 부딪쳐 발생된 각각의 불꽃의 차이 또한 상상이 되는가?

필자는 역할의 의지, 절실함이 잘 공감이 되지 않는다면, 최소한 배우 자신의 절실함이라도 끌어오라고 강조한다. 최소한 배우 개인이 연기를 얼마만큼 잘 하고 싶은지에 대한 절실함이 있다면, 그 절실함을 지금 이 자리에서 끌어와서 역할의 의지로 투영시켜보라는 것이다. 대개 입시생들이 가장 강하고 절실하다. 그들은 눈앞에 당도한 절대적 목표가 있기 때문이다. 그러나 작품 속 역할들의 이슈는 입시 따위의 문제가 아니다. 사느냐, 죽느냐를 결정하거나 혹은 왕을 죽이거나 말거나를 결정해야 한다. 이에 배우는 그 절실한 의지를 스스로 작동할 수 있는 보편적인 도구가 되어야 한다. 평소 원하는 바에 대한 의지를 정상적이고 보편적으로 피력하지 못하는 사람이라면, 그런 부류야말로 정말이지 배우가 되기 힘든 재료일지 모른다. 그리고 그러한 삶은 배우가 되거나, 연기를 잘하는 차원을 떠나 한 인간으로서 참으로 불행하다는 생각을 한다. 앞서 우리는 연기 훈련의 시작을 배우 자신의 '나'를 관찰하고 사랑해 주며 그것을 보편적인 도구로 재정립하는 것에서부터 고려해야 한다고 살펴본 바 있다. 우리 모두는 배우나 연기 훈련적인 차원을 떠나 이 세상의 한 구성원으로서, 이 우주 안에 존재하는 한 생명체로서, 완전한 주체로서, 원하고자 하는 목적을 있는 그대로 전달할 수 있는 '의지'를 피력할 권리가 있다. 물론 그것이 합법적이고 윤리적이며 도덕적인 차원에서 말이다. 모두가 아니라고 말할 때 예라고 말할 수 있는 사람이 되어야 한다는 광고의 카피처럼,

내가 원하고, 설득하고, 이해시키고, 납득시키고, 용서를 구하고, 고마움을 전달하고자 하는 나 자신의 의지를 매순간 명확하고 분명하며 가감 없이 발동시킬 수 있어야 한다.

그것이야말로 연기예술에 다가가기 위한 중요한 첫 걸음이자, 한 인간으로서 인간다운 삶을 영위하기 위한 중요한 전환점이 될 것이라 감히 충고하고 싶다. 그런 삶을 실천하더라도 스스로에게 악영향으로 되돌아오지 않을 것이라고 말이다. 주위의 사람들이 절대 떠나지 않는다는 것을 말이다. 뿐만 아니라 연기에 있어서는 감정의 노예에서 벗어나 마음먹은 대로 조절이 가능한, '의지'라는 엄청난 아이템을 얻게 될 것을 말이다.

Key Questions

- 주위에서 우연히 접하는, 사람들 간의 크고 작은 해프닝을 관찰해 보자. 길거리에서 싸우고 있는 연인, 가게에서 시비가 붙은 손님들, 시장 상인과 흥정을 하는 아주머니 등등 그들의 행위들이 그대로 무대 위, 혹은 스크린을 통해 보여진다고 상상해 보자. 일상의 날 것과 연기예술에서의 '진짜'의 차이는 무엇일까?

- 나의 몸과 마음을 관찰해 보자. 승마 선수들이 자신의 말을 정성스럽게 관찰하고 관리하는 것처럼 여러분 자신의 신체를 최선을 다해 관찰하고 살펴보자. 그리고 각각의 신체 부위에 모든 애정을 전달해 보자.

- 일상생활 속에서 즉각적으로 느껴지는 나의 충동을 관찰해 보자. 사람과 사람 간의 관계 속에서, 그리고 다양한 상황 속에서 순간적으로 들어오는 자극에 대한 느낌, 정서를 흘려버리지 말고 하나하나씩 되짚어보자. 그러면서 내가 어떤 상황 속의 어떤 관계 속에서 어떤 충동, 어떤 정서에 익숙하지 않은지, 혹은 그것들을 외부로 적절히 표현해 내지 못하고 살고 있는지 관찰해 보자.

- 최근에 경험한 사건들 중 하나를 떠올려 그날 느꼈던 감각들을 다시 기억해 보자. 시각, 청각, 촉각, 미각, 후각 등의 오감을 모두 활용하여 최대한 세밀하게 재감각해 보자. 그리고 그날 느꼈던 자신의 감정을 기억해 보고 그걸 다시 느껴보자. 그 과정에서의 차이, 변형, 왜곡 등을 경험해 보자.

- 오늘 있었던 일 중에 나의 의사나 바람과 다르게 말하거나 행동한 경우를 되짚어보자. 싫은데 좋다고 했거나, 안 괜찮은데 괜찮다고 했거나 그 어떠한 상황이어도 좋다. 다시 그 상황이라고 가정해 보고, 본인의 의사대로, 바람대로 결연하게 자신의 생각을 있는 그대로 얘기해 보자. 그 사안이 무엇이든 간에 스스로에게는 엄청나게 중요한 사안으로 생각하여 내 의지를 가상의 상대에게 피력해 보자.

3장

인간 본연의 메커니즘

자극과 반응: 인간은 '퍽'치면 "아!" 한다

인간의 삶에서 자극과 반응이란 생의 시작과 끝을 의미한다. 엄마의 자궁에서 세상 밖으로 나오는 순간 마주하는 그 모든 것들이 바로 인생의 첫 자극들이다. 그리고 '응애'라는 음성적 반응과 눈을 뜨지 못하는 등의 신체적 반응이 곧바로 뒤따른다. 생을 마감할 때에도 마찬가지이다. 혈액의 순환이 멈추는 자극으로 인해 한 인간의 신체, 정신이 더 이상은 반응하지 못하는 순간, 우리는 생명체로서 생을 마감하게 된다. 인간의 일상 역시 자극과 반응의 연속이다. 우리는 하루에도 셀 수 없을 만큼의 크고 작은 자극과 반응의 연속에 놓여있다. 아침에 잠을 깨우는 알람 소리(자극)에 손을 더듬어 휴대폰, 혹은 알람시계를 찾아 끄고(반응), 이불을 걷고 일어나자마자 느껴지는 찬 공기(자극)에 가운이나 스웨터를 입고(반응), 방문을 나서는 순간 맡아지는 엄마의 된장찌개 냄새(자극)와 도마소리(자극)에 부엌으로 가 무슨 요리를 하시는지 들여다보고(반응), 소변이 마렵다는 감각을 감지하여(자극), 급히 화장실로 간다(반응). 등교나 출근 준비를 위해 창을 열었는데 장대비가 내리를 것을 발견하고(자극), 옷장으로 이동하여 옷을 고르고(반응), 지하철이 들어오는 순간 승객으로 이미 가득 차 있는 객실을 발견하고(자극), 그 열차를 탈지, 다음 차를 탈지 고민하며 시계를 확인한다(반응). 회사에 들어가는 순간 제일 싫어하는 상사를 만나게 되고(자극), 온갖 사회적인 표정과 목소리로 반가운 척 인사를 하며(반응), 책상에 도착하였는데 멀리 해외에 체류하고 있는 사랑하는 연인의 편지가 책상 위에 놓여있는 것을 발견하여(자극), 급한 마음에 편지를 뜯어본다(반응).

편지에 사랑하는 연인의 이제 그만 헤어지자는 문장을 발견하고(자극), 의자에 힘없이 주저앉게 된다(반응). 그때 회사 내선 전화가 울리고(자극), 전화를 받는데(반응), 회사 대표가 자신의 집무실로 올라오라는 말을 듣고(자극), 아무 일도 없었던 것처럼 평소와 같이 대답을 한다(반응).

이렇게 우리의 모든 하루가 자극과 반응 속에 있다. 우리는 심지어 잠을 자는 동안에도 간지럼, 추위, 더위, 소리, 꿈 등에 의한 자극과 그것들에 대한 반응의 연속에 놓여있다. 자면서도 간지러운 곳을 긁거나 추위를 느껴 이불을 다시 덮고, 꿈에서의 자극에 중얼거리거나 손을 허우적댄다. 즉, 우리는 생을 마감하지 않는 한 우리가 원하든, 원치 않든 무수히 많은 자극과 반응 속에서 살 수밖에 없는 운명인 것이다. 그리고 여기서 가장 중요한 점은 바로, 모든 자극과 반응의 과정에는 인간의 호흡 체계가 긴밀하게 연관되어 있다는 것이다.

인간의 자극은 크게 내적인 자극과 외적인 자극으로 구분할 수 있다. 그 둘은 따로 작용하기도 하고, 동시에 함께 작용하기도 한다. 그리고 서로 유기적으로 연관이 되어 있다. 자극은 들숨의 호흡과 함께 인간의 몸으로 받아들여진다. 그리고 받아들여짐과 동시에 인간의 몸에 충동이 발생한다. 그 충동은 특정한 정서를 동반한다. 그리고 이 모든 과정이 날숨의 호흡과 함께 신체적, 음성적 반응으로 배출된다.

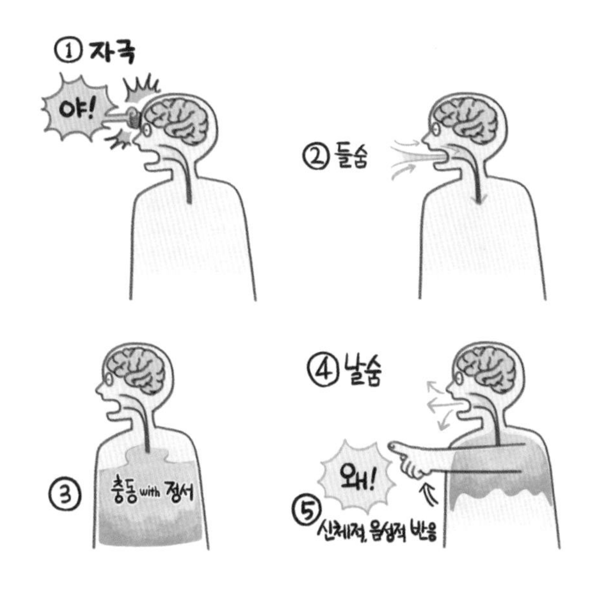

외적 자극은 다름 아닌 인간의 오감과 직결된다. 먼저 시각을 살펴보자. 집을 나섰는데 본인이 가장 좋아하는 연예인이 문 앞에 딱 서 있다고 가정해 보자. 그 인물이 시야에 들어오는 순간 그 시각적 자극이 들숨과 함께 자신의 몸으로 들어오고, 동시에 충동이 발생한다. 그리고 심장박동이 빨라지고 호흡이 가빠지는 등의 즉각적인 신체적 반응과 함께 그 인물에 대한, 그 인물이 지금 이 순간 자신의 코앞에 있다는 사실에 대한 '주관적인' 정서가 발생된다. 여기서 '주관적인'이라는 의미는 앞서 '가장 좋아하는' 연예인이라고 단서를 단 것으로 유추할 수 있으리라 생각된다. 그 연예인, 즉 해당 자극에 대해 발생하는 정서는 지극히 개인적이라는 것이다. 그렇게 발생된 정서는 날숨의 호흡과 함께 "세상에....", "헐....", "악!!" 등의 음성적 반응, 그리고 그 자리에 주저앉게 되거나, 뒷걸음치게 되거나, 그 자리에 얼어붙거나 하는 등의 신체적 반응과 함께 외부로 표출된다. 청각은 어떠한가. 밤늦은 시간 집에 혼자 있는데, 아무도 없는 다른 방안의 창문이 스르륵 열리는 소리가 들렸다고 치자. 그 소리는 즉각적으로 나에게 자극으로 작용하여 들숨과 함께 충동이 들어오고, 해당 자극에 대한 주관적인 정서(무서움, 두려움 등등 –언어로 한정짓기 어려움)가 내 몸에 가득 차게 된다. 그리고 이는 날숨의 호흡과 함께 "누구세요?", ".........." 등의 음성적 반응과, 한껏 긴장된 신체적 반응으로 나오게 될 것이다. 후각도 마찬가지이다. 군대 첫 휴가를 나와 집에 도착해서 문을 열었는데, 엄마가 내가 가장 좋아하는 음식을 이제 막 완성하여 그 냄새가 내 코에 딱 들어왔다고 치자. 그 음식 냄새(자극)는 즉각적으로 내 몸에 충동을 발생시키고, 나의 그 음식에 대한 주관적인 정서가 함께 딸려오며, "대박...", "맛있겠다!"라는 음성적 반응이나 혹은 곧바로 부엌으로 달려가는 등의 신체적 반응을 동반하는 것이다. 그리고 그 음식을 입에 넣은 그 순간의 미각 역시 마찬가지의 체계를 거친다. 그 음식이 대단히 뜨거웠다고 치면 아마 촉각 역시 같은 체계로 작동이 되었을 것이다.

이와 달리 내적 자극은 바로 '나'의 생각, 사고로 인해 발생되는 것을 의미한다. 내적 자극은 상대방의 말, 행동에 의해 발생하기도, 내 스스로의 생각의 연속선상에서 발생되기도 한다. 좋아하지 않는 상대방이 여러분에게 고백을 했다고 치자. 고백을 듣는 순간 머릿속에 빠르게 도는 생각들이 상대방으로부터 발생된 자극이 나의 내적 자극화가 된 것이고, 사느냐 죽느냐의 답을 찾기 위해 끊임없이 사고하는 햄릿의 긴 독백은 바로 스스로 가동시키는 생각의 연속으로서의 내적 자극이다.

우리 인간은 개인별로 유전적 조건에 따라 다소 간의 차이가 있겠지만, 대개 이러한 자극과 반응에 대단히 본능적이고 유연하게 작용이 되도록 태어났다. 즉, 악기로 따지면 완벽하게 조율이 된 악기로 태어났다는 의미이다. '도'라는 자극을 누르면 '도' 음의 소리가 난다는 의미이다. 그러나 각자가 자신의 가정환경, 사회적 환경 등의 각기 다른 성장배경으로 인해 악기 자체가 변질, 왜곡이 될 수밖에 없었다. 엄격한 군인 아버지의 자녀, 사소한 잘못에도 맞고 자란 사람, 천상천하 유아독존의 삶을 살아온 외동아들, 일종의 애정결핍을 갖고 자란 사람 등이 그러한 예들이 될 수 있겠다. 이러한 극단적인 경우가 아니더라도 우리 모두는 일종의 '사회적 인간'으로 매순간 살아남기 위해 본능적인 자극과 반응의 체계에 자신만의 변형을 잠재의식적으로 투영시킬 수밖에 없었을 것이다. 앞서 헤어지자는 연인의 편지를 받은 순간 직장 상사의 전화를 받고 아무 일도 없었다는 듯이 대답할 수밖에 없었던 그 인물이 그러하다. 괜찮지 않은 상황에 괜찮다고 반응을 하고, 스스로도 괜찮다고 느낀다. 반대로 분노조절장애와 같이 사소한 것에도 끓어오르는 화를 참지 못해 화병이 걸릴 만큼 스스로를 다스리지 못하는 경우도 있다. 피아노 건반의 '도'를 눌렀는데, '도 샵(#)' 음의 소리가 나는 것이다. 2옥타브의 도를 눌렀는데, 5옥타브의 도 음이 나는 것이다. 필자는 연기예술, 혹은 배우를 논할 때 흔히 '자유롭다'라고 말하는 것이 바로 이러한 자극과 반응의 체계에서 설명이 된다고 본다. 들어오는 자극이 나의 의식적 체에 걸러지지 않고 있는 그대로의 충동으로 받아들여질 수 있는지, 그리고 그 충동에 의해 얼마만큼 즉각적으로 반응되어질 수 있는지가 바로 그 재료가 얼마나 '자유로운가'를 논할 수 있는 기준이라고 말이다. 아름다운 꽃을 보거나, 새파란 가을하늘을 보거나, 귀여운 아기를 보거나, 불쌍한 노숙자를 보거나 등등 크고 작은 자극의 대상들에 '보편적인' 자극과 반응의 체계가 운용이 되지 않는다면 그 사람은 이러한 측면에서 자유롭지 못한 사람이다. 이는 크게 두 가지의 경우로 나눌 수 있다. 자극을 있는 그대로 받아들이지 못하는 사람, 혹은 자극은 있는 그대로 받아들였으나 들어온 대로 반응을 내보내지 못하는 사람이다. 아마도 사이코패스와 같은 유형의 범죄자도 분명 이 체계 중 대단히 문제가 있는 부분이 있을 것이다. 어쩌면 둘 다에 해당할지도 모르겠다. 이 글을 보는 여러분은 어디에 해당되는 것 같은가?

재차 강조하지만, 지금까지 이야기해 온 자극과 반응의 과정은 인간의 호흡 체계와 직결되어 있다. 자극과 반응이 원인과 결과라는 일종의 '삶의 공정'이라고 본다면, 바로 호흡이 그 공정이 가능하게끔 하는 윤활유이자, 배터리인 것이다. 호흡은 인간의 의식, 의도로 조절이 되지 않는 영역이다. 따라서 자극과 반응 역시 인간의 의식과 의도로 작동시킬 수 없다. 다시 말해, '~하는' 것이 아니라, '~되는' 것이다. 맛있는 음식이 입 속에 들어갔을 때 그 맛을 느끼는 것이 아니라 느껴지는 것이고, 좋아하는 연예인을 눈앞에서 봤을 때 주저앉은 게 아니라 주저앉아진 것이다. 무서운 사람이 다가오면 뒷걸음쳐진 것이며, 상대가 나에게 욕을 할 때 나도 욱한 것이 아니라 덩달아 욱해진 것이다. 그렇다면 연기예술의 영역은 어떠해야 하는가? 살아있는 사람이 하는 모든 것들을 다름이 없이 하려면 당연히도 살아있는 사람과 같은 자극과 반응의 체계 안에서 존재해야 한다. 그러나 그것을 의도할 수도 없고, 의도해서는 안 된다는 것이다. 작가가 제시한 무수히 많은 자극에 '나'라는 재료, 매체가 반응이 '되는' 존재가 될 수 있어야 한다. '욱'하는 연습을 하는 것이 아니라, '욱해질 수 있는' 재료가 될 수 있어야 한다는 것이다. '사랑한다'는 말을 표현하는 것이 아니라 사랑에 대한 내 안의 충동이 넘쳐서 그것이 음성과 언어를 통해 외부로 전달될 수밖에 없는, 살아있는 인간으로서의 매체 자체가 되어야 한다는 것이다. '나'라는 몸이 하얀색 캔버스 혹은 화선지이다. 그리고 거기에 물감을 떨어뜨리는 현상이 바로 자극이다. 떨어진 물감이 충동이다. 그리고 물감에 의한 번짐이 반응이며, 물감의 색이 바로 정서이다.

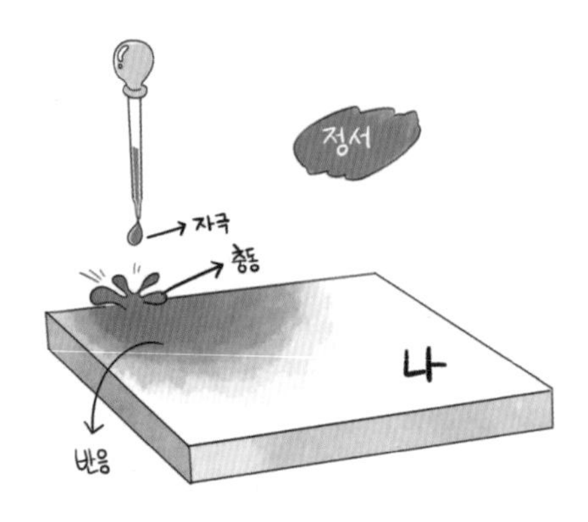

작가가 써준 텍스트는 자극과 반응에 대한 악보와 같다. 단, 음악을 위한 악보와 다른 점은 음표와 각종 기호로 표기된 것을 정확히 연주하면 되는 음악과 달리 배우의 연기예술은 검정색 활자로 표시된 대사와 지문 외에 여백에 담겨 있는 서브텍스트(sub-text)가 존재한다. 간략하게 보충설명을 하자면, 상대방의 대사, 행동은 내가 맡은 역할의 자극이다. 그리고 내가 맡은 역할을 위해 써진 대사와 행동은 모두 그것에 대한 반응이다. 나아가 대사와 대사의 사이, 소위 여백에도 내가 맡은 역할이 살아있는 인간으로서 작용되어야 하는 자극과 반응이 숨겨져 있다는 것이다. 그 여백, 그 사이의 시간에 어떻게 '~되어'지는지, 예를 들어 웃고 싶어지는지, 울고 싶어지는지, 주저앉아지고 싶은지, 욱해지는지 등등이 머리로써가 아닌 '몸'으로써 자극과 반응의 체계를 통해 경험되어야 한다는 것이다. 이와 관련하여 아래의 예를 통해 보다 자세히 설명을 해보겠다.

외적/내적 자극의 예시 (1)

셰익스피어 작, 〈햄릿〉 중에서[1)]

햄릿	칼바람이 부는 구나. 살을 에는 듯한 바람이야. 몇 시인가?
호레이쇼	자정은 아직 안된 것 같습니다.
마셀러스	아니, 막 종이 쳤네.
호레이쇼	그래? 난 못 들었는데. [성안에서 북, 트럼펫, 그리고 축포 소리가 들린다.] 이 소린 뭡니까, 왕자님?
햄릿	아, 왕께서 오늘 밤 내내 축배를 외치며 술판, 춤판을 벌리신다네. … (중간 생략) [유령 등장]
호레이쇼	보십시오, 왕자님, 저기!

1) 여기서 인용한 대본은 이현우 옮김의 제1사절판본(1603)을 활용하였음. 이현우 옮김, 『햄릿』 (서울: 도서출판 동인, 2007), 61-62쪽.

필자가 예시로 가져온 위의 장면에는 비교적 분명한 외적 자극과 그에 따른 반응이 작가에 의해 제시되어 있다. 빨간색으로 표시된 단어, 문장은 너무나 분명히도 바로 직전에 발생하여 그 인물의 오감으로 받아들여진 외적 자극에 의한 반응을 나타낸다. 즉, '칼바람', '살을 에는 듯한 바람'이란 표현을 햄릿이 입 밖으로 내기 위해서는 바로 그 직전, 그에 해당하는 바람이 자극으로서 체감되어졌어야 한다는 것이다. 그리고 그에 대한 반응으로 빨간색 표시의 단어와 같은 '생각'을 언어에 담아 음성으로 상대에게 전달하거나, 혹은 혼잣말처럼 외부로 나와지게 되는 것이다. 마셀러스의 "아니, 막 종이 쳤네."도 마찬가지이다. 종소리를 못 들은 호레이쇼의 "자정은 아직 안된 것 같습니다."라는 말 자체에 대한 반응과 더불어, 동시에 방금 자신의 귀에는 물리적으로 들린 종소리의 청각적 자극에 대한 반응이 합쳐져서 막 종이 쳤고 방금 자정이 되었다는 것을 상대에게 인지시키기 위함으로 음성, 언어로써 표출되는 것이다.

(1), (4): 인물의 외부에서, 혹은 외부로 벌어지는 과정
(2), (3): 인물의 내부에서 벌어지는 과정

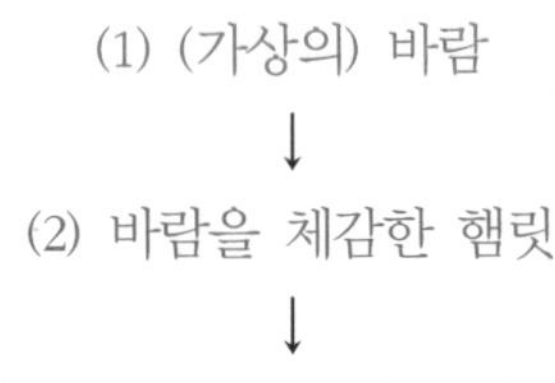

(1) (가상의) 바람
↓
(2) 바람을 체감한 햄릿
↓
(3) 바람에 의한 햄릿의 신체적 변화(충동 with 정서)
↓
(4) 음성 with 언어("칼바람", "살을 에는 듯한")

앞선 〈햄릿〉의 장면 중 파란색 글씨는 인물 스스로의 내적 자극, 혹은 상대방의 말이라는 외적 자극에 대한 대답의 동기를 자신의 내적 '생각'에 의한 반응으로써 내보내는 부분이다. 햄릿의 "몇 시인가?"는 배우가 두 가지의 선택을 할 수 있다. 앞서 느낀 칼바람이라는 외적 자극에 대한 연장선으로, 시간이 얼마나 되었는지가 궁금해진 내적 자극이 반영될 수 있는 것이 한 가지이다. 다른 한 가지는 칼바람이라는 직전 자극과는 완전히 별개로, 이제 곧 유령이 나타날 때가 된 것 같은 느낌이 불현듯 생각으로써 들어온 내적 자극이 가능하다. 호레이쇼의 "자정은 아직 안된 것 같습니다."라는 반응은 햄릿의 "몇 시인가?"라는 말이 청각적 자극으로 들어오고 종소리를 못 들은 호레이쇼로서는 자신의 느낌과 감각으로 시간을 유추한 내적 생각에 의지해 자정이 아직 안 된 것 같다는 반응을 햄릿에게 전달하는 것이다.

외적/내적 자극의 예시 (2)

한준 (길을 걷다가 문득 지갑을 두고 나온 것을 깨닫는다)
(√) 아!! 내 지갑! (√) 아... 망했다...
(√) 아냐, 지금이라도 다시 가볼까?

한준 (옛 기억을 회상하며) (√) 어릴 적에 엄마가 끓여주시던 김치찌개가 생각나요. (√) 빨간색 국물에 김이 모락모락 나는... (√) 그 국물을 한 숟가락 떠서 입에 넣으면 그 맛이란.... (√) 근데, 꼭 그 타이밍에 우리 아버진, 나한테 잔소리를 시작하세요.

위의 예시로 보자. '(√)' 표시로 되어 있는 부분이 바로 반응이 발생하기 전 벌어져야 하는 모든 과정을 의미한다. 물론 작가가 대본에 제시하지 않는다. 배우 스스로가 지갑을 두고 왔음을 순간적인 내적 자극으로 받아들여서 그에 대한 충동을 들숨을 통해 체내에서 발생시키게 하고, 이를 통해 보통 지갑을 잃어버렸을 때 느껴져야 하는 주관적인 정서가 동반된 음성이 "아!!"라고 외부로 나가진다. 그리고 그것이 이어서 언어라는 매개체를 만나 "망했다.."라고 외부로 나가지는 것이다. 하단의 예시는 내적 자극 속에서 존재하는 외적 자극이다. 지문에 의하면 배우는 '회상'이라고 하는 너무도 분명한 내적 자극을 가동시켜야 한다. 자신의 생각의 뇌, 회상의 뇌, 기억의 뇌라고 표현할 수 있는 내적 자극의 공정을 가동시켜서 작가가 제시한 이미지들을 '나'의 생각, 회상, 기억으로 재생시켜야 한다. 그리고 그 재생의 과정에서의 이미지들이 또다시 외적 자극으로 작용하는 것이다. '엄마', '김치찌개', '빨간색 국물', '김이 모락모락', '한 숟가락', '그 맛이' 등등이 말이다.

이렇듯 다시 강조하면, 작가가 제시한 대본은 자극과 반응에 대한 악보이다. 배우는 지문, 상대의 대사, 행동, 그리고 자신의 역할의 대사와 행동, 뿐만 아니라 대본에 존재하지 않는 사이사이 등 대본 곳곳에 산재해 있는 자극과 반응의 문법을 스스로 파악할 수 있어야 한다. 연기예술에 잘못 접근을 하는 배우들은 오롯이 검정 활자에 집중한다. 자신의 대사, 행동이 그 무언가의 자극에 의한 반응이라는 것을 인지하지 못한 채, 오직 검정 활자만 '연습'한다. 필자는 다소 과장하여 연기의 99%는 (√) 표시의 과정이라고 강조하곤 한다. 검정 활자라는 결과가 나오기 위해서는 반드시 원인이 필요하며 그 원인이 바로 (√) 표시의 과정인 것이다. 그리고 그 과정이 얼마나 살아있는 생명체로서 자연발생적으로 '될 수' 있는지의 여부가 '살아있는, 진짜의' 것을 하느냐, 아니면 '인위적인, 가짜의' 것을 하느냐로 판명이 날 수 있는 지점이다.

연기예술의 어려운 점은 그것이 내적이든 외적이든 자극이 일상적이지 않다는 것이다. 물론 작품의 장르와 상황에 따라 대단히 일상적으로 써진 작품들도 존재하지만 일반적으로 우리 배우들이 접하는 작품들은 보통의 사람들이 평생에 한번 겪을까 말까 한 자극들을 내재한다. 누군가를 죽이고, 죽임을 당한다. 모반을 꾀하고, 복수를 실행한다. 배다른 동생이 나타나고, 신데렐라가 왕자님을 만난다. 손바닥에서 레이저가 나가고 외계인을 만나기도 한다. 즉, 드라마틱하다. 또 다른 어려운 점은 배우들이 스스로 마주하는 자극을 이미 인지하고 있다는 것이다. 즉, 인간은 자신의 하루, 혹은 미래의 삶 속에서 마주하는 자극을 미리 인지하지 못한 채 순간적으로 발생하는 그 과정 속에 존재해야 하는 숙명에 있다면, 배우들은 작가에 의해 주어진 온갖 자극들을 이미 인지하고 있고, 심지어 연습도 했다. 즉, 10분 후에 자객을 맡은 한 배우가 무대에 등장하여 내 옆구리를 소품용 칼로 찌를 것이라는 것을 이미 알고 있다는 것이다. 또 다른 배우는 매일 저녁 8시 20분경에, 그러나 마치 매번 처음 벌어진 것처럼, 지갑을 잃어버린 것을 순간적으로 알아채야 하는 것이다. 즉, 인지된 자극들을 마치 처음 벌어진 것처럼 받아들일 수 있어야 하고, 그것을 반복적으로 가능하게 해야 한다는 것이다.

이렇듯, 연기예술의 핵심은 작가에 의해 주어진 가상의 드라마틱한 상황을 '나'라는 생명체가 실제 삶 속에서 '되어지는' 일련의 메커니즘으로 똑같이 재경험해야 하는 데 있다. 즉, 우리 인간이 일상의 자극과 반응을 의도 하에 '하는' 것이 아니기에 배우 역시 시시각각의 자극에 즉각적으로 반응이 '되어지는' 재료이자 도구가 될 수 있어야 한다는 것이다.

바로 이것이 우리 배우들이 하는 행위가 예술이 되는 이유이다. 그리고 동시에 테크닉이 필요한 이유이다.

연기는 호흡이다

앞서 인간의 자극과 반응을 논하면서 그 과정 중에 윤활유, 배터리의 역할을 한다고 했던 들숨과 날숨을 기억하는가? 인간에게 호흡은 삶의 시작과 끝을 책임지는 핵심이듯이, 그것은 배우의 연기에 있어서도 자극과 반응, 긴장, 듣고 말하기, 정서의 발생, 집중 등 각각의 주요한 연기적 개념들을 정상적으로 수행하기 위한 가장 중요한 키워드이다.

식물이든 동물이든 지구상에 존재하는 모든 생명체가 '살아있다'라고 할 수 있는 것은 바로 '숨을 쉰다', '호흡을 한다'로 정의할 수 있다. 숨을 쉬는 것, 호흡을 하는 것은 모든 생명체에게 있어 살아있게 하는 데 가장 원초적인 역할, 기능을 하는 것이다. 특히 인간의 모든 신체적, 정서적 반응은 이러한 들숨과 날숨이라는 호흡 체계 안에서 운용이 된다.

호흡은 우리 인간을 생명체로서 지속적으로 살아있게 만드는 물리적인 작용뿐 아니라 우리가 느끼고, 깨닫고, 사고하고, 인지하고, 예측하고, 받아들이는 모든 지적인, 그리고 본능적인 행위의 필수적인 윤활유가 된다. 그리고 이 두 영역은 서로 긴밀하게 영향을 미치는 선순환의 구조를 형성한다. 즉, 어느 한 부분에서 오류가 발생하면 그것은 즉각적으로 다른 부분에 영향을 끼쳐서 문제를 발생시킨다. 우리가 연기예술을 수행함에 있어서 가장 어려운 점을 뭐라고 이야기하는가? 개인마다 다양한 답이 나올 수 있겠지만, 그 다양한 답들은 결국 하나의 중차대한 원인으로 모아진다. 바로 긴장이다. 긴장은 보임을 당하고 있다는 자의식, 잘해야 한다는 부담감, 연습한 것을 틀림이 없이 기억해 내고 재생해 내려고 하는 의식적 노력 등 다양한 원인에서 비롯되지만, 결국 그 모든 것은 신체적/정신적 긴장을 유발한다. 이 둘 역시 서로 긴밀하게 영향을 미친다. 정신적으로 긴장을 하면, 신체가 뻣뻣해지고 행동이 어색해지며 팔다리를 어찌할 줄 모르는 등의 신체적 이상을 불러일으키고, 반대로 추운 날씨 등으로 인해 신체가 긴장이 되면 생각의 흐름이 늦어지거나 멈추고, 다른 생각들이 들어오게 하는 등의 정신적 이상을 불러일으킨다. 이러한 신체적/정신적 긴장은 즉각적으로 호흡 체계에 영향을 미친다. 호흡이 가빠지거나 잘 쉬어지지 않는다. 침을 지나치게 많이 고이게 하거나 혹은 마르게 한다. 호흡 체계에 이상이 생겼다는 것은 결국 살아있는 사람의 메커니즘을 운용할 수 없는 상태가 되었다는 것을 의미한다.

앞서 언급했던 것처럼 연기예술의 가장 큰 특징은 배우 스스로의 '나'라는 존재가 표현의 재료이자, 동시에 매체가 된다는 것이다. 그렇다면 당연히 '나'라는 재료의 근원을 아는 것이 연기훈련의 첫 걸음이 될 것이다. 그리고 그것은 바로 '나'라는 재료가 태어났을 때의, 원초적 상태로 되돌리는 훈련을 의미한다. 바로 '나'의 'natural breathing'의 상태로 돌려놓는 것을 말이다. 어린 아이들의 호흡을 관찰해본 적이 있는가? 어린 아이들은 거리낌이 없다. 모든 것들을 있는 그대로 받아들이고, 걸러냄이 없이 그대로 표출한다. 작은 사탕 하나를 주었을 뿐인데 세상을 다 가진 것처럼 까르르 웃어대며 좋아한다. 그리고 그 과정 중에는 귀엽게 불룩 나온 똥배가 오르락내리락하며 요란이 오가는 들숨과 날숨이 존재한다. 그리고 줬던 사탕을 다시 뺏기라도 하면 마치 나라가 멸망한 것처럼 울어댄다. 아마 바닥에 주저앉거나 혹은 누워 나뒹굴지도 모를 만큼의 신체 전체가 반영된 반응을 보일 것이다. 그리고 마찬가지로 그 과정에는 그만큼의 커다란 들숨과 날숨의 과정이 함께 진행되고 있을 것이다. '나'의 원초적 상태로 되돌리자는 것은 바로 이처럼 각각의 자극에 그만큼의 충동과 반응을 즉각적으로 이어지게 할 수 있어야 하고, 그 과정 중에 어떠한 방해나 걸림이 없는 들숨과 날숨이 함께 작용될 수 있어야 함을 의미한다.

연기예술을 교육하는 과정에서 호흡 훈련이 갖는 중요성은 날로 커지고 있다. 그리고 이는 전 세계적인 추세로, 이미 선진 연극대학, 교육기관에서는 호흡 훈련을 그 어떠한 과정보다 비중 있게 다루고 있다. 호흡 훈련은 짧은 기간에 이루어지지 않는다. 그 이유는 연기예술이 실제 삶 속에서처럼 예측하지 못한 일들을 처음으로 마주하는 것이 아니라 작가에 의해 주어진 가상의 삶을 미리 인지하고 있고, 그것을 마치 처음 벌어지는 일인 것처럼 해내야 하는 태생적 조건에서 기인한다. 또한 보임을 당하고 있다는 의식에서 완전히 자유로워져서 한쪽 감각으로는 그것을 무시하는 일종의 '제 4의 벽'을 쳐야 하고, 또 다른 감각으로는 보는 이들을 지속적으로 이끌고 가야 하는 '연극적' 에너지를 가져야 한다는 비정상적인 상태 속에서 '정상의' 인간 삶을 살아야 하는 또 다른 태생적 조건에서 기인한다. 이러한 하드코어적인 어려움 속에서 하나의 완전한 생명체로 존재하며 '살아있는' 호흡을 운용하기 위해서는 고도의 기술이 필요하다는 것이다. 그리고 이를 위해서 먼저 인간 호흡의 운용체계와 과정에 대한 근원적 원리를 아는 것에서부터 시작해야 한다.

인간은 엄마의 자궁에서 나와 탯줄이 끊어지는 순간 마침내 대기의 첫 들숨을 마주하게 된다. 그리고 날숨에 우렁찬 음성으로 '응애'를 외쳐대게 된다. 그리고 생을 마감하는 순간, 심장박동의 멈춤과 함께 호흡이 정지함으로써 끝을 마주한다. 우리가 중 · 고등학교 시간에 배운 바와 같이 인간의 들숨은 산소를 체내에 들여보내는 중요한 역할을 한다. 들숨에 들어간 산소는 혈액을 순환하게 하고 우리의 내장 기관들을 운용하는 데 주재료가 된다. 반대로 날숨은 이러한 과정에서 발생한 이산화탄소를 체내에서 외부로 배출하는 역할을 한다.

호흡의 과정 〈들숨〉

1. 뇌가 명령을 내림
2. 횡격막이 하방으로 내려가고, 갈비뼈가 들어 올려지면서 흉강이 커짐
3. 폐가 부풀면서 폐 속의 압력이 외부 대기보다 낮아짐
4. 기압차로써 대기의 공기가 코와 입을 통해 폐 속으로 들어감

호흡의 과정 〈날숨〉

1. 뇌가 명령을 내림
2. 횡격막이 다시 올라가고, 갈비뼈가 제자리로 내려오면서 흉강이 다시 작아짐
3. 폐가 줄어들면서 폐 속의 압력이 외부 대기보다 높아짐
4. 기압차로써 폐 속의 공기가 코와 입을 통해 몸 밖으로 나감

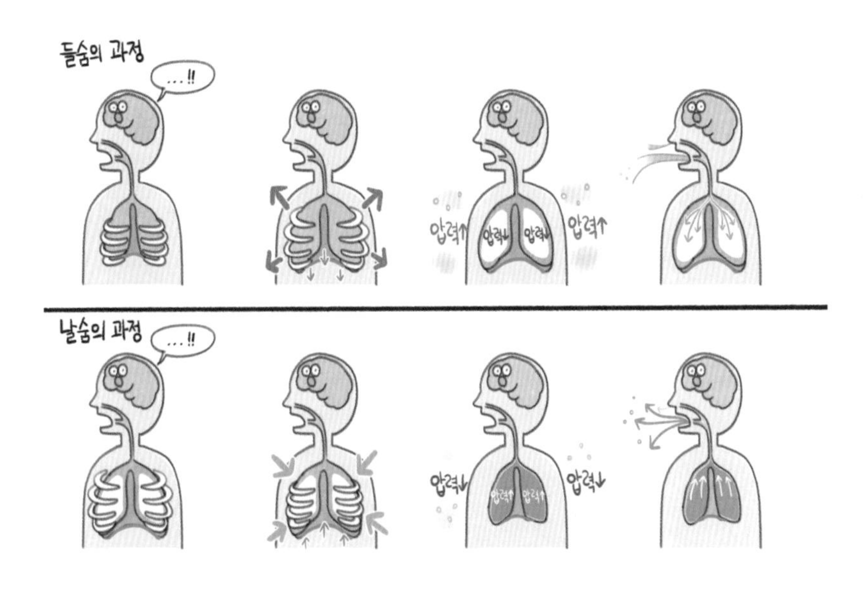

이와 같은 호흡 체계는 인간의 무의식적인 과정의 산물이다. 즉, 의식적으로 조절이 불가능하다. 물론 우리는 의식적으로 잠시 숨을 참을 수는 있지만 결국 우리 몸은 '살기 위해' 들숨을 들이쉬게 된다.

100m 달리기를 전속력으로 달리고 나서 가쁜 호흡을 통해 다시 정상의 호흡으로 스스로 재생을 시키는 것과 같다.

날숨은 체내의 이산화탄소를 외부로 배출하는 것 외에 또 다른 대단히 중요한 역할을 한다. 바로 음성/소리의 재료가 된다. 폐 속에서 출발한 날숨은 우리 목의 진동하는 성대와 만나 소리진동으로 바뀐다. 그리고 그 소리진동은 인두, 구강, 비강 등의 공명 기관으로 이동하여 다양한 성질(quality)의 음성으로 변형된다. 여기서 말하는 음성은 언어와는 다른 개념이다. 언어는 이와 같이 생성된 음성이 혀, 입술 등의 조음기관을 거쳐 '말'로 만들어지는 것이다. 음성이 인간의 몸에 기반한 본능적 개념이라면, 언어는 학습에서 비롯되는 의식적 개념이다. 여기서 지금 언급하고 있는 것은 음성의 영역이다. 이렇게 생성된 음성에는 인간 개인의 고유의 음색이라는 것을 띤다. 개인의 음색은 성대의 진동수, 진동 폭, 그리고 공명 기관의 활용의 차이로 발생한다. 유난히 콧소리를 많이 내는 방송인이나, 성악가, 발라드 가수, 락 가수 등의 발성 차이도 바로 이러한 원리에서 비롯된다. 그들은 이와 같은 음성 발생의 과정을 의식적으로 해내는 기술을 장착한 것이다. 따라서 배우들을 위한 음성 훈련의 시작 역시 '나'만의 고유한 음성의 성질을 관찰하고 찾는 것에서부터 시작해야 한다. 그리고 다양한 공명 기관들의 활용을 통해 중요한 표현 재료 중 하나인 음성의 활용 범위를 넓혀가는 것이다.

호흡은 '나'라는 공장의 컨베이어 벨트

앞서 언급했던 바와 같이 배우의 연기 훈련에 있어서 호흡, 음성 훈련이 차지하고 있는 비중이 날이 갈수록 증대하고 있다. 그것은 노래를 부르는 가창의 영역과 더불어 인간의 음성을 중요한 재료 중 하나로 사용하는 연기예술 분야에서 체계와 근거가 없는 방식들이 일방적으로 전수되어 오던 것에서 탈피하여 이제 해부학, 생리학 등의 과학적 근거가 뒷받침이 되며 보다 객관성을 확보하게 된 시대적 변화와 함께한다. 이제 배우 연기 훈련에서 호흡, 음성의 영역은 성악가, 가수들의 그것들과는 또 다른 차원이어야 함을 동시대적으로 공유가 되고 있다고 본다. 뿐만 아니라, 이제 더 이상 연기 지도자들이 배우들의 배를 주먹으로 쳐가며 목소리의 힘을 실게 해준다든지, 혹은 누워있는 배우들의 배에 볼링공을 떨어뜨려가며 목소리의 '근력과 지구력'을 키워준다든지의 말도 안 되는 접근을 하는 일은 없을 것으로 믿는다. 배우들의 은밀한 신체 부위를 만짐으로써 그것이 목소리의 센터, 근원을 찾게 해준다든지의 쓰레기 같은 헛소리들을 배우를 위한 호흡, 음성 훈련으로 속아 넘어갈 배우들은 이제 없다고 본다.

현대의 연기교육을 시행하고 있는 나라들에서는 이제 영국의 시실리 베리, 스코틀랜드의 크리스틴 링클레이터 등의 방법론들을 필두로 하여 '배우를 위한, 배우에 초점을 둔' 호흡, 음성 훈련이 본격적으로 고려되고 전문적으로 펼쳐나가고 있다. 이 두 사람의 실천은 배우 연기 훈련에서 호흡, 음성 훈련을 또 하나의 주요 종목, 필수 항목으로 분류하게 한 중요한 계기였다고 본다. 그리고 이미 한국에서도 이 두 사람의 기관에서 교육을 받고 온 인재들이 배우들의 호흡, 음성 훈련에 초점을 둔 전문적인 교육을 진행함으로써 이제 한국 연기교육계에도 보다 체계적인 접근이 이루어지고 있다고 본다. 이에 필자는 본 책에서 이 두 사람의 이론들을 세밀하게 다루며 호흡, 음성 훈련 전반에 대한 것들을 포괄적으로 아우르지는 않을 것이다. 다만 연기예술의 전반적 이해를 도모하기 위해, 그리고 살아있는 사람의 본능적 메커니즘의 이해를 돕기 위해 이들 방법론의 기본 원리들에 대하여 필자의 이해를 바탕으로 논의를 진행해 보고 있다.

필자는 기존의 전통적 접근 방식과 달리 시실리 베리, 크리스틴 링클레이터 등을 비롯한 현대의 호흡, 음성 훈련 전문가들의 방법론들이 비로소 '배우'에게 초점이 맞춰졌다고 볼 수 있게 된 계기에는 무엇보다 알렉산더 테크닉이라는 방법론이 지대한 영향을 끼쳤다고 본다. 호주 출신의 프레데릭 마티아스 알렉산더는 일찍이 본인의 배우 활동에서 찾아온 호흡, 음성, 신체의 문제들을 의학적 도움으로 해결하지 못했다. 이에 그는 스스로를 고치기 위한 다양한 실험을 시도했고, 이를 통해 개발된 자신만의 방법론이 오늘날 '알렉산더 테크닉'이라고 불린다. 알렉산더 테크닉의 핵심은 신체와 심리의 상관관계, 이완, 긴장, 그리고 감각적 자각에 대한 자기인식이다. 이는 인간의 신체와 심리는 직결되어 있고 그 유기적 연결을 방해하는 요소가 바로 긴장이라는 사실을 인식함을 의미한다. 그리고 이를 해결하기 위해 무엇보다 심리-신체적 이완을 해야 한다는 것이다. 궁극적으로는 이 모든 것을 관장하는 것이 다름 아닌 '자기 자신'이라는 의미로, 이는 필자가 연기예술의 근원적 원리로 강조하는 바와 정확히 일치한다. 시실리 베리와 크리스틴 링클레이터의 훈련법들을 보면 텍스트의 언어에 접근하는 관점과 세부적인 훈련의 방법들은 차이를 보이지만 기저에 자리하고 있는 근원은 알렉산더가 제시한 원리와 동일하다. 배우 스스로 자신의 신체, 정신의 습관적인 긴장들을 없애게 함으로써 장애가 없는 호흡을 운용하게 하여 행위의 자유로움을 획득하게 하는 것이다. 정리하자면, 배우를 위한 호흡, 음성 훈련은 심신의 통합적인 관점에서 접근이 되어야 한다. 그리고 무엇보다도 자극 - 충동 - 정서 - 반응(언어적/신체적)이라는 인간 본연의, 연기예술의 근원적 체계와 맞물려서 제시가 되어야 한다.

인간에게 호흡, 즉 들숨과 날숨은 조절의 대상이 아니다. 어떠한 의식의 과정이 없이 이루어지는 반사작용이다. 작용과 반작용의 과정이다. 즉, 한쪽에서 영향을 주어 그 영향이 물 흐르듯이 내 몸을 거쳐 다시 몸 밖으로 영향을 배출하는 일련의 공정이다. 이에 대한 이해를 돕기 위해 필자는 수업 시간에 인간의 호흡 체계를 공장의 상품이 만들어지는 공정을 예로 들어 사용한다. '나'의 신체(몸과 마음 둘 다 포함된)가 공장 자체이다. '나'라는 공장 안에는 커다란 메인 컨베이어 벨트가 끊임없이 돌아가고 있다. 컨베이어 벨트가 돌아가는 것이 바로 '나'의 들숨과 날숨이다. 내 공장에 '자극'이라는 주문이 들어온다. 그 자극은 들숨을 통해 내 컨베이어 벨트 위에 빈 택배 박스를 올리게 한다. 벨트 위의 빈 택배 박스는 내 몸 안을 통과하는 도중 그 안을 충동으로 채우게 된다. 그리고 충동은 함께 발생되는 정서라는 부자재들을 박스 안으로 함께 넣게 만든다. 이렇게 채워진 박스는 날숨에 의해 방향이 전환된 컨베이어 벨트를 통해 몸 밖으로 나간다. 비로소 언어적, 신체적 행위가 외부로 행해진 것이다.

위의 과정이 살아있는 인간이 하는 일련의 과정 그 자체이다. 즉, 그 인간의 행위를 똑같이 경험해야 하는 배우들이 가장 먼저 고려해야 할 연기예술의 기본 원리이자, 호흡, 음성 훈련의 기본 구조이다. 다시 강조하지만 위의 과정 중에 그 어디에도 인간의 '의도'가 개입되지 않는다. 우리가 일상생활 중 어느 순간, 어디에서, 어떠한 자극을 순간적으로 받게 될지 모르고 살고 있는 것처럼 외적/내적 자극은 우리 인간에게 예고 없이 찾아와 우리의 몸에 영향을 미친다. 그리고 들어온 자극은 우리의 의도와는 무관하게도 우리 몸 안에 충동을 선사하고, 그 충동은 정서를 불러일으킨다. 그렇게 변화된 우리의 몸은 날숨과 함께 언어와 행동을 배출하는 것이다. 이런 의미에서 평소 인간 삶에서의 '나'라는 공장은 오퍼레이터가 없는 자동형 공장과 같다. 지속해서 돌고 있는 들숨, 날숨의 컨베이어 벨트의 공정 안에서 끊임없이 들어오는 즉각적인 자극들에 의해 상품이 만들어져 내보내지는 자동형 공장 말이다. 의심의 여지없이 연기예술의 어려움, 호흡 훈련의 필요성이 여기에 있다. 우리 배우들은 우리가 받아야 자극들을 이미 알고 있으니 말이다. 우리 스스로가 그 공장이자, 동시에 그 공장을 운용하는 오퍼레이터가 되어야 하니 말이다. 그 모든 공정은 인간의 의도가 없어야 그것이 살아있는 진짜 인간의 그것인데, 작가에 의해 주어진 이 모든 공정을 미리 인지하고 있음에도 불구하고 그 과정을 진짜의, 살아있는 체계로써 가동시킬 수 있어야 하니 말이다. 그러한 의미에서 호흡 훈련의 무의미함을 질문하는 학생들도 있다. 어차피 우리 인간들이 시시각각 주어지는 자극에 의해 위와 같은 호흡의 공정을 거쳐 즉각적으로 반응하며 살고 있으니, 굳이 이러한 호흡 훈련들을 의식적으로 할 필요 없이 모든 연기의 상황들을 내가 날 것으로, 살아있게 하기만 하면 호흡의 과정은 당연히도 딸려오는 게 아닌가 하는 지적이다. 즉, 즉흥 훈련에서 종종 경험하는 것처럼 무대 위에서, 카메라 앞에서 그냥 살아있으면 호흡은 저절로 되는 게 아니냐는 지적이다. 한편으로는 일리가 있는 지적이다. 닭이 먼저냐, 달걀이 먼저냐의 문제인 듯 비춰지기도 한다. 그러나 분명한 것은 우리 인간은 보편적 악기로서의 완전한 재료가 아니다. 긴장이라는 최대의 적은 반드시 남 앞에 섰을 때에만 발생되는 것이 아니다. 자연인으로서 우리는 이미 각기 다른 긴장을 심리 - 신체적으로 갖고 있고, 안고 살고 있다. 이에 이미 '나'라는 공장의 컨베이어 벨트가 원활하게 운영이 되지 않거나, 혹은 벨트 자체에 문제가 있거나 등의 오류들을 갖고 있다. 혹은 주문한 상품과는 전혀 다른 크기의 택배 상자가 오르기도 하고, 그 택배 상자 안에 채워지는 충동과 정서에 문제가 발생되기도 한다. 매운 라면을 주문받았는데, 하얀 국물의 라면이 들어가는 것처럼 말이다. 뿐만 아니라 완성된 택배 박스가 공장 밖으로 배출되는 데 문제를 발생하는 것 역시 같은 선상의 문제로 봐야 한다. 호흡, 음성 훈련에서의 우리 몸을 풍선에 비유하여 훈련의 필요성을 다시 강조해 보자. 첫째, 일단 풍선 자체를 말랑말랑하고 탄력적으로 만들어 불기 전과 불고 나서의 크기의 변화가 큰, 양질의 풍선 자체가 되어야 한다. 보다 큰 자극은 보다 깊고 큰 들숨을 동반할 수밖에 없으니 '나'라는 풍선 자체의 탄성이 대단히 커야 한다. 우리가 받을 자극이 대단히 드라마틱할 것이기 때문이다. 둘째, 풍선의 재질이 있다면 마치 화선지와 같이 흡수가 잘 되는 재질로 만들어야 한다. 풍선 속에 들어가는 입김의 컬러로 인해 '나'라는 풍선의 컬러가 온통, 순간적으로 물들 수 있어야 한다. 이 두 과정을 통해 '나'라는 풍선, '나'라는 공장 자체가 완벽한 상태의, 준비된 재료이자 매체가 되어야 한다. 이것이 현대 호흡, 음성 훈련의 기본 목표이다. 그러고 나서 연기 행위에서 비롯되는 또 다른 긴장이라는 적들 앞에서 얼마만큼 이완의 상태를 유지하여 살아있을 수 있느냐의 문제까지 호흡, 음성 훈련의 목표가 함께 한다.

Key Questions

- 일상 속 자극과 반응의 일지를 작성해 보자. 오늘 하루 여러분이 기억하는 유별난 자극이 있었는가? 그때 여러분은 어떤 반응을 보였는가? 그 반응은 당시 순간의 충동에 충실한 반응이었나?

- 평소 자신이 자극을 있는 그대로의 충동으로 받아들이지 못하는 상황, 혹은 들어온 충동을 있는 그대로 내보내지 못하는 상황을 찾아보자. (예: 대하기 어려운 사람을 만났을 때, 예쁜 꽃(하늘 등)을 봤을 때, 슬픈 영화를 봤을 때, 불합리한 상황에 처했을 때 등등)

- '나'는 가족과 같이 편한 사람들과 이야기할 때 어떤 목소리가 나오는가? 감각적으로는 어떻게 느껴지는가?

- '나'는 편하지 않은 사람들과 이야기할 때 어떤 목소리가 나오는가? 편한 사람들과 이야기할 때와 감각적으로 어떠한 차이가 느껴지는가?

- 잠들기 직전 '나'의 호흡 상태는 어떠한가? 가슴팍에 손을 대고 자신의 들숨과 날숨을 느껴보자. 잔여 긴장으로 인해 흉부에 힘이 들어가 있지는 않는지, 온몸의 이완의 상태가 느껴지는지 등의 감각을 자각해 보자.

- 사회생활에 임하는 평상시의 '나'의 호흡 상태와 잠들기 직전의 상태는 어떠한 차이가 있는가?

- 안도의, 기분 좋은 깊은 숨을 들이쉬어 보자. 그리고 깊은 날숨을 내쉬며 호흡이 양 발바닥을 통해 몸 밖으로 빠져나간다고 상상해 보자. 이 과정을 평소에도 자주 시도해 보자. 스트레스를 받았을 때, 중요한 결정을 내릴 때, 머리가 복잡할 때, 잠이 오지 않을 때 등등 호흡을 통해 '나' 자신을 정화한다는 마음으로 자주 행해보자.

4장

센터와 상상력

우주의 중심, 인간의 중심, 배우 연기의 중심: 센터란 무엇인가

연기예술을 공부해본 사람은 누구나 한번쯤 '센터'(centre)라는 단어, 개념을 들어본 적 있을 것이다. '그 인물의 센터는 어디에 있는가?', '센터를 잡고 연기하라', '자신의 중심, 센터에서부터 발성이 되어야 한다' 등등 도대체 어디에 있는지 눈에 보이지도 않는 센터를 찾느라 많은 배우들이 고생 좀 했을 것으로 생각된다. 필자도 학창시절에 이놈의 센터 때문에 스승님께 혼이 많이 났다. "센터 잡아! 센터로 이야기해! 센터로 숨 쉬어!"라고 혼을 내시면 일단 그 자리를 모면하고 싶어 단순히 소리를 낮춰서 대사를 쳤다. 그러면 선생님께서는 "그래! 그게 바로 센터야." 라고 말씀하시며 넘어가 주시곤 했다. 그럼 필자는 속으로 '난 그저 음성을 낮게, 조용히 말했을 뿐인데... 이게 대체 무슨 센터지? 센터가 뭔데?'라고 반문하며 머쓱하게 객석으로 돌아오곤 했다. 그리고 사실 지금도 배우에게 있어 '센터란 이것이다'라고 명확히 정의를 내릴 자신은 없다. 단지 이번 장에서는 다양한 측면에서 해석이 가능한 배우의 센터라는 개념을 폭넓게 논의하며 그것들을 연기예술의 또 다른 중요한 개념들과 연결시켜 설명을 해보고자 한다.

넓게 보자면, 센터라는 개념에 접근하는 데는 다양한 이론들이 있다. 먼저 성악 분야에서 말하는 복식호흡의 개념이 있다. 배우들도 막연하게나마 알고 있을 복식호흡은 말 그대로 배의 근육을 활용하여 횡격막을 의식적으로 조절, 폐활량을 키우는 호흡 방식을 의미한다. 이러한 복식호흡의 장점은 가슴 근육에 무리한 긴장을 주지 않으면서 풍부한 호흡을 들숨으로 가지고 오게 하는 데 있다. 그리고 이를 통해 음성의 공명성을 극대화하는 데 있다. 그러나 배우의 연기예술에서 이와 같은 복식호흡을 경계하는 이유는 그것이 '배우 스스로의 의식적 노력으로 인한 산물'이라는 것이다. 앞서 필자는 연기예술이 배우의 어떠한 의식, 노력, 의도 없이 매순간 처음으로, 살아있는 사람과 다름이 없이, 자극과 반응의 체계 속에서 '살아져야', '숨 쉬어져야' 한다고 강조한 바 있다. 즉, 복식호흡은 행위자의 의도적인 시도에 의해 풍부한 들숨을 몸속으로 집어넣어 소리 자체를 키울 수는 있지만 그로 인해 발생된 느낌, 정서는 자연발생적인 것이 될 수 없다는 것이다. 이에 배우 연기예술에서 다뤄지는 호흡 훈련은 성악 분야에서 기본이 되는 복식호흡 테크닉을 연마하는 것이 아닌 오히려 자극과 반응에 있는 그대로 작용되는 아이들의 호흡, 태초의 호흡으로 돌아가기 위함을 목표로 두는 것이다.

동양철학에서는 인간의 센터를 '단전'의 개념으로 이야기하기도 한다. 단전은, 물론 학자들마다 다소 간의 의견 차이가 있지만, 대개 배꼽 밑의 3-4cm 아랫부분, 특히 배와 등가죽 사이의 몸 안 쪽, 가상의 둥근 공간을 의미한다. 도교에 의하면 인간의 단전은 세 가지 종류가 있고, 상단전은 뇌, 중단전은 심장, 그리고 하단전이 바로 방금 언급한 부위의 그곳이다. 단전의 정의도 대단히 다양한 관점에서 해석이 가능하지만, 일반적으로 정의하자면 그것은 인간의 기, 에너지가 모여있는 일종의 '내적 중심'의 개념이다. 이러한 인간 개인의 내적 중심으로의 센터라는 개념은 인도, 중국 등의 철학, 예술, 무예 등에서도 등장하며 대단히 중요하게 다뤄진다. 특히 스타니슬랍스키가 일찍이 인도 요가의 근간을 이루는 '프라나'(prana)라는 개념에서 중요한 영감을 받았다는 사실은 대단히 흥미롭다. 프라나 또한 복잡한 개념이지만 이해를 돕기 위해 쉽게 설명하자면, 우주를 구성하는 인간 개인 하나하나가 모두 소(小)우주에 해당한다는 것이다. 이러한 소우주가 없이는 우주 자체가 형성될 수 없기 때문에 소우주는 우주를 초월하며, 그 초월적 힘의 근원이 배꼽 밑 3-4cm의 지점이라는 것이다. 인간 개인이 살아 숨 쉬는 하나의 생명체로서 존재하고, 그 존재의 근원, 에너지의 발산 지점, 우주와 소통하는 개인 의지의 발현점이 바로 프라나인 것이다. 스타니슬랍스키는 이러한 프라나의 개념을 토대로 연기예술에 있어서 배우의 '나', '나는 존재한다'(I am)라는 위대한 개념을 확립하였다.

또한 최근 '코어'(core)라는 용어가 유행처럼 사용이 되고 있지만, 배우의 연기예술에서 논의되는 센터는 코어와는 다르다. 단전이라는 개념이 내외부의 기를 자신의 내적인 중심으로 모이게 하는, 인간의 '정신적 측면'이 강조된 것이라면, 코어는 인간의 근육, 뼈 구조와 같이 '운동학적 측면'에서 주로 사용되는 개념이다.

연기예술 분야로만 국한시키더라도 센터라는 개념은 다양한 관점에서 접근이 가능하다. 먼저, 호흡/음성 훈련 파트에서 중요한 개념으로 활용되는 센터라는 개념이 있다. 여기서 말하는 센터는 바로 '호흡의 베이스캠프'를 일컫는다. 물론 실제로 인간의 호흡을 관장하는 장기는 폐다. 폐가 인간의 호흡에 있어서 출발점이자, 종착점이다. 그러나 마음의 눈으로, 상상력으로 호흡의 들숨의 종착지, 동시에 날숨의 출발지를 센터라고 여기는 것이며, 바로 그 센터의 지점은 (하)단전의 위치와 동일하다. 이 호흡의 베이스캠프는 충동의 발생지이기도 하다.

내/외적 자극에 의해 들어온 들숨이 센터로 모이고 해당 자극에 대한 충동이 들어온 들숨과 함께 센터에서 발생되어 온몸에 특정한 영향을 미치며, 그에 대한 반응이 바로 이 센터에서 시작되어 행동으로 이어진다는 개념이다. 여기서 말하는 '특정한 영향'이란 바로 충동에 의해 발생된 정서가 신체 전반에 끼치는 영향을 일컫는다. 여러분은 예로부터 인간의 감정을 내장 기관에 빗대어 표현하고 있는 속담, 혹은 관용구들을 알고 있는가? 이러한 속담이나 관용구들이 각 나라별 언어마다 다른 내용을 다루고 있지만 국가를 초월하여 인간의 감정을 내장 기관과 연관시켜 표현을 하고 있다는 것은 흥미롭다. 우리나라만 하여도 '사촌이 땅을 사면 배가 아프다', '저 놈을 보면 내 오장육부가 뒤틀리는 느낌이다', '귀신을 보고는 오금이 저리다' 등의 표현들을 보면 옛날부터 인간 개인의 특정 감정이 그 사람의 내장 기관과 연관되어 작용된다고 생각했던 것이 틀림이 없다. 배우의 호흡/음성 훈련에서 논하는 인간의 센터 역시 그 특정 감정이 생성되는 지점에 주목을 한다. 그리고 그 특정 감정이 동반된 반응을 외부로 표출하게 되는 시작점이 바로 센터라고 본다. 연기를 할 때 선생님으로부터 '호흡을 떨어뜨려라', '호흡이 떠 있다'라는 이야기를 들어본 적이 있다면 이 부분들 또한 호흡의 베이스캠프, 충동의 근원지로서의 센터의 개념과 원리로부터 이해가 되어야 하는 것이다. 텍스트에서 제시된 각각의 자극들이 일상에서 접할 수 없을 만큼의 드라마틱한 자극들일 것이고, 그 큰 자극이 큰 들숨을 유발하여 풍부한 충동을 발생시켜야 하는데, 이 전반의 과정이 부족하거나 없었기 때문에 호흡이 떠 있는 것처럼 보이고 이에 그것을 '떨어뜨릴' 필요가 있었던 것이다. 마찬가지로 호흡/음성 훈련에서 'supporting', 'centering'이라고 제시되는 개념 역시 여기서 언급하는 배우 센터의 개념과 직결된다. 음성의 지지기반, 공명의 중심축이 바로 '나 자신의 센터'여야 한다는 것이다. 어떠한 의식도 없이 들어오는 들숨이 어떠한 장애도 없이 내 몸을 관통하고, 그 들숨에 의해 발생되어지는 충동이 다시 내 온몸에 정서적인 영향을 미쳐, 날숨과 함께 신체적, 언어적 행동으로 반응하게 하는 인간의 본능적 메커니즘의 중심에 바로 이 센터의 개념이 존재하는 것이다.

연기예술 분야에 있어 또 다른 측면에서 볼 수 있는 센터의 개념은 배우의 '의지'가 발현되는 지점으로 이해될 수 있다. 앞서 필자는 배우에게 조절과 예측이 불가능한 감정이라는 개념의 대체 요소로 의지를 강조한 바 있다. 연기예술에서 목적(objective)이 '무엇을'(what) 원하는가에 대한 것이라면 의지는 그것을 '얼마나' 원하는가에 대한 것이다. 그리고 그것을 왜 지금 이 순간에 얻어내야 하는가, 왜 지금이 아니면 안 되는가의 정당성(justification)에 대한 것이다. 그 정당성에 있어서 논리적인 뒷받침을 해주는 것이 인간의 이성, 머리, 뇌, 생각 등의 개념이라면, 의지는 그러한 논리적인 뒷받침과 반드시 직결되는 것은 아니다. 예를 들어, 맥베스와 그의 부인은 왕을 죽이는 행위가 얼마만큼 중차대한 반역에 해당되는지 이성으로, 머리로는 잘 인지하고 있었을 것이다. 그러나 그 이성적 인지보다 왕을 죽이고 그 자리에 올라서고 싶은 그들의 본능적 '의지'가 보다 강력하게 작동했기 때문에 그들이 결국 왕을 암살하는 행위로 이끌려진 것이다. 집안의 격렬한 반대에도 불구하고 자신들의 운명적인 사랑을 목숨과 맞바꾼 로미오와 줄리엣의 모든 행동 역시 이성으로 컨트롤할 수 없는 인간의 의지가 반영된 결과로 볼

수 있다. 즉,

우리 인간은 이성적 사고로 대표되는 머리, 뇌의 영역이 아닌 본능적, 욕망적, 원초적 차원의 갈망(바람)으로 대표되는 의지의 영역이 있으며 그 영역이 여기서 말하는 센터의 개념이다.

따라서 센터는 살아있는 한 인간으로서 역할(인물)이 갖는 의지의 중심축이자, 행동을 이끄는 근원점이다. 그리고 내적 정당성의 중심이고, 절실함의 핵심이다. 이와 관련하여 필자는 수업 시간에 종종 배우를 그릇에 비유하여 표현하곤 한다. 여기서 그릇이 바로 그 배우의 센터이다. 종지 크기의 센터와 세숫대야 크기의 센터의 차이점은 바로 배우 자신의 의지의 크기 차이이다. 센터를 둥근 공의 형태라고 상상해 보면 종지 크기의 센터는 탁구공 크기로, 세숫대야 크기의 센터는 볼링공이나 혹은 커다란 눈사람의 눈덩이 크기로 여겨봐도 좋겠다.

장면 1

엄마 영희야, 일어나서 밥 먹어!
영희 밥 먹기 싫다구~~ 내가 몇 번 말해?? 밥 먹기 싫어~~~~

장면 2

엄마 영희야, 내 말 잘 들어. 여기 철책만 넘으면 우린 이제 살 수 있어. 우린 자유야. 그러니까 엄마가 먼저 저길 건너갈 테니, 넌 정확히 5분 후에 엄마를 따라와.

영희 싫어. 엄마랑 단 1초도 떨어지기 싫어.

엄마 영희야, 제발.

영희 싫어. 싫다구!!!

위의 두 가지 예시를 보자. 몇 줄 안 되는 짤막한 상황이지만 주어진 상황과 그 상황의 심각성 등은 이미 간파가 되었으리라 생각된다. 밥 먹기 싫다고 엄마에게 이야기하는 〈장면 1〉의 영희 역시 이러한 일을 반복해서 겪는 아이처럼 본인의 의지를 강하게 피력하고 있다. 그 순간 영희에게 있어서 밥을 먹기 싫은 자신의 의사를 엄마에게 표현하는 것은 나름 대단히 중요한 일일 것이다. 그러나 〈장면 2〉의 영희는 어떠한가. 목숨을 걸고 철책을 넘는 모녀의 상황 속에서 목숨을 걸지라도 엄마와 단 한순간도 떨어지지 않겠다는 영희의 의사 표현은 그 어떠한 상황, 절실함과 비교가 될 수 없을 만큼 절박하고 의지에 차 있을 것이다. 두 영희 모두 개인에겐 절박한 상황이고 중요한 사안임은 틀림이 없지만, 그것을 임하는 배우의 센터로 보자면 상단은 종지이고 하단은 세숫대야이다. 상단의 영희 대사의 어미에 '~~~'(말을 끌어서 말하는 듯한) 표시도 필자가 이러한 이해를 돕기 위해 의도적으로 표기한 것이다. 문제는 ⟨장면 2⟩와 같은 상황을 임하는 배우들이 종지 크기만 한 센터를 가지고 임하는 데 있다. 아래의 장면에서 영희의 부분을 한번 소리 내어 연기해 보자.

엄마 영희야, 내 말 잘 들어. 여기 철책만 넘으면 우린 이제 살 수 있어. 우린 자유야. 그러니까 엄마가 먼저 저길 건너갈 테니, 넌 정확히 5분 후에 엄마를 따라와.

영희 싫어~~~ 엄마랑 단 1초도 떨어지기 싫어~~

엄마 영희야, 제발.

영희 싫어~~ 싫다구~~~~~~~

어땠는가? 아마 6살짜리 꼬마 아이가 사탕을 사주지 않은 엄마에게 집에 들어가기 싫다고 떼쓰고 있는 것과 같은 말투가 되었을 것이다. 연기교육 현장에서 이 같은 상황을 우리는 흔히 '주어진 상황에 온전히 들어가지 못했다', '사안의 중요성이 떨어져 있다', '영희라는 인물의 절실함, 깊이가 없다'라고 진단을 내려왔을 것이다. 그리고 현상적으로 가장 두드러지게 보이는 문제점인 질질 끄는 어미 처리를 해결해 주는 것으로 진단에 대한 처방을 내렸을 것이다. 필자 역시 '어미 끌지 마! 어미 내려! 어미를 단호하게 끊어!'라는 직접적 지시로 말의 사운드를 그럴듯하게 만들어주며 그 순간을 넘어가곤 했다. 그러나 지금은 이 문제가 단순히 어미 처리의 문제가 아님을 확신한다. 그것은 역할의 의지와 배우 자신의 의지와의 간극으로 인해 벌어지는 문제이다. 그 순간

표면적으로 어미 처리를 해결해 주는 것은 마치 배우들에게 진통제를 놔주는 것과 같고, 근원적인 문제를 해결하기 위해서는 결국 배우 자신의 '의지'의 문제로 연결이 되어야 한다는 것이다. 그리고 그 의지의 문제가 바로 배우의 센터의 개념과 직결된다는 것이다. '센터 잡고 얘기해!'라는 연기 지도자의 가르침은 배우에게 역할로서, 한 인간으로서 강력한 의지를 갖고 상대에게 이야기하라는 의미이며, 의지를 갖고 말하는 인간은 어미를 끌래야 끌 수가 없기 때문에 '~~~' 표시가 아닌 '!!!!' 표시, 혹은 '.' 표시로 말이 나올 수밖에 없는 것이다. 왜냐하면, 우리 살아있는 인간이 그렇기 때문이다.

최근 젊은 배우들은 소위 '자연스러운' 연기라는 미명 아래 모든 연기들을 '일상적'으로 '사실적'으로 하려고 한다. 그리고 이에 대한 결과로 모든 말을 위의 예시처럼 질질 끌며 말을 하거나 혹은 인물의 의지가 전혀 포함되지 않은 채 소위 '담담하게', 혹은 '툭툭 뱉는 듯' 말을 하며 모든 상황을 대입한다. 그러나 셰익스피어, 고대 희랍 비극의 인물들은 어떠한가? 초자연적인 현상이 등장하고, 신과 인간의 운명적 굴레, 생명의 탄생과 죽음을 다루는 작품들은 어떠한가? 〈인터스텔라〉, 〈아바타〉와 같은 작품들은 어떠한가? 텍스트에서 제시하고 있는 사안, 사건, 인물 간의 관계, 정서의 깊이감 등 그 어떠한 것도 '일상적'이지 않다. 그것이 바로 드라마다. 그 드라마에 등장하는 인물을 드라마틱하게 살아내기 위해서는 드라마틱한 인간의 의지가 필수적이다. 그 의지의 발현점이자 중심축이 바로 센터이다.

따라서 배우에게 있어서 센터는 다시 배우 자신의 문제로 귀결된다. 앞서 반복적으로 이야기했듯이 연기예술에 있어서 배우는 자기 자신이 표현의 재료이자, 도구, 동시에 매체가 되기 때문이다. 따라서 이는 배우의 연기훈련과도 직결된다. 종지 크기의 센터를 갖고 있는 배우라면 그 크기를 세숫대야 이상으로 만들어야 한다. 일반인은 종지 크기의 센터만을 갖고 일상의 삶을 사는 데 아무 문제가 없지만, 배우들이란 일반인은 상상할 수 없는 온갖 사건들을 온몸으로 마주해야 하기 때문이다. 그러나 필자는 연기예술을 떠나서라도, 이 책을 보는 모든 사람들에게 우주만큼 큼직한 센터를 갖고 평생을 살길 바란다는 이야기를 꼭 해주고 싶다. 어떠한 센터를 갖고 사느냐가 바로 얼마만큼 순수한 충동을 있는 그대로 느끼며 살아가고 있느냐와 직결되기 때문이다. 또한 그 충동을 얼마만큼 자유롭게 반응으로 이끌며 사느냐와 연결되기 때문이다.

이는 곧 이 우주의 한 개인, 주체, 구성원으로서 얼마만큼 인간답게, 자존감을 갖고, 나답게 사느냐와 직결되기 때문이다.

배우의 상상력: 예술적 '빙의'를 위한 심상과 이미지

연기예술에 대한 최초의 학문적 체계를 만든 스타니슬랍스키뿐만 아니라 이후 위대한 선구자들의 다양한 연기 방법론의 핵심, 종착지는 모두, 결국, '상상력'이다. 인간의 감각/정서를 활용한 방법론, 심리-신체적 상관관계의 원리에 의한 방법론, 심리학 및 철학 등 타 분야의 원리에 근간한 방법론 등 많은 연기 방법론들이 끊임이 없이 제시되고 시도되었지만 그 모든 것을 아우르고 초월하며 최상단의 꼭짓점에 있는 것은 바로 상상력이다.

상상력은 모든 예술의 존재의 이유이다. 나아가 인간 존재의 이유 중 하나이다. 인간이 여타 다른 생명체들과 다른 핵심적 이유가 바로 상상력을 갖고 있는 것이라 하니 말이다. 따라서 예술가에게 마땅히 수행해야 하는 책무가 있다면, 비록 발현되고 표현되는 수단과 매체가 각기 다를지라도, 그 모든 것들은 한 인간으로서 주체할 수 없는 상상에 기반한 그 무엇에서부터 비롯되어야 한다는 것이다. 그리고 그것을 향유하는 또 다른 인간들에게 그 무엇으로부터 동시대의 현실을 돌아보게 하고, 또 다른 미래와 앞날을 상상하게 하는 예술적 자극을 선사해야 한다는 것이다. 상상이 또 다른 상상을 낳게 하고, 이를 통해 공동의 무한한 상상으로 이끄는 힘, 그것이 바로 예술이 갖는 힘 아닐까?

'연기에 천부적 재능이 존재하나요?' 필자가 학생들에게 자주 받는 질문 중 하나이다. 여러분은 어떻게 생각하나? 필자는 연기란 기본적으로 훈련에 의해 개발이 된다고 본다. 그럼에도 타고나는 몇 가지 재능이 있다면 그것은 바로 배우의 말랑말랑함, 깡, 그리고 상상력과 확신이다. 여기서 말하는 말랑말랑함은 앞서 언급한 내용으로 설명하자면, 자극에 의해 발생되는 충동이 얼마만큼 온전하게, 순수하게, 자신의 몸으로 받아들여질 수 있는가에 대한 부분이다. 즉, 빨간 물감이 떨어지면 얼마나 즉각적으로, 얼마만큼 순수한 빨간 색깔 그 자체가 자신의 몸에 스며들게 할 수 있는가에 대한 문제이다. 두 번째 깡, 소위 깡다구는 충동이 반영된 반응을 얼마만큼 있는 그대로, 자유롭게, 걸림/거침이 없이 내보낼 수 있느냐에 대한 문제이다. 즉, 빨갛게 변한 내 온몸의 충동을 외부에 빨간 그 자체로 방출(release)할 수 있는가에 대한 부분이다. 그러나 이 두 가지 요소를 모두 관장하며, 영향을 미치고 아우르는 것이 바로 '상상력'이며 그 상상력을 예술적 행위로 승화시켜주는 것이 바로 '확신'이다. 실제로는 일어나지 않은 남의 일을 실제 일어난 '나의 일'로 가지고 오자면 과연 배우에게 얼마만큼의 상상력이 필요하겠는가? '사느냐 죽느냐'를 매일 같은 시간에 같은 장소에서, 그러나 매번 그 순간 처음 떠올리는 생각으로 고뇌하고 괴로워해야 하는 햄릿에게, 약병에 들어있는 맹물을 극악한 독약으로 생각해야 하고 심지어 그 맹물을 마시고 죽음을 맞이해야 하는 줄리엣에게, 삼면이 초록색 크로마키 벽으로 둘러싸인 좁은 스튜디오에서 허공의 좀비나 괴물들과 맞서 용맹하게 싸워야 하는 미래 전사 역할에게 과연 얼마만큼의 상상력이 필요하겠는가?

과연 이러한 상상력은 배우가 계발을 할 수 있는 것일까? 훈련을 통해 발전할 수 있는 사안일까? 상상력이 배우 연기예술에서 이만큼이나 핵심을 차지한다면 그 많은 연기 훈련법, 방법론들은 모두 상상력의 계발과 직결되고 있는가? 필자 개인적 생각을 말하자면, 비록 시간이 다소 걸릴지라도 상상력은 계발된다고 본다. 언어의 습득이 유아기에 보다 용이하듯이, 어쩌면 인간에게 있어서 상상력의 계발 역시 학습되고 경험되어 논리가 장착된 어른의 캔버스보다는 아이들의 그것이 보다 무한한 가능성을 가졌었을 것이다. 따라서 배우는 인간 본연의 호흡과 음성 메커니즘을 회복하기 위해 어린 아이들의 그것으로 회귀하는 훈련을 하듯이, 상상력의 계발을 위해 산타클로스를 기다리던 시절로 다시 돌아가야 한다고 본다. '눈이 녹으면?'이라는 기습 질문에 '물이 된다'라는 즉답이 아닌, '꽃이 핀다', '지구가 아프다' 등의 대답이 즉각적으로 나올 수 있는, 나 자신의 상상의 감각을 다시 깨워야 한다. 인간의 오감을 넘는 육감이 '사물의 본질을 직감적으로 포착하는 심리작용'으로 정의된다면, 육감을 넘어 칠감이 있고, 그 칠감이 바로 인간의 상상의 감각이다. 배우 스스로의 직접경험, 간접경험을 중시했던 스타니슬랍스키의 접근법에 반기를 들었던 그의 제자, 미하일 체홉의 위대한 점은 연극의 중심, 한복판에 배우라는 존재를 두었다는 것이다. 그리고 그 배우 연기예술의 핵심에 오롯이 상상력만을 남겨두었다는 것이다. 그는 스승 스타니슬랍스키가 시도했던 배우 '나'로부터의 접근을 반대했다. 오필리어를 맡은 여배우가 역할을 '나'로 접근한다면, 그것은 배우 자신의 경험의 반복이지 셰익스피어가 제시한 오필리어가 아니라는 것이다. 그러면서 배우, 나아가 예술가에게 있어 상상력이란, 마치 잠이 들어 꿈을 꾸기 바로 직전의 상태로 비유하였다. 여러분은 잠을 자기 위해 눈을 감았을 때, 그날 하루 동안 벌어진 일, 다음날 해야 하는 일들이 떠올려지는 이성적 영역과 의도하지 않은 사건/등장인물들로 급작스럽게 전개되는 무의식적 꿈의 영역의 중간지점이 있음을 느낄 수 있는가? 점점 잠이 들기 시작했으나 아직은 의식이 남아있는, 꿈의 장소와 배경, 등장인물을 나의 의식이 창조/창작해낼 수 있으나 한편으로는 그것이 마음대로 되지 않고 의도치 않은 일들이 같이 맞물리는 순간 말이다. 레오나르도 디카프리오 주연의 영화 〈인셉션〉이 바로 이 이론을 주요 모티브로 사용하였다. 이 이론은 일찍이 프로이트가 인간의 무의식 세계를 설명하기 위해 예를 든 내용이고, 바로 이 부분을 미하일 체홉은 배우의 연기예술에 가지고 와서 비유를 하였다. 그리고 바로 이 영역이 배우의 상상력의 영역이며, 배우가 인물에 접근해야 할 때 취해야 하는 예술적 행위라는 것이다. 필자는 이를 '예술적 빙의'라고 정의하고 싶다.

필자는 영국 유학 시절, 셰익스피어 글로브극장에서 미하일 체홉 연기 테크닉을 기반으로 공연 작품을 만들어가는 프로덕션에 배우로 참여하였다. 리허설 과정 동안, 필자는 역할에 접근했던 그 간의 '전형적인' 방법들과는 완전히 다른 차원의 경험을 했다. 일례를 들자면, 눈을 감고 내가 맡은 역할의 외형적인 형상을 상상으로 그려냈다. 그리고 양손을 이용하여 허공에 그 형상을 머리부터 발끝까지 조각해냈다. 그리고 그 조각을 내 몸에 입었다. 그리고 걷고 움직이며 달라진 내적 충동과 신체 행동을 경험하는 것이었다. 이 무슨, 웬 아이언맨 메소드인가?? 필자는 실눈을 뜨고 모든 배우들이 양손을 허우적대며 미친 사람같이 허공을 더듬고 있는 광경을 발견하고는 웃음을 참을 수 없었다. 그러나 하루, 또 하루, 유사한 연습들이 반복되어 가면서 놀라운 경험들을 체험하기 시작했다. 단 한번도 생각해 보지 않았던, 전날 볼펜을 들고 대본을 몇 번이나 봤을 때는 떠오르지 않았던 그 무언가의 충동, 정서, 신체적 행동들이 일말의 의도도 없이 나도 모르게 즉각적으로 발생되고 수행되는 것이 아닌가? 그것은 분명 언어로 형용할 수 없는 차원의 것이었다. 계획할 수 없는 차원의 것이었고, 기억해 낼 수도 없는 차원의 것이었다. 그 순간 연기(smoke)처럼 발생했다 연기처럼 사라지는 차원의 것이었다. 필자는 지금 여기서 연기예술이란 일종의 영적인 차원의 것이어야 한다고 말하는 것이 절대 아니다. 마치 무당이 내림굿을 받듯이 실제로 그 무언가에 빙의를 해야 한다고 하는 것이 아니다. 연기예술에는 작가가 제시한 팩트들을 기반으로 인물의 목적, 유니트, 비트들을 볼펜으로 끼적여 가는, 소위 이성적 차원의 분석으로는 설명할 수 없는 그 무엇이 있다는 것이다. 체홉은 그것을 배우의 '영감'(inspiration)이라고 표현했고, 필자는 보다 넓은 차원에서 그것을 상상력이라 말하고 싶다. 여러분의 제시받은 대사 중에 '내 이불', 혹은 '우리집 대문'이라는 단어가 있다고 치자. 여러분은 이 단어를 역할의 말, 나의 말로 승화시키기 위해 어떠한 이미지, 심상들을 떠올리는가? 필자가 학생들에게 지금껏 적용해 본 경험으로는 보통 학생 개인의, 오늘 아침까지 덮고 잤던 진짜 자신의 이불, 그리고 오늘 학교에 오면서 직접 닫고 나왔던 진짜 자신 집의 대문을 떠올린다고 한다. 그렇다면, 여러분이 로미오 혹은 줄리엣 역할을 맡았다고 치자. 로미오로서 '내 이불', 줄리엣으로서 '우리집 대문'이라는 말을 해보자. 어떠한 심상, 이미지들을 떠올렸는가? 로미오와 줄리엣의 시대적 배경에, 그들의 신분에 어울릴만한 이불, 집 대문을 한번이라도 본 적은 있는가? 냄새는 맡아봤는가? 촉감은 만져봤는가? 그건 분명 이케아에서 산 내 실제 이불과는 정말이지 너무나 달라야 하는 것 아닌가? 그런데 나는 로미오로서, '내 이불'이라는 단어를 어떠한 상상, 심상, 이미지로 감히 입 밖에 뱉었는가? 대부분 배우 개인의 것, 혹은 대단히 막연한 감각으로 그 단어들을 뱉었을 것이다. 이는 배우에게 있어서 범죄다. 직무유기이다. 관객은 배우가 로미오의 옷을 입고, 로미오인척 하면서 오늘 아침까지 배우 자기가 덮고 있었던 이불 따위를 떠올린, '내 이불'이라는 셰익스피어의 고귀한 단어를 들으러 극장에 가는 것이 아니다. 최소한 그 배우는 그 말을 뱉기에 앞서 상상력을 가동시켰어야 했다. 상상력을 가동시키는 것으로 해결이 되지 않았다면 최소한 구글링을 통해 로미오가 덮었을만한 이불의 이미지들을 찾아보기라도 했어야 했다. 그러한 노력들을 통해 배우 개인의 상상력을 확장시켜 본인이 감히 로미오로서 말하고 행동할 수 있는 '자격'을 갖추었어야 했다. 필자는 여기서 그 자격을 갖추기 위한 '방법'을 논하거나 제시하고자 하는 것이 아니다. 그 자격 자체를 말하는 것이고, 그 자격은 오롯이 상상력과 직결된다는 것이다.

배우가 역할에 접근하는 데 있어서 이러한 상상의 감각을 깨치고 확장하는 작업은 무조건 즐거워야 한다. 예술적 행위여야 하고, 그게 안 된다면 오히려 직업으로서 생산적이고 직무적으로 생각해도 좋다. 돈을 받았으니 맡은 직무에 책임을 다해야 하고, 배우의 책무로서 상상력을 펼치라는 것이다. 그렇지 못했을 경우, 연기예술이 배우 개인에게 부정적인 영향을 끼칠 수 있는 가능성이 다분하기 때문이다. 마치 고담시의 운명을 송두리째 파괴해야 하는 악의 상징, 조커라는 역할에 접근하기 위해 상상을 펼치다 못해 잘못된 몰입을 한 그 어떤 배우처럼 말이다. 인간으로서 스스로를 갉아먹거나, 혹은 가까운 주변의 누군가들에게 해를 끼쳐야 하는 역할을 맡고 나서 배우 개인의 인생으로 다시 온전하게 돌아오지 못하는, 수많은 예들처럼 말이다. 필자는 여전히 연기예술이 예술이 될 수 있는 이유 중 하나가 그것이 바로 상상에 의한 빙의와 가까운 행위이기 때문이라고 말한다. 연기는 99%의 빙의라고 말이다. 배우 개인의 무한한 상상에 의해 이성을 뛰어넘는, 무의식적이거나 잠재의식적인 영역을 만날 수 있는, 마술사만이 할 수 있는 마술 같이 말이다. 그런 의미에서 배우는 또 다른 마술사이다. 그러나 여기서 1%를 남긴 이유는 이 작업이 바로 무당이나 점술사가 아닌 직업으로서, 예술가로서 배우라는 직업을 업으로 하는 예술 행위여야 하기 때문이다.

Key Questions

- 잠들기 전 반듯이 누워 자신의 호흡의 센터를 경험해 보자. 들숨이 들어오는 종착지이자 동시에 날숨이 출발하는 지점, 배꼽 밑 3-4cm 하단에 손을 올리고 호흡의 베이스캠프, 센터를 느껴보자.

- 작품 속 배우들이든, 일상생활 속 타인이든 각각의 다양한 상황 속에서 자신의 의지를 있는 그대로 피력하는 사람들을 관찰해 보자. 그들이 어떻게 말하고, 어떻게 느끼며, 어떻게 반응하는지 관찰해 보자.

- 어젯밤 잠이 들었던 순간을 더듬어 보자. 눈을 감자마자 들었던 이성적 영역의 생각들, 그리고 꿈의 영역을 연출하고자 했던 창작/창조의 영역들을 떠올려 보자. 의지대로 창작/창조되지 않은 완전한 꿈의 영역에서 기억이 나는 장면들이 있다면 그것을 이미지로 떠올려 보자. 그리고 그 이미지를 백지에 한번 그려보자. 얼마나 정확하게 그리는가가 중요한 것이 아니라 그 이미지로부터 전해지는 영감대로 그려보는 것이 더 중요하다.

- 한 작품 속 인물을 정해서 그 인물과 관련된 모든 것들을 상상해 보자. 최대한 세밀하게 심상, 이미지로 상상해 내야 한다. 햄릿의 얼굴, 표정, 옷, 신발 등도 좋다. 햄릿의 방을 떠올려 봐도 좋다. 존 프락터의 거실, 마구간도 좋다. 마샤의 검은 옷, 코담배도 좋다. 그리고 그것을 백지에 다양한 색깔들을 활용하여 그려보자. 인터넷으로 유사한 이미지를 찾는 것이 아니라 백지에 온전히 자신의 상상력으로 그려보는 것이 중요하다.

5장
배우와 언어

연극적 언어의 범주

이번 장에서는 많은 사람들이 연기예술을 생각하면 가장 중요하다고 여길 배우의 언어의 영역에 대해 논해보고자 한다. 연기예술 분야를 떠나 언어는 우리 인간의 삶 속에서 대단히 중요한 역할을 한다. 일찍이 인간은 문명이 시작되기 전부터 생존을 위해 다른 무엇들과의 소통이 필요했을 것이다. 그리고 그것이 동굴 속 벽화의 형태가 되었든, 아니면 들판 한 가운데 쌓아 올린 고인돌 조각이 되었든 소통하고자 하는 대상을 향해 자신만의 언어로 다양한 시도를 했을 것이다. 여기서 강조하고자 하는 것은 우리가 현재 '언어'라고 생각하는 우리 인간의 음성에 기반을 둔 약속된 기호들은 인간의 근원적 소통의 욕구를 해결하기 위한 수많은 언어의 방식 중에 단 한 가지에 지나지 않는다는 것이다. 그러나 우리 배우들은 그 단 한 가지에 지나지 않는 '음성적 언어'에 대단히 집착하는 경향이 있다. 뿐만 아니라 그 음성적 언어를 인간 사고에 의한 소통의 개념으로 보지 못하고, 피상적인 대사 그 자체로만 접근하는 것이 더욱 문제이다. 필자는 그 이유를 고려해 본 결과 몇 가지 원인을 유추해볼 수 있었다. 첫째, 사실주의 방식의 텍스트 중심의 연기, 일반적이고 일상적인 소통의 논리에 근거한 '논리적 대화 중심'의 작품이 주류를 이루면서 '대사의 양 = 나의 출연 분량'이 되거나 '대사 = 나의 연기의 핵심적 결과물'이 되어버린 이유이다. 이에 배우들은 보다 일상의 말처럼 대사를 치는 데 집중하고, 또한 이러한 작품들을 만나는 것이 역할로서 '나화' 되기 용이하다고 판단하며, 이러한 논리적 언어의 형태가 자신의 감정적 상태를 보다 잘 느끼게 하여 본인이 연기를 통해 무언가 특별한 것을 해내고 있다는 일종의 '정서적 해방감'을 느끼게 되기 때문이 아닐까 하는 것이다. 이는 곧 언어가 해체되거나 왜곡되고 혹은 배제된 작품들, 일종의 실험적이고 추상적인 작품들의 연기는 일상의, 논리적 언어에 기반한 작품과 다른 차원의 것으로 인식을 하거나 심지어 그것들을 회피하는 경향으로 연결된다. 둘째, 앞서 언급한 바와 같이 연기예술을 인간 본연의 메커니즘에 기반한 근원적 원리로 이해하고 있지 못하는 원인에서 비롯된다고 본다. 주어진 텍스트에서 한 눈에 가장 먼저 들어오는 검정 활자들, 작가가 제시한 인물의 대사들은 지문 속 행동들과 마찬가지로 살아있는 사람의 자극 - 충동 - 반응이라는 일련의 과정과 체계를 거친 '결과물'이어야 하는데, 배우들은 이러한 검정 활자의 결과물을 소위 '연습'하고 있는 것이다. 셋째, 많은 배우들이 연기예술에 있어서 오로지 두 가지 측면, '어떻게 보이는가'와 더불어 '어떻게 들리는가'에만 초점을 맞추는 경향에서 비롯된다고 본다. 분장실의 거울을 보며 끊임없이 자신의 머리를 만지고 분장을 고치는 것이 인물의 외형을 잘 보여주는 것이라고 착각하듯이, 대사를 해당 인물의 사고에 의한 '말'로써 접근하는 것이 아니라 어떻게 하면 그럴듯하게, 자연스럽게 들릴지의 '사운드'적인 측면으로써 집중한다는 것이다.

앞서 배우의 호흡, 자극과 반응이라는 개념을 논하던 부분에서 인간의 언어가 발화되는 과정에 대해 언급한 내용을 기억하고 있는가? 그 이야기를 다시 꺼내기 전에 우선 연기예술에 있어서 언어의 영역을 어디서부터 어디까지 포함시킬 것인가에 대한 정리를 먼저 해야겠다. 서두에 언급한 바와 같이 언어를 인간 소통 행위의 가장 넓은 범위에서 보자면, 충동에 기반을 둔 모든 행동, 행위가 바로 언어라 할 수 있다.

우리가 해외 음식점에 가서 손짓 발짓으로 주문을 하고 음식을 먹고 계산까지 완료할 수 있는 것이 바로 이 넓은 차원에서 언어로 소통이 가능했기 때문이다. 반대로 좁은 의미에서 보면, 당연히도 음성을 기반으로 한 약속된 기호의 발화가 우리가 흔히 말하는 언어이다. 자, 그럼 우리 인간이 어떠한 과정을 통해 행동으로써의 언어가 수행되는지, 혹은 음성으로 약속된 기호가 발화되는지 다시 한번 짚어보도록 하겠다.

장면 1

(한준, 집 현관의 문이 잘 잠겨있는지 확인한 후 잠을 청하러 침실로 들어가려 한다. 그때 어디선가 들리는 둔탁한 소리!)

한준 ??? (깜짝 놀라 소리가 난 곳을 쳐다본다)
한준 (혼잣말로) 무슨 소리지?......

(이때 다시 들리는 소리)

한준 ????? (소리가 난 쪽으로 조심히 다가가기 시작한다)
한준 누...구... 세요??

자극 – 충동 – 반응의 메커니즘

(외적/내적) 자극

↓

들숨 with (주관적) 충동

↓

신체적 반응

↓

날숨 with 음성적 반응 or 언어적 반응

위의 장면에서 보자면 한준에게 들린 둔탁한 소리가 바로 외적 자극, 그중에서 청각적 자극에 해당한다. 그 자극은 들숨과 함께 한준에게 주관적 충동을 들여보낸다. 문이 잘 잠겨있는지 확인을 하고 잠을 청하려 한다는 지문 내용을 통해 그 소리가 당시 한준의 예상에는 전혀 없었던 소리임을 파악할 수 있고 이에 그에 해당하는 수상한, 무서운, 놀란 등의 주관적 충동이 반영될 것으로 예상할 수 있다. 그리고 그 충동에 대한 반응으로서 '쳐다본다', '다가가기 시작한다'라는 신체적 반응이 먼저 수행된다. 그리고 최종적으로 "무슨 소리지?....", "누..구..세요??"와 같은 음성적 언어가 발화되는 것이다. 여기서 우리는 과연 언어를 음성적 발화의 측면으로만 볼 것인가, 아니면 수행된 행동까지 언어로 볼 것인가에 대한 문제를 논하고 있는 것이다. 보다 쉬운 이해를 위해 청각 장애인을 위한 수어 역시 완전한, 또 하나의 독립된 형태의 언어로 본다는 것을 강조하고 싶다. 뿐만 아니라 자신의 내적/외적 자극에 의한 충동을 신체적 움직임을 통해 외부로 표현하는 무용수의 모든 손짓 발짓 또한 완전한 언어 중 하나이며, 중국 경극에서 배우가 원을 그리며 빙글빙글 도는 행위, 바닥의 막대기를 넘는 행위 등도 모두 어떠한 음성적 발화가 포함되지 않더라도 관객과의 소통을 위한 언어이다. 연출자가 장면 곳곳에 포진시켜 놓은 오브제들, 조명효과와 같은 시각적 장치들, 그리고 음향, 음악과 같은 무형의 장치들 역시 연출자가 관객에게 제시하고 소통하고자 하는 일종의 '연극적 언어'이다. 따라서 배우들은 자신의 몸과 마음이라는 재료를 통해 무대 위의 또 다른 인간들, 객석의 또 다른 인간들과 소통하는 모든 것들을 전부 언어의 영역에 포함시켜 고려해야 한다는 것이다.

여러분은 길거리나 지하철 등지에서 허공의 가상의 상대와 대화를 나누는 사람들을 본 적이 있는가? 그들은 자신에게만 보이는 가상의 인물을 살아있는 사람처럼 눈앞에 명확히 탄생시킨 후 그 상대와 너무나도 분명히 자신의 생각을 소통한다. 그것이 음성적 형태이든, 혹은 신체적 행동의 형태이든 말이다. 그 사람들의 두 눈을 보면 그 눈은 허공을 보고 있는 것이 아니라 살아있는 사람과 '대화'를 나누고 있는 눈이다. 그리고 그 사람들의 비논리적인 말, 괴성에 가까운 음성, 거칠고 폭력적으로까지 보이기도 하는 모든 신체 행동들은 모두 한 인간으로서 상대와 소통하고자 하는 언어의 영역에 포함된다. 우리 배우들도 연기예술에 임함에 있어서 언어라는 개념을 장르, 형태를 떠나 넓은 차원에서의 '소통'의 모든 수단으로 인식해야 한다. '이 인물은 무엇을 소통하고자 하는가?', '그리고 그것을 어떠한 방식으로 하고자 하는가?', '그 언어적 소통의 근원에는 어떠한 정당성을 갖고 있는가? 등과 같은 언어라는 커다란 영역 안에 '말'(word)은 수단으로써 속해있어야 한다. 그 '말'은 신체적 행동, 탄성/비명과 같은 본능적 음성, 그리고 심지어 침묵 등과 함께 넓은 차원에서의 소통의 수단 중 일부에 지나지 않는다는 것이다. 침묵 역시 소통의 한 방법이다.

그러한 의미에서 한국의 연기교육을 다시 한번 짚고 넘어가지 않을 수 없다. 학부 1학년 내내 학생들에게 대사를 중심으로 한 연기 수업을 진행하지 않는 러시아의 연극 학교 이야기를 기억하는가? 텍스트 중심의 연기교육이 아닌 즉흥극과 같이 인간 본능에 기인한 신체 행동적 방식의 수업을 주로 진행하는 영국의 연극대학 이야기를 기억하는가? 그들의 방식들이 전적으로 옳고 선진적이라고 말하는 것이 아니다. 배우들에게 대사부터 토씨 하나 틀림이 없이 외워오게 하고 그것을 사운드적으로 그럴듯하게 잘 치는 방법을 가르치는 그동안의 우리의 연기교육이 잘못되었음을 말하고자 하는 것이다. 언어를 인간 본능의 일부로서, 상대와 소통하고자 하는 근원적 행위로 인식시키고 심리 - 신체적 반응으로써 그것을 자유롭게 수행하도록 이끌지 못했음에 대한 반성을 말하는 것이다.

인간은 대사를 씹지 않는다

여러분은 혼자 있을 때 자신도 모르게 음성이나 말이 입 밖으로 튀어나온 경험을 기억하는가? 아마도 너무나 창피한 일을 저질렀을 때 주위에 아무도 없는 상황임에도 불구하고 “어우, 창피해 미치겠네...”라든지, 혹은 배가 너무나도 고파서 “아... 배고파 죽겠네...” 등의 말을 자신도 모르게 입 밖으로 내 본 적이 있을 것이다. 이처럼 언어는 인간의 특정한 내적 충동이 충만했을 때, 그것을 입 밖에 내지 않으면 못 견딜 정도로 큰 충동이었을 때 발화가 된다. 그것을 상대에게 전달하고픈 본인의 의지가 개입이 되었든, 아니면 앞선 예처럼 본인이 의도하지 않았든 말이다. 그러나 연기예술로 오자면 바로 이 부분이 문제가 된다. 발화가 된 음성적 표현이 이러한 내적 충동에 의해 기인한 것이 아니라 그것을 ‘해야 하기’ 때문에, 의식적으로, 계획적으로 ‘하기’ 때문에 벌어지는 오류들이다. 아래의 예시를 보자.

장면 1

(한준과 영희는 오래된 연인이다. 결혼을 준비하고 있는 최근, 한준은 본인이 불치병에 걸렸음을 알았다. 그리고 영희에게 이 사실을 알리지 않은 채 결별을 하려고 한다. 카페에 앉아 있는 두 사람)

영희 한준아.. 얼굴이 왜 그리 안 좋아? 무슨 일 있어?
한준 .... (말없이 커피잔만 만지고 있다)
영희 한준아....
한준 .... 영희야..
영희 응. 왜 그래?
한준 우리....... 헤어져.... 헤어지자.

위 장면에서 한준의 마음속에, 머릿속에는 온통 영희에게 어떻게 헤어지자고 할지, 헤어지자고 해야만 하는지, 그 말을 언제, 어떻게 해야 할지에 대한 생각으로 가득 차 있을 것이다. 그 생각, 그 사고에 의한 들숨과 날숨이 지속적으로 들락날락했을 것이고 그에 의한 충동과 정서가 온몸, 온 얼굴에 가득 차 있을 것이다. 영희는 그런 한준의 얼굴을 보고 얼굴이 왜 그리 안 좋아 보이는지 물을 수 있었을 것이다. 마침내 입을 열고 발화가 된 한준의 음성적, 언어적 결과는 바로 이러한 들락날락의 내적 충동의 파도에 의해 벌어진 것이다. 결국 말을 해야겠다는 한준의 의지로 인해 결연에 찬 들숨이 들어왔을 것이고, 그 들숨이 주관적 충동이 실린 날숨으로 바뀌어 그 날숨에 음성이 실린 채 외부로 나가진 것이다. 배우들은 이러한 일련의 과정을 이해하고 인지해야 한다. 이 장면에 접근하는 한준과 영희를 맡은 배우들은 바로 이러한 사고의 전체 과정으로서 언어를 취급해야 한다. "우리 헤어져.", "우리... 헤어져...", "우..리... 헤어져!", "우.리.헤.어.져." 등과 같이 해당 대사의 문장을 단지 사운드를 바꿔가며 '연습'하는 것이 아니란 말이다.

기초의학, 뇌과학, 정신분석학, 음성학 등 전문 분야에서 다뤄지고 있는 인체과학적 원리에서는 말도 안 되는 논리일 수 있지만, 적어도 연기예술 분야에서 말하자면, 필자는 언어의 영역에 있어서 배우의 뇌 구조가 두 가지 영역을 넘나든다고 본다. 내가 하고자 하는 말을 지금 이 순간 사고하고, 처음 떠올리며, 무슨 말을 할지 즉각적으로 인지를 하고 발화를 하는 '살아있는 뇌', 그리고 무슨 대사를 쳐야 할지 이미 외운 워딩(wording)을 틀림이 없이 기억해 내려고 하는 '죽어있는 뇌', 이 두 가지 영역이다. 당연히도 전자가 실제 살아있는 인간이 소통을 위해

하는 행위이고, 후자가 바로 연기예술의 어려움이자 문제점이며, 많은 배우들이 소위 '연기하고' 있을 때 벌어지는 일이다. 연기 지도자가 배우들에게 '연기하지 말고 말을 해', '네 말을 해라', '생각하고 말해'라는 표현으로 조언을 할 때는 바로 이러한 '죽은 뇌로 연기하고 있는' 현상이 벌어졌기 때문이다. 전자의 뇌는 인간이 사고하는 뇌이다. 지금 이 순간에 현존하고 있기 때문에 지금 이 순간에 처음으로 사고하는 생각들이고, 그 생각들로 인해 발생한 특정한 충동을 온몸에 실시간으로 반영시키는 뇌이다. 이 모든 공정이 바로 지금 이루어지기 때문에 능동적이고 적극적이며 바쁘다. 그 다음 생각, 그 다음 생각들이 공장의 프로세스처럼 끊임이 없이 이루어지고, 앞으로 '전진하는 힘'(driving force)을 갖고 있다. 후자의 뇌는 어떠할까? 필자는 그곳을 '죽음의 강'이라고 부른다. 단순 암기한 활자를 기억해 내려고 발버둥치지만 그 기억해 내려고 하는 뇌만 움직일 뿐 다른 부분들은 모두 정지가 된 죽은 세계이다. 이는 즉 얼어붙은 뇌이고, 때문에 내 몸에 어떠한 유기적인 작용을 일으키지 못한다. 당연히 진실한 충동이나 정서를 수반하지 못한다. 정면을 보고 있지만 사고하지 못하는 뇌를 머리에 달고 있는 사람만 보일뿐이다. 정면을 보고 있지만 실제로 상대방을 보고 있지 않은 눈일 것이다. 소통하지 않고 있는 눈일 것이다. 〈슬램덩크〉라는 만화를 아는가? 그 만화의 주인공 강백호가 자신의 짝사랑인 농구부 매니저 소연이를 처음 봤을 때 그의 시야는 망원경으로 사물을 보듯이 오로지 소연이에게 좁혀져 보이고 그 밖에 다른 모든 부분들은 새까맣게 변해 보이지 않듯이, 후자의 뇌는 외운 대사를 워딩으로 기억하려고 하는 자신의 뇌가 망원경처럼 좁혀져 오로지 검정 텍스트만 보이는 것이고, 그 외 다른

모든 것들이 새까맣게 되는 것과 유사하다.

인간의 뇌는 끊임없이 사고한다. 혼자 있는 순간에도 사고를 한다. 우리가 하던 일을 잠시 내려놓고 쉬고자 하는 것은 바로 이러한 사고를 잠시 느슨하게 하고자 하는 것이든지 혹은 다른 방해 없이 오롯이 사고만 하기 위해서이다.

연기를 하는 것은 남의 사고를 배우 자신의, '나'의 사고로 가지고 오는 것이다. 작가가 제시한 텍스트의 언어는 이러한 사고라는 일련의 과정을 통해 비롯되는 '결과물'이다.

따라서 연기 행위의 시작은 햄릿이라는 가상의 인물의 사고하는 뇌를 '나'라고 하는 실제 인간의 뇌로 가지고 와서 재가동을 시키는 것이다. 그리고 재가동된 공정에 의해 발생되어지는 행동을 신체적, 음성적으로 수행하는 것이다. 앞선 장에서 필자가 우스갯소리로 '아이언맨 메소드'라 표현했던 것을 기억하는가? 바로 역할의 사고하는 뇌를 마치 아이언맨 수트를 입는 것처럼 '나'라는 뇌, 나의 생각으로 입는다고 상상하면 보다 더 이해가 되는가? 입는 것에 그치면 안 된다. 전원을 켜고 작동시켜야 한다. 전원을 켜고 작동을 하면 각각의 사고, 생각들이 나 스스로에게 실시간으로 인지가 된다. 감각적으로는 자각을 한다. 다른 사람의 사고, 생각이 나 스스로에게 받아들여지고 수용이 된다. 내가 지금 떠올리는, 갓 나온 빵과 같은 나의 사고, 생각들이 나 스스로에게 받아들여지고 수용이 되는 것이다. 바로 이 인지 - 자각 - 수용의 단계를 통해 충동이 발생하고 정서가 불러일으켜진다. 그리고 그 충동과 정서는 내 온몸에 작용한다. 그리고 마침내 그것들이 신체적/음성적 행동으로 이어지는 것이다. 이와 같은 논리로 필자는 '대사를 외운다'라는 표현을 금기시한다. '대사를 외운다'가 아니라 '인물의 사고를 장착한다'가 보다 적절하다고 본다. 또한 '대사를 씹는' 결과는 외운 대사를 계획대로 치지 못했기 때문에 벌어진 일로서, 우리 인간은 평소 대사를 씹지 않는다. 오직 말이 버벅거려지는 일만 있다. 날 것의 진짜 충동에 의해 순간 언어적 발화에 문제가 생겨 말이 잘 안 나와지는 일만 있는 것이다. '어안이 벙벙해지거나', '할 말을 잃거나', '숨이 넘어가서 말이 안 나오거나', '목메거나' 등의 현상이 있을 뿐, 우리 인간은 대사를 씹지 않는다. 대사를 씹는다는 것은 그 대사가 호흡과 음성의 인간 본연의 메커니즘에 의해 발화가 된 것이 아니기 때문에 벌어지는 일이다.

이러한 인지-자각-수용의 단계를 거친 우리의 사고는 '나'의 언어사전에서 내가 전달하고자 하는 것과 가장 부합한 단어들을 선택한다. 물론 이 과정은 대단히 순간적이고, 즉각적으로 벌어진다. 때로는 단어의 선택이 쉽지 않아 시간이 걸릴 때도 있지만, 그 와중에도 우리가 전달하고자 하는 사고의 장착은 이미 완료가 되어 우리 신체는 이미 그 소통을 계속해서 하고 있을 것이다. 마치 우리가 누군가와 대화를 하면서 적당한 언어적 표현이 떠오르지 않을 때 손과 발의 제스처를 지속하면서 가장 적합한 단어를 생각해 내려 애쓰는 것과 같이 말이다. 그렇다면 작가가 써준 텍스트가 존재하는 연기예술에 있어서 작가가 제시한 역할의 말들은 너무나 당연히도, 지금, 이 순간에, 내가, 처음으로 하는 사고여야 한다. 작가가 써준 역할의 말, 그 말 안의 모든 단어들 역시 지금, 이 순간에, 내가, 처음으로, 내 언어사전에서 선택해낸 '나의 단어들'이어야 한다. 유사한 단어, 비슷한 표현들이 수도 없이 많음에도 불구하고, 하필 나는, 지금, 이 순간에, 그 단어를, 처음으로 선택하여 외부로 발화하는 것이다. 따라서 너무나 당연히도 내가 뱉는 나의 단어들에 내가 부여하는, 내가 지칭하는 의미가 실려야 한다.

햄릿 사느냐, 죽느냐 그것이 문제로다. 어느 것이 더 사나이다울까? 가혹한 운명의 화살을 받아도 참고 견뎌야 하는가? 아니면, 밀려드는 재앙을 힘으로 막아 싸워 물리칠 것인가. 죽어 잠든다. 잠이 들면 꿈을 꾸겠지? 이승의 번뇌에서 벗어나 영원의 잠이 들었을 때 그때 또 어떤 꿈을 꾸게 될 것인지 그것이 문제로다.

한준 아놔... 확 죽어버릴까, 아니면 이 x같은 세상 그냥 살까. 아, x발, 그게 존나 고민이네. 어떻게 하는 게 더 남자답지? 이 x같은 현실을 그냥 버텨? 아니면 확 다 그냥 불 싸질러 버려? 와... 내가 뒤진다고? 뒤진다는 건 잠자는 거 같은 느낌일까? 아 근데 뒤지고 나서 잠들면 그게 어떤 느낌일지 그걸 전혀 모르잖아. 아놔, 어떻게 하라는 거야...

셰익스피어가 상단의 햄릿의 사고를 나에게 부여했다면, 나는 지금까지 언급한 일련의 사고의 과정을 '나'라는 사람으로서 실제로 해야 한다. 그리고 위의 저 어마어마한 단어들, 실제로 우리 일상에서 쓰지 않는 저 단어 하나하나가 바로, 지금, 이 순간에, 내가, 처음으로 떠올린, 나의 언어사전에서 선택된, 나의 단어들이어야 한다는 것이다. 이에 그 단어들에는 내가 부여한 의미가 포함되어야 하고 단어 하나하나에 생생한 정서들이 수반되어야 한다. 같은 상황에서 아래 한준의 경우처럼 말을 하는 사람은 어떠할까? 햄릿과 한준 두 사람이 지금 사고하는 생각의 주요 내용은 흡사하다. 그 흡사한 사고의 결과가 저런 완전히 상이한 언어적 결과로써 나오는 것이다. 필자는 배우가 맡은 인물의 사고가 너무나 복잡하고 어려워서 이해나 공감이 잘 안된다면, 때로는 아래 한준의 경우처럼 평소 본인이 일상에서 할 법한 쉽고 편한 말로라도 바꿔서 해보라고 할 때가 있다. 그렇게 함으로써 어떻게든 인물의 사고를 본인의 사고로 가져오게 하기 위해서이다. 그러나 우리는 작가로부터 위의 햄릿의 텍스트를 부여받았다면 결국 저 생각, 저 단어들을 나의 말로 만들어야 한다. 내가 선택한 나의 말로 만들 수 있어야 한다.

그렇다면 결국 배우 자체가 저 말, 저 단어들을 자신의 언어사전에 보유하고 있어야 한다. 그리고 순간적으로, 즉각적으로, 저런 '정제된' 단어들이 내 언어사전에서 선택되어질 수 있는 사람이어야 한다. 어떤 배우가 평소 여기 제시된 한준의 경우처럼 생각하고 말을 하며 평생을 살고 있다고 치자. 그 배우가 과연 햄릿을 맡았을 때 셰익스피어가 제시한 저 고상하고 품위 있는, 우리가 일상에서는 절대 쓰지 않는 저 아름다운 시적 단어들을 자신의 말, 자신의 단어로 즉각적으로 할 수 있을 것 같은가? 물론 반대의 경우도 있다. 하층민의 역할을 하기 위해, 조직폭력배 역할을 하기 위해 우리 배우들은 욕도 할 수 있어야 하고, 평소 입에 담지도 못할 '저급한' 말들도 나의 말, 나의 단어로 만들 수 있어야 한다. 그러나 필자는 후자의 경우보다, '정제된', '고급진' 전자의 경우가 보다 어렵다고 본다. 뭐가 더 어려운지를 떠나 필자는 여기서 우리 배우들이 준비된 재료로서, 평소 언어에 대해 어떠한 관점을 갖고 어떠한 언어습관, 사고습관을 가져야 할지 생각할 거리를 던져주고자 하는 것이다. 이것만 기억하자.

작가가 써준 텍스트의 모든 말들은 내가, 지금,
나의 언어사전에서, 처음으로 떠올린, 즉각적이고, 순간적으로,
선택된 나의 단어들이란 것을.

그렇다면 평소 배우로서 어떠한 삶을 살아야 하는지. 어떠한 사고를 하며, 어떠한 언어적 습관을 들여야 하는지 말이다.

Key Questions

- 내 언어적 습관에 대해 심도 있는 관찰을 해보자. 관계, 상황에 따라 사용되는 나의 언어의 성질, 단어들을 관찰해 보고 기록해 보자.

- 이제 막 말을 배우기 시작한 아기들을 관찰해 보자. 할 줄 아는 단어가 몇 개 없어서 문법적으로 완성이 안 되고, 이 때문에 말을 할 때 손짓 발짓이 함께 이뤄지고 있는 아기들일수록 좋다. 그 아기들이 몇 안 되는 단어들을 가지고 상대와 소통하고자 자신의 의사를 적극적으로 피력하는 모습을 관찰해 보자.

- 몸을 언어로 활용하는 다양한 소통행위를 관찰해 보자. 수어 통역사, 무용수 등등 다양한 측면에서 신체 행위를 언어 자체로 사용하는 예들을 경험해 보자. 그러고 나서 자신의 하루 일기를 그러한 몸의 언어로써, 스스로에게 말을 해준다는 느낌으로 얘기를 해보자. 손짓, 발짓, 몸이 움직여지고 싶은 대로 마음껏 움직이며 스스로에게 말을 전해보자.

6장

배역화에 대하여

사실(fact)과 의견(opinion): 햄릿은 우유부단하지 않다. 니나는 가련하지 않다

일찍이 스타니슬랍스키는 배우의 연기예술을 전반적으로 논함에 있어 크게 '배우 자신을 위한 과정'과 '역할이 되기 위한 과정', 두 가지로 구분하여 접근한 바 있다. 전자는 배우 스스로가 재료이자 동시에 표현매체가 되어야 하는 독특한 형식을 지닌 연기예술 분야에 있어서 배우 스스로 어떻게 하면 보편적 재료로서 완전한 준비상태를 갖출 것인가 대한 부분이고, 본 책의 지금까지의 내용이 바로 이것에 해당한다고 보아도 무방하다. 이번 장에서부터 다룰 내용은 후자인 '어떻게 배역화 과정을 이루어낼 것인가', 다시 말해 '완전한 준비를 마친 배우가 어떻게 인물에 접근할 것인가'에 대한 부분이다.

필자는 배우가 작품의 대본을 받고 해야 할 작업을 크게 두 가지로 나눌 수 있다고 본다. 첫째, 논리적 이해를 바탕으로 하는 분석 작업. 그리고 둘째, 직관적, 직각적, 감각적 체화를 위한 공감의 작업이다. 첫 번째, 논리적 이해를 바탕으로 하는 분석 작업은 우리 한국 배우들에게 비교적 일찍 교육이 되었고, 널리, 주로 활용이 된다고 본다. 공연을 준비하는 리허설 과정 초반, 소위 프리 프로덕션 과정이나 테이블 작업 과정에서 배우 개인이 혹은 집단으로 이 과정을 진행한다. 이 작업을 통해 배우들은 인물의 초목적을 찾고, 장면을 막, 장, 유니트, 비트로 구분하며, 작가가 제시한 내용들을 바탕으로 인물 간의 관계를 정리한다. 배우 개인으로서는 인물의 자서전을 쓰기도 하고, 자기 스스로에게 혹은 다른 인물에게 편지를 쓰기도 한다. 인물의 연대기를 시간 순서로 정리하기도 하고, 인물의 주요 행동을 장면별로 정리하여 대본에 기록해 놓는다. 이에 반해 두 번째, 공감의 작업이란 이처럼 이성적, 논리적 접근으로 불가능한 모든 차원의, '체화의 과정'을 의미한다. 극악한 살인마, 왕을 죽이는 역적, 희대의 바람둥이 등 우리가 평소 경험해 보지 못하는 극단적인 역할뿐 아니라, 지극히 일상적으로 그려진 역할일지라도 그 역할의 모든 것은 일상의 내가 아니기에 배우는 그 역할의 정서, 충동, 그리고 모든 감각적인 측면들을 '나의 신체와 마음'에 각인시키고 체화하는 과정이 필요하다. 이 두 가지의 접근 방법은, 보다 쉬운 이해를 위해 첨언하자면, 결국 인간의 '언어'로 설명이 되고 정리가 되는 차원인지, 그렇지 않은지로 나뉠 수 있다고 판단된다. 전자는 너무나 명백히도 텍스트에 존재하는 사실에 근거한 정확한 정보들을 잘 정돈된 언어로 정리할 수 있는 차원의 것들이며, 후자는 언어적 차원에서는 도저히 형용을 할 수 없는 영역이어야 한다. 필자는 배우가 역할에 접근함에 있어서 이 두 가지 차원을 모두 행해야 하며 어느 한쪽이라도 결여되어서는 '진짜 살아있는 인물'로의 배역화가 실패할 것이라 본다.

이 중에 논리적 이해를 바탕으로 하는 분석의 작업을 먼저 논하자면, 필자는 다양한 접근 방식 중에 '사실(fact)과 의견(opinion)의 구분'을 가장 중요한 과정으로 강조하고 싶다. 이는 일찍이 스타니슬랍스키가 배우의 역할 구축을 위한 대본 분석의 기초 과정으로 제시한 바 있고 현대 영국의 연출가 케이티 미첼이 자신의 저서 『연출가의 기술』을 통해 연출자들의 대본 분석 방법으로도 제안한 바 있다. 여기서 말하는 사실이란, 말 그대로 작가가 텍스트에 제시해 놓은 사실의 정보 그 자체를 의미한다. 지문과 인물의 대사 안에 들어있는 모든 내용 중 '000은 000이다'라고 정의내릴 수 있는 모든 것들을 의미한다. 의심의 여지가 없고, 다른 해석의 여지가 없는 것들을 말이다. '햄릿은 덴마크의 왕자이고, 죽은 선왕이 햄릿의 아버지이며, 햄릿의 어머니는 거투루드이다' 등등의 것들이 바로 사실이다. 반대로 의견이란, 이러한 사실을 기반으로 배우 자신의 판단, 유추, 추측이 개입된 배우 스스로의 생각을 의미한다. 즉, 의심의 여지가 있으며 다른 해석의 여지가 있는 모든 것들을 의미한다. 극이 시작될 때 햄릿의 아버지인 선왕이 죽은 지 얼마 되지 않은 시점인 것은 사실이지만, 그로 인해 햄릿이 슬픔에 잠겨있다는 것은 의견이다. 거투루드가 선왕이었던 자신의 남편이 죽은 지 얼마 되지 않은 시점에 남편의 동생과 혼인을 한 것은 사실이지만, 이로 인해 햄릿에게 죄책감과 미안함, 민망함을 갖고 있다는 것은 배우가 생각한 개인적 의견이다. 〈욕망이라는 이름의 전차〉에서 블랑쉬가 히스테리컬하다는 것, 스탠리가 터프하다는 것, 〈갈매기〉의 마샤가 항상 우울하다는 것, 메드베젠꼬가 바보 같다는 것, 니나가 가련할 것이라는 것 모두 의견이다. 연기예술에서 발생할 수 있는 여러 문제 중에서 가장 흔히 일어나는 것은 이러한 인물의 '사실'과 '의견' 사이의 혼동으로 인해 배우 개인의 판단, 추측이 개입된 인물화를 시도한다는 데 있다. 여기서 배우의 의견은 스스로가 인물 그 자체가 되어야 하는 '사고의 주체성'을 잃어버린 채, 마치 관객의 존재와 같은 선상에서 그 인물을 평가내리고 판단을 했기 때문에 발생한다. 햄릿이 우유부단하다는 것은 배우가 아니라 관객이 느끼고 판단할 몫이다. 〈에쿠우스〉의 알런이 미쳤다거나 안쓰럽다고 여기는 것은 배우 스스로가 아니라 관객의 몫이다. 〈갈매기〉의 아르까지나가 과거 잘나가는 여배우였기 때문에 자존심과 고집이 셀 거라는 것, 〈시련〉에서 에비게일이 동네의 많은 젊은 여성들을 쥐락펴락하기 때문에 기가 셀 거라는 것, 아버지의 복수를 미루고 이러지도 저러지도 못하는 햄릿이 바보 같다고 하는 것 모두 관객이 판단을 내려야 할 영역들이다. 그런 의미에서 필자는 배우들에게 자신의 연기에 스스로의 의견이 개입되지 않도록 지속적으로 신경을 써야 한다고 강조하며 이를 위해 사실들을 정리할 때 동시에 배우 스스로가 판단한 모든 의견들을 함께 구분하여 정리해 볼 수 있도록 유도한다. 그로 인해 배우 자신의 판단, 유추가 얼마나 위험하고 성급한 일반화의 오류를 범할 수 있는지 스스로 알 수 있게 말이다.

이렇게 맡은 역할로서 작가가 제시한 작품 전체의 사실과 배우 본인의 의견을 정리하고 나면 이 중에서 다시 '내가 나에 대해 뭐라고 하는가?', '내가 다른 인물들에 대해 뭐라고 하는가?', '다른 인물들은 나에 대해 뭐라고 하는가?'의 질문들에 사실을 근거로 답을 정리하도록 한다. 마찬가지로 사실에 근거한 답 중에서 명백한 사실과 배우 스스로의 의견을 구분하여 정리하도록 한다. 그러고 나면 자신이 맡은 역할을 중심으로 인물들 간의 관계도를 구성할 수 있게 된다.

이 과정을 모두 완성하고 나면 배우는 본인이 찾은 역할의 사실들을 전부 자신의 것으로 만들어야 한다. 즉, 반박이나 의심, 변함의 여지가 없는 모든 역할의 사실들을 '나의 사실'로 만드는 과정을 의미한다. 필자는 배우들에게 간혹 '집이 어디야?', '형제는?', '지금 너 몇 살이야?' 등등 배우 개인의 생각의 여지가 필요 없는, 사실에 기반을 둔 즉답이 나올 질문들을 기습적으로 한다. 그러면 당연히도 배우들은 단 일 초의 고민도 없이 필자의 질문에 즉각적으로 배우 개인으로서 본인의 사실을 답한다. 그러고 나서 갑자기 이를 인물로서 전환시킨 후, 그 인물의 역사, 가정환경, 사회적 환경 등에 대한, 사실들에 기반을 둔 답을 요구하면 배우들은 갑자기 시간이 필요해진다. 본인이 분석한 정보들을 기억해 내야 하는 시간이 필요해지는 것이다. 그건 '내 정보', '내 사실'이 아니다. 남의 일이고, 남의 사실이다. 여기서 말하는 사실이란, 다시 말하지만 변동, 의심의 여지가 없기 때문에 우리 인간에게는 소위 뼈에 각인이 되어 있다. 그 각인된 사실들에 의해 순간적으로 일어나는 사건들에서 우리는 우리도 모르게 발생하는 충동을 경험한다. 필자는 직업이 대학 교수라는 사실을 스스로 온몸으로 자각하고 있기 때문에 캠퍼스 안에서 작은 쓰레기 하나 길에 버리지 못하는 것과 같다. 쓰레기를 그냥 버려버리고 싶다는 충동이 들어오는 즉시 내 온몸에 각인된 그 사실이 불쑥 그 충동을 막으며 버리면 안 된다는 또 다른 자극/충동을 순간적으로 불러오게 되는 것이다. 이처럼 한 인물이 행하는 모든 행동의 근원, 내적 충동, 내적 정당성은 여러 원인에서 기인하지만, 그중에 하나는 바로 그 인물에 뿌리 깊이 박혀 있는, 변하지 않는 '사실들'에서 기인한다. 그리고 그 일련의 과정이 즉각적으로, 본능적으로, 잠재의식적으로 발생되려면 바로 이러한 사실의 '내 것화(化)'를 하는 과정이 필수적인 것이다.

목적(objective)과 행동(action): 연기예술의 위대한 법칙이자 진리, 절대공식

생각해 보면 연기예술을 논하는 데 주로 활용되는 주요한 개념, 단어들은 사실 대단히 단출하다. '집중', '이완', '긴장', '주어진 상황', '감정', '정서', '감각' 등이 그러하고 바로 이 개념들은 전부 스타니슬랍스키에 의해 처음으로 개념화가 되었다고 해도 과언이 아니다. 그중에서도 특히 가장 핵심적 개념으로, 연기예술의 기본 법칙이자 절대공식과 같이 취급되는 것들이 있다. 바로 '목적'(objective)과 '행동'(action)이다.

목적이란 무엇인가? 바로 인물이 하고자 하는 것, 원하는 것, 갈망하는 것, 그 자체이다. 배우는 독백이든, 장면연기든, 어떠한 연기를 부여받더라도 역할의 목적을 한 문장으로 정리해낼 수 있어야 한다. 그 한 문장이라 함은 '내가 000(상대)로 하여금 000을 하게끔 하다'이다. 여기서 중요한 지점은 첫째, '내가'라고 정의된 행동의 주체이다. 너무나 당연한 얘기이지만 실제 연기를 함에 있어서 발생하는 가장 큰 오류 중 하나인, 해당 목적을 이루기 위한 행동의 주체, 그 목적을 갈망하는 주체가 다름 아닌 '나' 자신이어야 한다는 것이다. 둘째, 바로 '000'으로 표현한 상대방이다. 인물의 목적에는 그것을 원하는 상대가 존재한다. 상대가 없는 목적은 인간 삶에 존재하지 않는다. 상대가 유형이든, 무형이든 말이다. "사느냐, 죽느냐. 그것이 문제로다. 어느 것이 더 사나이다울까?"를 고민하는 햄릿의 목적은 자신의 행동 방향을 결정하는 것이고, 그 결정을 원하는 상대가 바로 햄릿 자기 자신이다. 자기 자신에게 답을 찾게 하기 위해 스스로 몰아붙이는 것이고, 그 결과로써 독백이라는 음성적 언어로 외부에 발화가 되는 것이다. 셋째, 인물의 목적을 완성하는 마지막 '000', 바로 행동 동사이다. 목적은 행동이어야 한다. 그리고 인물 스스로가 그 행동을 하는 것으로 마무리되는 것이 아니라, 상대로 하여금 어떠한 행동을 이끌어 내는 것이어야 한다. 이에 '000을 한다'가 아니라 '상대로 하여금 000을 하게끔 한다'가 되는 것이다. 즉, 내가 원하는 것이 내가 상대에게 일방적으로 무언가를 함(doing)으로써 끝나는 것이 아니라 상대에게 무언가를 얻어냄으로써 끝나는 것이라는 의미이다. 이 부분을 혼동하게 되면 자칫, 상대에게 무언가를 일방적으로 퍼붓고 나서 목적이 이뤄졌다고 착각하곤 한다. 〈유리동물원〉의 톰이 어머니에게 "난 어떨 거라고 생각하세요? 참을 수 있을 거라고 생각하세요?"라고 묻기 시작하는 독백에서 톰의 목적이 '어머니에게 더 이상 자신을 붙잡지 말라고 이해시킨다'에서 그치는 것이 아니라, '어머니로 하여금 더 이상 자신을 붙잡지 말라고 이해하게끔 하다'가 되어야 하는 것이다. 이 둘은 같은 의미로 보일 수 있으나 엄연히 다르다. 전자는 '내가'라는 주체에서 행동의 끝이 나는 것이지만, 후자는 '내가'에서 시작된 행동이 결국 상대를 변화하게끔 하는 것이다. "지금 몇 시야?"라고 묻는 것은 '내가' 지금 몇 시인지 알고 싶은 것에서 목적이 시작은 되었지만, 결국에는 그것을 묻는 상대로 하여금 지금 몇 시인지 나에게 말해주는 것을 원하는 것이다. 상대가 대답이 없으면 "지금 몇 시냐고?", "야!!", "내 말 안 들려? 지금 몇 시냐고?"라며 상대가 몇 시인지 대답을 할 수밖에 없는 그 다음 행동들이 이어질 것이기 때문이다. 위의 톰의 예에서 '이해시킨다'에서 행동이 끝나는 것이 아니라, 이해하게끔 '하다'에서 이 '하다'에 목적을 이루기 위한 또 다른 차원의 행동, 방법들이 내포되어 있다. 톰은 어머니를 이해하게끔 하기 위해 지금의 방법, 지금의 말들, 단어, 톤, 어조, 제스처 등등이 통하지 않는다면 다른 행동의 방법을 취할 것이라는 의미이다.

주지하다시피, 배우는 작품의 텍스트를 받는 그 순간 작품 전체를 아우르는, 관통하는 그 역할의 초목적(super objective)을 찾아야 하고, 이후 각 장면별 세부 목적을 찾고 정리해야 한다. 그리고 초목적, 세부 목적과 필연적으로 관계를 맺는 주요 행동, 세부 행동들을 함께 발견해내야 한다. 인간은 목적을 이루어내기 위해 다양한 방법들을 시도한다. 우리가 누군가에게 무언가를 얻어낼 때 설득할 수 있고, 애원할 수 있으며, 유혹할 수 있고, 협박할 수 있듯 말이다. 그 방법들이 미리 계획이 되었든, 아니든 말이다. 이 방법들은 작가가 텍스트에 제시를 하기도 하고, 때로는 배우가 직접 그 방법들을 찾아내야 할 때도 있다. 텍스트에 존재하는 검정 활자의 대사들은 인물의 목적, 그 목적을 이뤄내기 위한 방법과 반드시 일치하리라는 보장이 없다. 여기서 필자가 러시아 GITIS(국립공연예술대학교)에서 진행된 워크샵에서 경험했던 한 가지 일화를 소개하고자 한다. 스타니슬랍스키 '시스템'에 기반을 둔 연기 수업이 진행되던 클래스에서 우리는 안톤 체홉의 〈갈매기〉를 가지고 장면연기 수업을 받았다. 호랑이 선생님 느낌의 엄청난 아우라를 풍겼던 러시아 여자 교수님은 필자에게 뜨레쁠료프 역할을 맡겼다. 그리고 1막에서 소린과 단 둘이 길게 대화를 나누는 2인 장면을 부여하였다. "(꽃잎을 떼며) 나를 사랑한다. 안 한다. 한다. 안 한다. 보세요, 어머니는 나를 사랑하지 않잖아요..."로 시작되는 유명한 독백이 포함된 장면 말이다. 필자는 이 독백을 이미 학창시절에 여러 번 해본 경험이 있었고, 소린과의 대화에서 언급되는 어머니의 존재, 뜨레쁠료프의 결핍, 이로 인해 느껴지는 일종의 외로움 등을 잘 이해하고, 공감하고 있다고 생각했다. 그리고 한껏 쓸쓸하고 외로운 분위기를 잡은 채 이 긴 장면의 대화를 소린과 나누기 시작했다. 그러자 갑자기 호랑이 교수님이 필자에게 호통을 쳤다. "아니야!! 한준! 아니야!!!!" 너무나 큰 호통에 그 공간에 있던 모두가 깜짝 놀랐지만, 교수님은 이유를 말해주지 않았다. 그리고는 숙소에 가서 대본을 샅샅이, 꼼꼼하게 다시 보고 오라고 하셨다. 그날 밤 대본을 다시 보면서 필자는 그동안 주의 깊게 보지 않았던 체홉의 힌트를 발견해 내었다. 해당 장면의 각각의 페이지에 99%를 차지하던 뜨레쁠료프와 소린 간의 검정 활자의 대화 중간 중간에, 그것도 두 번이나, '뜨레쁠료프 시계를 본다'라는 지문이 있는 것이 아닌가. 그 순간, 갑자기 유레카처럼 원인을 알아냈다. 목적이 잘못되었던 것이다. 멜랑꼴리한 대사들에 속아서 뜨레쁠료프의 목적을 소린과 그러그러한 대화를 그러그러하게 나누는 것으로 생각했던 것이다. 뜨레쁠료프에게 이날은 자신이 직접 만든 공연을 올리는 아주 중요한 날이고, 주인공을 해줘야 할 사랑하는 니나가 아직 도착하지 않았다. 그의 목적은 바로, 단지, 그녀를 기다리는 것이었다. 그래서 계속 시계를 볼 수밖에 없었던 것이다. 그렇다면 뜨레쁠료프의 모든 행동, 방법들이 바뀐다. 신체적으로 대단히 바쁘다. 소린을 쳐다볼 시간보다 오히려 니나가 올 방향을 쳐다보기에 바쁘다. 멜랑꼴리해질 틈이 없다. 그런 깨달음을 가져간 다음 날, 교수님은 "그래. 바로 그거지. 목적. 넌 인물의 목적을 네 마음대로 추측했어."라고 하셨다. 바로 이 경험이 필자가 앞선 장에서 언급한 배우의 의견이 개입된 것이자, 바로 이 장에서 얘기하고 있는 행동에 대한 것이다. 인물의 목적과 대사의 내용이 반드시 일치하지는 않는다는 것 말이다.

한 작품 안에서 두 명 이상 인물의 각자의 목적이 다르면, 그 순간 당연히도 갈등이 벌어진다. 그 갈등 속에서 각자 자신의 목적을 이루기 위한 방법, 다양한 행동이 시전될 때 그 순간, 사건이 벌어지는 것이다. 한 인물이 목적을 이루고자 하는 과정 중에 작가는 장애물을 심어놓는다. 보통 한 작품에서 중요한 역할을 차지할수록 작가는 보다 강력한, 다양한 장애물을 심어놓는다. 그 장애물들을 하나하나 제거해가면서, 역경과 고난을 헤치며 목적을 향해 전진하는 모습, 그것이 바로 드라마다. 또한 인물의 목적에는 그 목적을 이루어내기 위한 '긴박성'(urgency)이 존재한다. 그것은 즉, 그 인물에게 있어서 해당 목적이 '지금 이 순간이 아니면 안 되는 것'을 의미한다. 그 목적이 지금이 아니고 다음 번에도 가능한 것이라면 그 목적은 대단히 약화된다. 생각해 보라, 맥베스에게 왕을 죽이는 일이 바로 지금이 아니라, 다음 주, 다음 달에도 다시 가능하다고 한다면 그 목적의 중요함이 어떠하겠는가? 동이 트기 전에, 호위병들이 술에 취해 잠이 든, 바로 지금 이 순간이어야만 한다. 너무나 당연한 이야기지만 많은 배우들이 인물의 목적을 잠시 후에 몇 번이나 다시 할 수 있을 것처럼 접근한다. 톰으로서 지금 이 순간 어머니로 하여금 이해하게끔 못한다면, 내일, 혹은 다음 주에 다시 할 수 있는 것처럼 보이거나, 혹은 '아니면 말고' 식으로 말이다.

지금까지 이야기한 목적과 행동의 개념은 일면 인물의 이성적, 논리적 차원의 접근으로 비춰진다. 이에 배우들은 주로 대본을 마주한 후 한 장, 한 장의 대본에 빽빽이도 목적과 행동을 분석하여 기록하지만 그러한 분석들이 연기를 수행함에 있어서 실제로 적용이 되는가는 또 다른 문제라고 판단된다. 무대에 나가기 직전, 무대 옆 대기 공간에서 머릿속으로 아무리 목적을 되뇌어도 막상 상대와 맞닥뜨리면 그 목적이 잘 수행되지 못하는 느낌을 받는 것 같이 말이다. 그것이 바로 이성적 분석으로써의 한계이다. 그리고 스타니슬랍스키의 '신체적 행동의 방법'의 한계라 오인되던 지점이다. 찾아낸 목적과 행동이 실제 연기에서 적용이 안 되는 원인은 바로 그 목적을 이뤄내고자 하는 인물의 본능적 의지가 배우로부터 발현되지 않았기 때문이다. 대사로써 말의 사운드는 그럴듯하게, 절실한 척 나갔더라도 실제로는 '남 일'에 그쳤기 때문이다. 목적의 절실함에 배우가 실제로 맥박이 빨라지고, 손이 떨리며, 호흡이 가빠지고, 심장이 빨리 뛰지 않았기 때문이다. 이러한 본능적 의지는 그 목적을 '얼마만큼 원하는가'라고 하는 절실함과 '그것을 대체 왜 원하는가'라고 하는 정당성과 직결된다. 그리고 정당성은 또 다시 논리적, 언어적으로 설명할 수 있는 '왜'와 언어로 설명되지 않는 '내적 정당성'으로 구분된다. 보통은 후자의 '내적 정당성'의 부재에서 의지가 결핍된다. 우리가 무슨 일을 미치도록 하고 싶거나 어떤 것을 너무나도 얻길 바랄 때 반드시 그것의 논리적인 이유가 있었는가? 그렇지 않다. 어떠한 설명도 불가능한, 소위 '그냥' 원해서일 때가 있다. 맥베스가 왕을 죽이고 그 자리를 차지하고자 하는 이유, 아르까지나가 그토록 뜨리고린에 집착을 하는 이유 말이다. 자신의 이름을 말하기만 하면 목숨을 건질 상황에서 '내 이름을 지키기 위해서'라는 이유로 죽음을 선택한 존 프락터에게 과연 그 행동의 정당성은 이성적 논리에서 왔는가? 오빠의 시체를 묻는 것이 왜 위법한 것인가에 대한 온갖 논리적 설명에도 불구하고, 단지 '그것이 도리이다'라는 이유로 오빠의 시체를 매장한 후 죽음을 선택한 안티고네 역시 마찬가지이다. 앞서 언급한 바와 같이 인간은 무엇인가를 갈망할 때 그것의 논리적인 이유와 설명이 불가능한 경우가 더 많다. 그냥,

'내가 원해서'이다. '내 몸이 원해서', '내 본능이 원해서'이다.

안 되는 줄 알지만 목숨을 걸고서라도 그걸 얻고자 하여 무슨 일이 벌어지는, 그것이 우리가 보는 드라마이다. 그렇다면 그걸 그렇게도 원하는 인물을 연기해야, 살아내야 할 배우라는 존재는 그것에 어떻게 접근을 해야 하는가? 이성적, 논리적 분석과 더불어 그것으로 설명이 되지 않는 본능적인 내적 정당성을 갖춰야 한다. 왜 그것을 미친 듯이 원하는가, 얼마나 얻고 싶은가에 대한 열망, 의지, 바람을 나라는 몸에 새겨야 한다. 그 열망, 의지, 바람에 의해 내 내면의 열정이라는 심지에 불을 붙여야 한다. 그러고 나면, 분명 '뭔 일'이 벌어진다. 내 온 신체에 변화가 일어난다. 앞서 말한 바와 같이 심장박동이 빨라지고 호흡이 변화한다. 그로 인해 신체 행동이 변화하고 마침내 나 자신의 '의지의 모터'가 적극적으로 가동되기 시작한다.

필자 역시 지금, 언어적 표현으로 설명되지 않는 영역인 이와 같은 내적 정당성이라는 개념을 여기에 강조하는 데 상당한 어려움을 느끼고 있다. 바로 이러한 부분이 무형의 연기예술을 언어로, 더군다나 책의 글자로 설명하거나 전달하기 힘든 이유일 것이다. 그럼에도 불구하고 필자는 이를 해결해 보기 위한 방편으로 '시뮬레이팅'이라는 개념을 고민해 보았다.

사고의 흐름 맵핑하기: 시뮬레이팅 메소드

필자는 앞서 배우들에게 '대사를 친다'의 개념 대신 '말을 하다'로, '대사를 외운다'가 아닌 '생각을 장착한다'로 전환할 것을 강조하였다. 그렇다면 '생각을 장착한다'는 것은 무엇인가. 그것은 가상의 인물의 사고를 배우 자신의, '나'의 사고로 가져오는 것을 의미한다. 역할이 살아있는 사람이라고 가정하면 그 사람의 뇌를 떼어다가 배우 자신의, '나'의 뇌로 바꿔 껴야 한다. 그리고 가동시켜야 한다는 것이다. 이를 두고 필자는 사고의 흐름을 '맵핑(mapping)하기'라고 표현하고자 한다. 본격적인 설명을 위해 필자가 '맵핑'이라는 단어의 본래 의미를 검색해 보던 중 흥미로운 점을 발견했다. 맵핑이라는 개념은 이제 다양한 분야에서 사용되고 있는 단어임에도 불구하고, 각기 다른 분야에서의 뜻이 연기예술에서 필자가 말하고자 하는 근원적 의미와 다를 바가 없었기 때문이다. 아래는 포털사이트의 〈우리말샘〉에서 '맵핑'을 검색했을 때 나온 정의들의 일부이다.

맵핑(mapping)

- 입력 데이터를 원하는 목적지에 배치하는 디지털 오디오 워크스테이션 기능
- 컴퓨터 그래픽스에서 한 좌표체계에서 다른 좌표체계로 변환하는 일

· 사실적인 묘사를 위해 평면의 이미지를 입체적으로 변환하는 컴퓨터 애니메이션 기법
· 프로그램 코드 중의 명령과 관련된 사용 상황을 조사하여 시스템을 감시하는 방법

위의 설명 중 '입력 데이터', '한 좌표체계', '평면의 이미지'가 연기예술에 있어서는 바로 작가에 의해 제시된 사고의 정보들로 대체될 수 있겠다. 또한 '디지털 오디오 워크스테이션', '다른 좌표체계', '입체적으로 변환된 이미지'로 표현된 개념을 바로 배우 자신의 '사고하는 뇌'로 대체하여 이해될 수 있겠다. 즉, 연기예술에 있어서 맵핑이란 작가가 제시한 인물의 언어를 그 언어가 발화될 수밖에 없는 '살아있는 인간의 사고'로 재구성하는 작업이다. 일종의 재지도화의 개념이다.

다시 강조하지만, 필자는 지금 작가의 대사, 워딩을 암기한 후 그것을 '기억해 내는' 뇌를 이야기하는 것이 아니다. 배우 본인의 '나'가 지

금, 이 순간, 그 사고를 처음으로 '수행'하는 것을 말하고 있다. 남의 경험이 내 경험으로 변환되는 것을 의미한다. 스키 대회를 보면 슬로프에 꽂혀 있는 빨강, 파랑 깃발들을 본 적이 있을 것이다. 꽂혀 있는 깃발들은 작가가 제시한 사고의 주요 전환 지점들이다. 여기서 제시한 맵핑이란 꽂혀 있는 깃발들을 어떤 순서로 어떤 각도로 턴을 하며 통과할 것인가를 나의 머릿속에 지도화하는 것을 의미한다. 결승전을 앞둔 스키 선수가 전 날 밤 자기 전에 머릿속으로 수행해 보는 시뮬레이션을 떠올리면 이해가 쉽겠다. 그리고 그 선수는 대망의 결승 라운드에서 수도 없이 행했던 그 시뮬레이션을 실시간으로 가동시키면서 기 지도화된 구성대로 스키를 타내려갈 것이다. 이해를 돕기 위해 예시를 들어보겠다. 자, 지금 여러분의 머릿속에 스치는, 각자의 학창시절에서 딱 떠오르는 경험을 기억해 보자. 그것이 일탈의 기억이든, 소중한 기억이든, 중요한 일이든, 사소한 일이든 무관하다. 그 기억들을 '사고의 흐름'대로 입 밖으로 뱉어보자.

사고의 흐름 예시

(예시: 필자가 바로 지금 이 글을 쓰면서 스쳤던 기억)

(학창시절? 딱 떠오르는 기억? 아무 기억이나? 일탈?) → 고등학교 때 우린 무조건 야자, 야간자율학습이 있었지. (야자라 하면?) → 당연히 땡땡이가 핵심이지. 재미난 일이 제일 많이 일어나는 순간이지. (어떤 땡땡이?) → 그중에서 가장 무서운 선생님이 당직일

때 치는 땡땡이가 스릴이 제대로지. (기억나는 한순간?) → 당구장을 몰래 가던 시절인데... 그때의 기억들이 많이 떠오르네... 당구장을 가기 위해, 당구를 치러 가기 위한 일련의 시도들에서 각종 사건사고가 많이 일어났었거든. (어떻게들 학교를 나갔어?) → 참... 그땐 정말 어떻게 그렇게 기발한 아이디어로 땡땡이를 칠 수 있었던지..... 정말 기상천외한 방법들이 많았어... (예를 들어서?) 하루는 친구가 먼저 아프다고 하고 조퇴를 하는 거야. 그러고 나서 3교시 정도가 지나면.....

위의 내용은 필자가 여러분에게 과거 경험을 떠올려보라고 제시한 후 필자 스스로도 진행해 본 사고의 흐름의 예시이다. 즉각적으로 딱 떠오르는 순간들을 주저 없이 뱉었고, 그 뱉었던 생각들의 연결 지점, 그 생각이 나오게 된 내적 동기들을 괄호로 표시해 보았다. 즉, 괄호의 질문들이 순간적으로 스스로에게 되뇌어지면서 본인 경험의 일련의 일들이 '사고의 논리'로 갖추어져 진행이 되는 것이다. 이는 필자가 위의 같은 경험을 몇 십 년 뒤에 누군가에게 이야기를 다시 해줄 때에도, 표현하는 단어들은 다소 차이가 나더라도 이야기의 큰 흐름은 변함이 없을 것이라는 것과 원리가 같다. 여러분은 어떠한가? 지금 떠올려 본 여러분의 경험을 나중에 누군가에게 다시 설명해 준다고 가정하면 그 경험의 주요 흐름, 주된 내러티브가 전혀 기억이 나지 않을 것 같은가? 혹은 전혀 다른 이야기로 전개될 것 같은가? 절대로 그렇지 않다. 이야기의 순서, 앞뒤가 다소 바뀌거나 사용하는 단어들이 바뀔지라도 여러분이 경험했던 일련의 일들의 주요 내용, 사건들은 변함이 없이 떠오르고 전달이 될 것이다. 이는 인간의 경험된 기억을 재생하는 과정으로서 인간이라면 누구나 장착하고 있는 능력이다. 맵핑이란 이러한 인간의 기본적 능력을 활용하여 지금, 이 순간, 그 사고를 처음으로, 의도적으로 재생시키기 위해 사고의 주요 흐름, 사건의 주요 흐름들을 머릿속에 입력(input)하는 것이다.

시뮬레이팅 메소드를 활용한 독백의 예시

최인석 작, 〈벽과 창〉 중에서

25호 밀항선을 탄 적이 있었어. 포항에서 탔었어. 2백만 원이나 들었어. 그 돈을 마련하느라고 별의별 짓을 다했다구. 도둑질, 막노동, 사기도 치고, 술도 한잔 안마시고 끼니를 거르면서까지 그 돈을 모았어. 사흘 밤, 사흘 낮 동안 배를 타고 가면서 난 온갖 계획을 다 세웠어. 이제 범죄 밥은 그만 먹어야지. 힘이 좀 들더라도 수갑 안 차고 감시 안 받으며 살아야지, 죽어도 남의 것에는 눈도 돌리지 말아야지.... 뱃놈들이 캄캄한 데다 배를 대놓고는 다 왔다고 내려주더군. 제길, 공기 냄새도 다른 것 같았어. 무언가 신선하고 서늘한 게... 사람 눈을 피해 가며 동이 터올 때까지 막 걸었지. 밭이 나오더군. 마침 일꾼이 있어 뱃놈한테 배운 몇 마디 일본말로 물어봤지.

"어디로 가야 차를 탈 수 있습니까?" 그랬더니 그 일꾼 대답이 "무슨 소리요?" 하잖아. 물론 한국말로. (낄낄거리며 오랫동안 웃어댄다) 일본이 아니었어. 남해안의 무슨 풍새라는 동네였다고. 뱃놈한테 사기를 당한거지. 바다 위에서 며칠 동안 그저 오락가락하다가 그 동네에다 내려주고 내빼 버린 거였어. (사이) 뛰는 놈 위에 나는 놈이라더니, 우리 같은 놈들은 평생 기어 다니기나 하는 거라구.

위는 희곡 〈벽과 창〉에 나오는 독백 중 일부를 발췌한 것이다. 자, 작가가 위와 같은 인물의 말, 언어를 제시했다. 맵핑이란 작가가 제시한 인물의 사고의 주요 흐름을 먼저 파악하는 것이다. 그것을 나의 사고로 장착하는 일이다. 그러기 위해서는 가장 먼저 '무엇을 말하고자 하는가?'와 '왜 그것을 말하고자 하는가?'에 대한 파악이 선행되어야 한다. 그러고 나서 그것을 위해 어떤 소재의 이야기를, 어떤 흐름으로 말하고자 하는가를 파악하는 것이다.

(1) (무엇을 말하고자 하는가?) 우리 같은 놈들은 평생 이런 처지를 벗어날 수 없어. 아무리 발악을 해도 평생 기어 다니는 처지 말이야. → (2) (무슨 소재의 이야기를 통해 이걸 말하고 싶은가?) (사례를 들어줄까?) 내가 직접 경험한 일이 있어. → (3) (무슨 경험?)

밀항을 해서 이 지긋지긋한 처지에서 벗어나 보려고 밀항선을 탄 적이 있었어, 포항에서. → (4) (어떻게?) 내가 그때 얼마만큼 인생을 걸었냐면, 밀항할 돈을 마련하려고 정말 별 짓을 다 했거든. 막노동, 도둑질... 등등 그렇게 어렵게 모은 돈을 가지고 결국 배를 탔어. 배를 며칠 동안이나 타고 가면서 정말이지 새 인생을 살리라 다짐을 했어. 다신 나쁜 짓 안 해야지... 새 사람이 되어야지. 그런 다짐들 말이야. → (5) (그래서?) 마침내 어딘가에 내렸어. 진짜 거긴 뭔가 다른 느낌이었어. → (6) (내려서 어떻게 했냐고?) 우선 살기 위해 일단 걸었어. 얼마나 걸었는지 몰라. 엄청 걸었어. → (7) (그러다가?) 그러다가 어떤 농부를 만났어. 그 농부에게 물어봤지. 어디로 가야 시내 같은 데가 나오냐고. → (8) (어떻게 물어봤냐고?) 뱃놈한테 일본말을 조금 배웠거든. → (9) (근데 그 농부가 뭐라고 했냐고?) 그 농부가 나한테 한국말로 대답하더라고. 뭔 소리냐고. → (10) (놀랐지?) 일본이 아니었던 거야. 사기를 당한 거라고. → (11) (이제 알겠어?) 나 같은 놈을 등쳐먹는 또 다른 놈들이 있는 거라고. → (12) (이제 진짜로 알겠어?) 그래서 우리 같은 놈들은 죽어라 뭘 해도 안 되는 거라고. 이런 처지를 벗어날 수 없다고.

여러분의 이해를 돕기 위해 위의 〈벽과 창〉 25호 역할의 독백을 가지고 위와 같이 1차 맵핑을 진행해 보았다. 맵핑의 결과를 위와 같이 텍스트로써의 언어로 정리하다 보니 '사고의 흐름'이 활자화가 됨에 있어서 그것이 뭔가 정해진 틀에 딱 들어맞아야 하는 것처럼 오해를 살까 우려가 된다. 인간의 사고(생각)는 무형의 것으로 언어와는 또 다른 차원이다. 필자는 맵핑이란 반드시 위와 같이 정확한 문법과 논리정연한 질문/대답의 형태로 나와야 한다고 강조하는 것이 절대 아니다. 배우 스스로 인물의 사고를 마음속으로 마치 생각의 끈을 잇듯 이어가보든지, 혹은 그 생각의 끈을 혼잣말로 중얼거리며 그 흐름을 따라가든지, 무슨 말을 하고자 하는가를 중심축으로 하여 이야기의 주요 흐름, 사건, 전환 지점들을 짚어가 보는 것이다. 그리하여 그 이야기를 단 시간 안에 다른 사람에게 전달을 하더라도 주요한 흐름은 모두 전달이 될 수 있도록 말이다. 여기서 작가가 제시한 단어, 표현들이 100% 정확한가는 중요치 않다. 그 정확한 단어들이 생각이 나지 않아서 즉각적으로 떠오른, 내가 편한 단어가 활용이 되어도 무방하다. 이야기의 주된 흐름을 해치지 않는다면 말이다. 물론 그 이야기의 주된 흐름이 아주 다른 곳으로 진행이 되어도 안 된다. 작가가 제시하지 않은 다른 사건이 벌어지거나 다른 등장인물이 탄생할 정도로 새로운 창작의 형태로 진행이 되면 안 된다는 뜻이다. 앞서 여러분 자신의 학창 시절에 겪었던 실제 일화를 떠올리며 그 일화 속 내러티브를 이야기해 보라고 한 것처럼, 위 〈벽과 창〉 인물이 겪었던 밀항선의 일화, 그 내러티브가 바로 지금, 이 순간, '나의 내러티브'가 되는 것이다. 그 이야기의 요약, 핵심을 파악하여 앞으로 내가 언제 어디서든 밀항선을 탔었던 그 일화를 '나의 이야기'로 거의 흡사하게 이야기해 줄 수 있게끔 말이다. 아마 이 과정이 잘 진행되었다면 여러분은 이제 평생 언제든 〈벽과 창〉의 25호 역할이 되어서 밀항선을 탔었던 일화를 거의 유사하게 이야기해 줄 수 있을 것이다. 말의 앞뒤, 단어의 표현이 다소 다르더라도 주요한 흐름이 바뀌지 않은 채 말이다.

필자가 연기를 가르치면서 위와 같은 방법을 활용하기 전, 그리고 그것을 '맵핑', '생각의 시뮬레이션'이라는 표현으로 사용하기 훨씬 전에 경험했던 일화가 있다. 필자의 20대 중후반 한창 현장 오디션을 보고 다닐 때, 이창동 감독님의 〈밀양〉에서 전도연 배우의 남동생 역할로 오디션이 들어왔었다. 필자는 평소 다른 오디션들처럼 자유연기를 위한 독백 2-3개를 준비하여 영화 제작사를 방문했다. 그런데 당시 조감독은 필자에게 어디서 본적도 없는 A4용지 두 장 분량의, 빈틈없이 꽉 채운 1인 독백 대본을 건네주었다. 그리고 10분의 시간을 준다는 말과 함께 시크하게 방을 나갔다. 필자는 멘붕이었다. 10분의 시간 동안 어떻게 이 방대한 양의 대사를 외울 수 있겠는가? 정확히 10분 후 조감독이 들어왔고, 필자에게 준 독백 대본을 다시 가져갔다. 그러고 나서 카메라를 켜더니 연기를 주문했다. 물론, 망했다. 필자의 뇌는 온통 그 종이의 대사들, 짧은 시간에 암기하고자 했던 그 활자들을 기억하려는 뇌, 일종의 죽은 뇌로 가득했으니 말이다. 틀림이 없이 그 활자의 대사들을, 틀림이 없는 순서로, '대사를 쳐야' 한다는 생각으로 가득했으니 말이다. 지금 생각해 보면 이창동 감독님, 그리고 그 연출부들은 일찍이 지금의 필자와 같은 생각이었다는 확신이 든다. 연기란 앵무새처럼 외운 대사를 치는 것이 아니라, 인물의 사고를 내 것으로 만드는 과정이라고 말이다. 그리하여 필자는 현재 재직하고 있는 대학에 임용이 되자마자 가장 중요하게 변화시킨 부분 중 하나가 입시 전형 방법이다. 〈지정 대사〉 항목에서 우리는 사전에 주어지는 시간 동안 수험생이 절.대.로.

암기할 수 없는 분량의 독백을 제시한다. 그리고 주어진 시간이 지나면 곧바로 그 종이를 수거해간다. 수험생은 고사장에서 첫 항목으로 그 어떤 기록된 종이도 없이 맨몸으로 심사위원들을 독대해야 한다. 이는 너무나 당연히도 수험생이 주어진 시간 동안 얼마나 인물의 생각을 자신의 생각으로 전환하였는가, 그리고 그것을 즉각적으로 자신의 말로 할 수 있는가를 보고자 함이다. 이 과정이 되지 않는 수험생들은 처음 몇 마디는 대본과 똑같이 암기한 대사 몇 줄을 친다. 그리고는 침묵이 이어진다. 기억해 내려고 해도 주어진 압박과 긴장에 의해 생각이 나질 않으니 말이다.

연기 행위에 임하기에 앞서 이와 같은 맵핑의 과정이 진행되었다면, 이제 그 맵핑된 지도를 시뮬레이션을 하도록 한다. 맵핑이 스키장 슬로프에다 스스로 빨강, 파랑 깃발들을 꽂는 과정이라면 시뮬레이션은 내가 꽂은 깃발들을 슬로프 맨 위에서부터 '가상의' 활강을 통해 통과해 보는 것이다. 이러한 시뮬레이션은 두 가지 측면에서 작용이 된다. 첫째는 물론 인물의 사고를 돌려보는 것이다. 이는 어쩌면 인물의 사고를 '논리적'으로 이해해가는 과정에 가깝다.

'밀항선을 탔었다.... 어디에서?... 포항에서.... 어떻게 탈수가 있었지?.... 돈을 모았지.... 어떻게 얼마나 모았냐고.... 진짜 미친 듯이 죽을 듯이 모았지.... 안 해본 일이 없을 정도로....돈을 모아서? 결국 탔지, 밀항선을..... 그 다음에? 며칠을 타고 갔어...... 얼마나 갔는지도 모를 정도로.....'

위와 같은 방식으로 자신의 사고하는 뇌를 가동시키는 것이다. 이 과정 중에서 바로 시뮬레이션의 두 번째 작용이 함께 이루어진다. 그 인물의 사고가 '내 것화(化)'가 되어 가는 과정에서 일종의 동의, 동감, 공감의 작용이 이루어진다. 이어지는 그 다음 생각, 그 다음 생각으로 인해 나도 모르게 고개가 끄덕여지거나 가로저어진다. 탄식과 한숨이 나오고, 미처 생각지 못한 인물로서의 '깨달음'이 발생한다. 의도하지 않았던 인물의 정서, 충동이 내 몸으로 받아들여진다. 신체에도 변화가 생긴다. 시뮬레이션을 통해 사고가 지속적으로 흐르면서 해당 사고, 해당 생각의 충동으로 인해 갑자기 몸이 일어나지고, 주저앉아진다. 얼굴이 손으로 감싸지거나, 양손이 생각에 의해 즉각적으로 움직인다. 가만히 있을 수가 없어져서 막 양 옆으로 걸음이 옮겨진다. 맥박도 빨라지고 호흡도 가빠진다. 눈물도 그렁거려지고, 그 다음 생각이 내 머릿속으로 들어갔으나 말이 쉽게 나와지지 않기도 한다. 바로 그 순간이, 배우가 인물로서 온전히 이해가 되고 공감이 된 것이다. 이성적/논리적으로 준비가 된 것이고, 정서적/충동적/본능적으로 준비가 된 것이다. 그리고 그 시뮬레이션을 하는 동안 끊임없이 '내가 얼마만큼 이걸 원하는가... 얼마만큼 중요한가... 얼마만큼 절실한가...'를 덧붙인다면 그 인물이 가져야 할 의지와, 내적 정당성도 함께 확보가 되는 것이다. 그제야 비로소 인물로서 현존할 수 있는 준비가 완료된 것이다.

이와 같은 과정을 훈련하기 위해 필자는 배우 자신의 경험을 소재로 한, '자기 이야기에 기반을 둔 독백 만들기'를 추천한다. 앞서 여러분 학창 시절의 한 기억을 즉각적으로 떠올려보라고 한 것처럼 각자의 소중한 물건, 사진, 기억, 그 어떤 것에서 시작되어도 좋다. 그것과 연관되었던 일화, 혹은 그것으로 인해 지금 문득 드는 생각들을 먼저 아무 걸림이 없이 쏟아내 본다. 그리고 뱉어진 스토리 안에서 주요 흐름을 되짚어보고, 그 흐름들만 가지고 마치 그 이야기를 처음 하는 것처럼 다시 이야기해 본다. 여기서부터 배우들은 혼돈의 감각을 경험한다. 벌써 한번 입 밖으로 꺼내본 이야기가 되다보니, 그 이야기를 '기억해 내려고' 하는 자신과 마주하기 때문이다. 다시 말하지만, 연기에서 '사고하기', '생각하기'란 어떤 사고, 어떤 기억, 어떤 말, 어떤 생각을 반복해서 '기억해 내는' 것이 아니다. 지금 이 순간, 처음으로, 그것들을 사고하는 '현재진행형'(~ing)의 과정이다. 자신의 이야기를 반복하여 그것이 하나의 완성된 독백의 형태로 가면 갈수록 이와 같은 '지금의', '날 것의' 감각들이 무뎌지고, 마치 대사가 외워진 것과 같은 감각이 들 것이다. 그렇다면 그 이야기를 제일 처음 생각해 내어 말로 뱉었을 때의 감각들과 비교해 봐라. 그 둘의 감각이 얼마나 다른지. 하나는 살아있는 사람이 지금 처음으로 한 생각들이자 말들이었다. 다른 하나는 할 이야기들이 배우에게 이미 대사화가 됨으로써 그것을 기억해 내어 재생하는, 소위 '연기하고 있는 척'이었다. 물론 우리의 궁극적인 목표는 작가가 제시한 텍스트를 단 하나의 틀림이 없이 수행해 주는 데 있다. 토씨 하나 틀리지 않기를 바라는 작가의 작품을 임하더라도 우리 배우들은 대본의 쉼표와 마침표까지도 그대로 지켜줄 수 있어야 한다. 단, 그러한 제시된 언어, 정보들이 선 암기 후 재생이 되는 차원이 아니라, 지금 나의 생각에 의해 즉각적으로 나와지는 결과물이어야 한다는 것이다. 그 결과물이 공교롭게도 작가가 써준 텍스트와 일치하게 되는 것이다. 앞서 설명한 '자기 이야기에 기반을 둔 독백 만들기'를 통해 배우는 첫째, '자기의 말'을 하는 감각을 경험해 보는 데 다소 간의 도움을 받을 수 있다. 이야기의 소재, 사건, 등장인물들이 자신의 직접 경험에서 비롯되기 때문이다. 둘째, 그 과정이 반복되어 일종의 텍스트화가 되기 시작하면서 '자기의 말하기 vs 외운 대사 치기'의 감각적 차이를 경험해 볼 수 있다. 처음 그 이야기를 꺼냈을 때는 그 이야기를 외우지 않았기에 오롯이 자신의 생각에 근거한 말들이 입 밖으로 나왔으나, 점차 그것들이 자신에게 '해야 할 말의 순서'가 되면서 자신을 옭아맬 대사가 되어버리는 순간 말이다.

또는 앞서 언급했던 필자의 대학의 전형 방식처럼, 어떤 한 독백, 장면을 보고서는 빠른 시간 안에 그 인물의 사고를 파악하고 맵핑하여, 자신의 사고, 자신의 말로 전환해 보는 훈련을 추천하고 싶다. 처음에는 주어진 대본과는 많이 다른 표현, 단어들이 사용되겠지만 그 과정을 반복해가면서 자신도 모르게 주어진 대본에서의 단어와 표현들이 내 말로 장착되는 것이다. 그리고 마침내 대본의 표현들과 똑같아지는 것이다. 연기를 할 때 제일 먼저 대사를 틀림이 없이 외우고 시작하는 것과 정반대의 과정으로, 대본과 똑같아지는 것이 가장 마지막 차원의 일이 되는 것이다. 이 과정을 체득하게 되면 앞으로 여러분은 어떠한 대본이 오더라도 대단히 빠른 시간 안에 그 장면을 파악하고 인지할 수 있을 것이다. 그리고 시간이 지나더라도, 세세한 표현들이 달라지더라도, 그 장면을 언제든 다시 임할 수 있을 것이다. 그 인물의 주요 사고와 행동들이 여러분의 몸에 기억이 되었을 것이기 때문이다.

즉흥을 활용한 인물 구축: 너를 만나다

지금까지 필자는 배우의 인물 구축 과정으로 작가가 제시한 사실과 의견의 구분, 목적과 행동의 분석, 그리고 사고의 흐름을 맵핑하여 시뮬레이션 하는 과정을 제시하였다. 그리고 다시 한번 강조하자면, 이 모든 과정은 배우의 이성적, 논리적 관점에서의 '이해의 측면'과 언어로 형용할 수 없는 배우의 정서적, 감각적 관점에서의 '공감의 측면'이 반드시 함께 병행되어야 한다. 이 사전 과정들이 진행되었다면 이제 이들의 종합적인 접근으로서 배우가 역할 구축을 위해 시도해볼 수 있는 방법론이 있다. 바로 즉흥이다.

연극의 역사로 보자면 즉흥의 개념과 범위는 대단히 포괄적이다. 고대 로마시대의 사회 풍자를 담던 소극들, 이후 꼬메디아 델라르떼 등 텍스트에 얽매이지 않고 배우들의 즉각적인 사고와 신체적 반응을 활용한 모든 범주의 연극 형식을 넓게 보아 즉흥으로 간주해왔다. 그러나 보다 본격적인 차원에서의 연기예술 측면에서 보자면, 즉흥은 스타니슬랍스키가 자신의 이론들을 정립해 가는 과정 중에 배우들에게 직접 적용했던 모든 시도들에서부터 연기의 한 방법론으로써 수면 위로 드러나기 시작했다고 본다. '에쮸드'(étude)라 통칭하는 그의 시도들은 그 기저에 즉흥성을 강하게 내포한다.

스타니슬랍스키는 자신만의 독창적인 연기 방법론인 '시스템'을 크게 '배우를 위한 과정'과 '역할에 접근하는 과정', 두 가지 영역으로 구분하여 정리했다고 언급한 바 있다. 필자는 이 중에서 현재 후자에 관한 논의를 하고 있는 것이다. 따라서 필자가 제시하는 즉흥을 경험하기 위해서는 작품과 인물 선정이 우선되어야 한다. 그리고 앞선 세 가지 과정이 선행되어야 한다. 즉흥이라는 것은 단어의 뜻에서도 유추할 수 있듯이 그 어떠한 전통적인 방식으로의 '연습'을 거부한다. 텍스트에 제시된 사건의 순서나 대사의 나열 등 기계적인 반복 연습을 통해 배우에게 습관적으로 장착될 수 있는 익숙함을 배제하고자 하는 것이다. 그러나 이는 연습이라는 행위가 주는 '반복적, 습관적' 특성을 부정적으로 보아 이를 반대하는 것이지, 배우가 준비 자체를 안 해도 되는 것을 의미하지 않는다. 오히려 다른 차원에서의 준비를 대단히 세밀하고 깊이 있게 진행해야 한다. 그리고 그것은 다름 아닌 앞선 세 가지 과정에 대한 체화의 과정이다. 즉, 작가가 제시한 인물의 모든 정보들을 이해와 공감을 통해 '내 것'으로 만드는 과정을 의미한다.

필자가 제시하는 즉흥의 첫 단계로는 상대 역할이 없이 혼자 진행할 수 있는, 그러면서도 극적 사건이 없고 인물의 내적 갈등이 크지 않은 장면을 추천한다. 동시에 인물로서 일상적이라고 표현할 수 있는 행동들이 다양하게 수반될 수 있는 장면을 구성하길 제언한다. 구성한 장면이 대본에 존재하든, 존재하지 않든 무관하게 말이다. 그 이유는 필자가 제시하는 것과 같은 즉흥의 방법론을 오랜 시간 훈련하고 경험해 보지 않은 배우들이 단번에 극적 사건이 강력한 장면을 즉흥으로 접근하다 보면 그 장면에서의 내적 갈등에 대한 측면, 이를 통해 특정 감정이 상대방과 보는 이에게 표현되어야 한다는 강박에 쉽게 사로잡히게 된다. 즉흥이라는 것은 원리적으로, 시시각각 주어지는 예상치 못한 자극들이 내 심리와 신체에 즉각적인 충동을 발생시키고 그 충동을 얼마만큼 걸림이 없이 즉흥적으로 내보낼 수 있는가에 기반하는데, 그 무언가의 과제, 임무, 계획, 의도 등이 들어가는 순간 이것들이 배우에게 심리적 긴장감을 강력하게 선사하여 '무언가를 해야 한다', '보여주어야 한다'라는 의식으로 연결된다는 것이다. 이에 필자는 즉흥의 첫 단계로 '사적인 순간'(Private Moment)이라고 불리는 방법론을 제시한다. '사적인 순간'은 인물에 접근하기 위한 기초단계로서, 스타니슬랍스키가 고안해 내고 이를 리 스트라스버그가 독자적인 즉흥 훈련방법으로 명명한 훈련법이다. 이것은 배우가 무대 위에서 오롯이 인물로서 존재하는 것을 목적으로 한다. 다른 어떠한 극적 행동을 취하거나 사건을 만나는 것이 아닌, 단지 인물로서 숨 쉬고, 생활하며 살아보는 것을 목표로 한다. 따라서 인물의 삶과 직결되는 행동들, 예를 들어 먹고, 마시고, 입고, 자는 행동들이 이 '사적인 순간' 훈련에 보다 적합할 수 있다. 혹은, 인물을 대표하는 주요한 행위를 무대 위에서 실제로 해봄으로써 그 인물의 '사적인 순간'을 경험해볼 수 있다. 예를 들어 뜨레쁠료프와 뜨리고린의 경우에는 글을 쓰는 행위가 될 수 있을 것이고, 아르까지나의 경우에는 대본을 읽는 행위가 될 수 있을 것이며, 마샤의 경우에는 코담배를 하는 것이 될 수 있을 것이다. 〈미스 줄리〉의 하인 장의 경우 주인의 신발을 닦거나 거실을 청소하거나 파티를 위한 준비를 하는 행위가 될 수 있을 것이다. 이러한 인물의 일상, 삶과 직결된 단순한 행위를 직접 체험함으로써 그 인물의 충동과 정서를 나라는 배우의 몸과 마음에 잠재의식적으로 새기는 과정이다. 따라서 이 과정은 대단히 세밀한 리얼리티의 구축을 요한다. 〈인형의 집〉의 노라에 대한 '사적인 순간'을 접근하면서 시커먼 아디다스 트레이닝복을 입고 시도하면 안 된다. 덴마크의 왕자 〈햄릿〉의 사적 순간이라는 비밀을 문을 열면서 반바지에 슬리

퍼를 신고 접근하면 안 된다는 것이다. 사용하는 모든 의상, 소품, 대도구들에게 역할의 오브제로서의 생명력을 부여해야 하고, 이를 위해서는 가능한 모든 수단들을 동원해서 최대한 그 인물이 사용할 법한 것들로 구성해야 한다. 최대한 모든 가짜들을 거부해야 한다. '~하는 셈' 치는 모든 것들을 지양해야 한다. 이러한 배우의 정성과 성의를 통해 본인도 모르게 그 인물의 '진짜'가 탑재되기 시작한다. '사적인 순간'은 보는 이에게는 대단히 지루한 시간일 수 있다. 어떠한 극적 사건도 발생하지 않는, 대단히 일상적인 순간들을 꽤 오랜 시간 동안 지켜봐 주어야 하기 때문이다. 아무것도 하지 않으면서 계속해서 글만 쓰거나 책만 읽거나 하는 행위를 주의 깊게 지켜봐 줘야 하니까 말이다. 그러나 동료 관객, 연기 지도자가 이 순간들을 지켜봐 주는 것은 대단히 중요하다. 누군가가 보는 것에서부터 연기예술의 행위가 성립되기 때문은 물론이고, 이 '사적인 순간'의 목표가 누군가에게 보임을 당하는 것에서부터 얼마만큼 자유로워지고, 그것을 받아들이면서 그 인물의 '삶'에 집중할 수 있는지를 탐구하는 과정이기 때문이다. 배우의 정신적, 신체적 긴장을 내려놓게 하고, 그 인물의 충동, 정서가 즉각적으로 투영될 수 있는 순간들을 영접하기 위해서기 때문이다. 필자는 '사적인 순간'의 행위들을 보고 나면 그 인물과 일종의 인터뷰를 시도한다. 뜨레쁠료프의 예를 들자면 '어떤 글을 쓰고 있는지', '글은 하루에 얼마나 쓰는지', '본인에게 글을 쓴다는 건 뭘 의미하는지', '다른 하루 일과는 어떠한 것들이 있는지', '식사는 어떻게 하는지' 등등 그 인물의 행위에서 유추할 수 있는 일상, 삶에 대한 모든 것들을 마치 인터뷰 하듯이 질문과 대답을 주고받는 것이다. 당연히도 이는 그 배우의 사전 작업, 대본의 사실과 의견을 구분하는 단계를 통해 배우에게 체화된, 역할의 그것들이어야 한다. 그리고 이 인터뷰를 할 때에는 그 정보들을 기억해 내려 하면 안 되고, 역할의 그것들이 나라는 사람의 진짜 '내 것'이 되어 튀어나와야 한다. 인물의 사고와 충동을 거쳐 나오는 나의 정보들이어야 한다.

이와 같은 배우 개인이 역할에 다가가는 1인의 과정이 진행되고 나면 이제 두 인물 간의 즉흥 상황을 진행한다. 이것 역시 작품에 존재하는 일상적 장면이나 혹은 작품에 존재하지 않지만 배우들의 상상으로 유추할 수 있는 일상적 장면을 먼저 경험해 보길 추천한다. 함께 식사를 하거나 차를 마시고, 혹은 각자의 일상적 행위를 하되 같은 공간에서 이루어지는 체험을 하는 것이다. 그러면서 순간적으로 상대와 소통하고 싶은 말과 행동이 있으면 그것을 즉흥적으로 경험해 보는 것이다. 계획하지 않았으나 그 순간 차를 한 잔 따라주고 싶고, 담요를 가져다주고 싶고, 오늘 하루가 어땠는지 묻고 싶고, 오늘 어디에 다녀왔는지 묻고 싶은, 순간의 충동에 나를 맡겨보는 것이다. 이 작업이 끝나면 마찬가지로 필자는 인터뷰를 진행한다. 그리고는 두 사람의 행위를 지켜보던 관찰자와의 인터뷰를 자연스럽게 두 사람 간의 대화로 연결시킨다. 관찰자의 개입이 없이 대화가 계속되는 또 다른 즉흥 상황으로 이어지는 것이다. 두 사람 간의 이 대화는 끊임이 없이 계속될 수 있어야 한다. 수업 시간 외에 카페에서, 복도에서, 전화로, 심지어 문자나 톡으로도 그 인물들로서의 대화가 지속될 수 있어야 한다.

그 다음 과정으로 필자는 작품 안에 존재하지 않지만, 존재해도 무방할 법한 장면을 구성해오도록 한다. 앞선 과정과 같은 말로 들릴지 모르겠지만, 다른 점은 얼마만큼 '일상적'인지에 대한 차이로 이해될 수 있겠다. 여기서 말하는 즉흥 상황은 이제 인물의 초목적, 상대에게 원하는 바들이 개입되기 시작한다. 작품을 관통하는 주요한 이야기의 흐름, 인물 간의 관계, 갈등의 구조들이 반영되기 시작한다. 객관적이고 논리적인 측면에서 보았을 때 아예 터무니없는 상황을 창작해 오면 안 된다. 다시 강조하자면, 실제 작품에는 존재하지 않지만 작가가 지금 다시 재창작하여 원래 작품에 삽입하여도 무방할 법한, 인물의 동기와 정당성을 갖춘 상황, 장면이어야 한다. 〈갈매기〉의 경우 3막과 4막 사이, 체홉이 제시하지 않은 상상 속 공간과 시간이 가능할 수 있겠다. 혹은 대본에 제시되어 있는 장면의 바로 직전 상황들이 보편적으로 가능하다. 이 과정은 이제 인물의 극적 충동, 사고를 직접 경험해 보기 위함이다. 이를 통해 실제 연기를 할 대본 속 장면들에서 그 인물이 갖는 행위의 정당성을 내 것으로 체화하기 위한 단계적 과정이다. 여기서 배우들은 다양한 차원에서의 자의식을 만나게 된다. 무슨 말을 해야 하는지, 내가 지금 하고자 하는 이 말들이 인물과 적합한지, 내가 선택하는 이 단어들이 작가가 제시해 놓은 인물의 언어와 부합하는지, 파트너와의 장면이 현재 잘 굴러가고 있는지, 그렇지 않다면 대체 이유가 뭔지, 이 문제 속에서 내가 다음에 뭘 어떻게 해야 하는지, 보는 이들이 지루해하고 있지는 않은지 등등 배우로서의 자아가 등장해서 인물로서 오롯이 현존하고자 하는 자아와 충돌하게 된다. 이럴 때 필자는 작가가 제시하는 언어와 다른 차원의, 소위 '싼 티' 나는 언어들이 튀어나오더라도 괜찮다고 해준다. 순간의 행위가 그 인물과 부합하지 않아 보여도 무관하다고 해준다. 그것이 그럴듯한가, 안 한가가 중요한 것이 아니라 매 순간순간 한 인간으로서 오롯이 존재하고 받아들여져서 그것이 외부로 그대로 나온 것인지가 보다 중요하기 때문이다. 그리고 그 간극들은 지속적인 훈련을 통해서 메워지기 때문이다. 어쩌면 이 과정에서의 근원적인 목적은 단 한순간만이라도 배우 개인이 미리 예상하지 못했던, 인물로서의 '살아있는 순간'을 경험하기 위함에 가깝다.

그리고 최종적으로, 작품 안에 존재하는 장면들을 즉흥으로 접근하는 과정을 진행한다. 이때 배우들이 대본에 접근하는 방식은 앞서 인물의 사고를 맵핑하는 과정과 동일하다. 즉, 대본의 활자들을 절대로 외우면 안 되고, 각 인물들의 주요한 사고의 흐름, 사건의 발생 등을 나의 사고로 가지고 오는 것이다. 장착하는 것이다. 그리고 그 맵핑의 과정을 상대방과 함께 진행하는 것이다. 시뮬레이팅 역시 상대방과 함께 해보며 해당 장면의 주요한 흐름을 체화하고 오는 것이다. 이와 같은 철저한 '준비'를 하되 대사를 맞춰보는 '기계적인 연습'을 하고 와서는 절대로 안 된다. 이러한 전제에서 작품의 장면을 즉흥으로 진행하다가 보면, 장면의 순서가 다소 뒤바뀌더라도 이야기의 전개가 가능해진다. 인물로서 대화의 논거가 생긴다. 장면 안에는 없지만 작품 어딘가에 명기되어 있는 인물의 다른 정보들을 '내 것'으로 말하고 있는 자신을 발견한다. 검정 활자들을 틀림이 없는 순서로 외워서 그것을 기계적으로 주고받던 미리 '알고 하는 연기'가 아니라, 상대가 무슨 말과 행동을 할지 전혀 예측이 되지 않기 때문에 '순간의 자극', '순간의 충동', '순간의 반응'에 집중할 수밖에 없는 환경이 된다. 이러한 과정을 거친 후 다시 대본을 보며 터무니없이 진행이 되었거나, 각 인물로서 적합하지 않았다고 판단되는 말과 행동을 되짚어 보도록 한다. 그리고 보다 긴밀한 맵핑과 시뮬레이팅을 통해 대본을 암기하지 않았는데도 불구하고 점점 더 대본의 흐름과 유사하게 만드는 과정을 단계적으로 시행하는 것이다. 그리고 최종 단계에는 물론, 작가가 제시한 대본과 완전히 일치하면서도 즉흥이 갖는 날 것의 살아있음을 그대로 유지하게 하는 게 최상단의 목표가 되는 것이다.

이 같은 즉흥은 대본을 암기하고 그것을 기계적인, 반복적인 연습을 통해 소위 '연기하는' 것에 익숙한 배우들에게 인간 본연의 메커니즘에 기반을 둔 '살아있는 인간'을 경험케 하는 데 무엇보다 큰 효과가 있다. 또한 인물로서 경험되는 순간의 충동, 정서들을 통해 이성적 영역에서 언어로 형용할 수 없는 인물의 모든 것들을 '나'라는 몸과 마음이 실제로 체험하고 경험할 수 있는 순간의 기회를 제공한다. 역할의 의지를 장착하는 데 도움을 주고, 그 의지를 직접 가동해 보는 기회를 부여하며, 논리적 차원에서의 인물의 목적을 넘어 그것을 본능적으로 갈망하게 하는 순간을 제공한다. 그리고 그 본능적 목적, 욕구, 욕망에 추진력을 선사한다. 이 과정을 지속적으로 훈련하다 보면 대사와 행동을 단순 암기한 '죽어있는, 가짜의 연기'와 살아있는 한 인간 생명체로서 살아 숨 쉬고 반응하는 '날 것의, 진짜의 연기'를 구분하는 눈이 생긴다. 배우라는 '나'가 인물이라는 '너'를 만나게 되고, '너'를 만난 '나'가 상대방이라는 또 다른 '너'를 오롯이 만나, 그 둘을 한 공간 안에 함께 현존하게 만든다.

캐릭터 연기? 개나 줘버려라

필자는 앞서 연기예술과 관련하여 '감정', '내면 연기', '대사를 친다', '대사를 암기한다' 등의 금기어와 그 이유들을 언급한 바 있다. 그리고 여기, 배역화 과정에서 대단히 조심스럽게 다루어야 할 또 하나의 개념이 있다. 바로 '캐릭터 연기'이다. 사실 연기예술의 이상, 최상단의 목표가 '살아있는 사람이 하는 모든 것을 똑같이 하자'라는 데 이의가 없다면, '캐릭터 연기'라는 접근법 자체가 그것과는 이미 거리가 있다. 거기에는 온통 배우의 의도, 계획이 선행되고 포함되기 때문이다. 배우 개인이 그 캐릭터를 바라보고 평가하며 판단한 '의견'들이 개입되기 때문이다. '이 인물은 이런 행동을 하기 때문에 이럴 것이다', '이 인물은 극중에서 이런 역할을 담당하기 때문에 성격이 이래야 할 것이다' 등등 배우 개인의 의견이 개입된 태도, 무드 등으로 일관될 것이고, 계획에 기반을 둔 온갖 신체 동작과 행위들은 연기 초심자일수록 정해진 안무와 같아질 것이며 그것을 테크닉으로 승화한다 하더라도 그 행위들은 자극 - 충동 - 반응이라는 인간 본연의 메커니즘에 기반한 행위가 아니기 때문에 비록 '자연스러워' 보일지라도 진정한 의미에서의 진짜가 아니다. 따라서 캐릭터 연기란 악당을 악당스럽게, 게이를 게이스럽게, 변호사를 변호사스럽게, 군인을 군인스럽게 표현하고자 연구하고, 계획하는 것이 아니다. 앞서 배우의 감정에 대해 논할 때 언급했듯이 하나의 캐릭터를 이해하고 받아들이는 것 역시 전적으로 관객의 몫이라 본다. 배우는 작가가 제시한 인물의 사고, 행동만을 충실하게 수행하면 된다. 피자 만들기로 예시를 든다면, 배우는 우선 100% 천연 유기농 수제 도

우여야 한다. 그것은 완벽하게 '준비된' 배우를 의미한다. 이 기본 도우에 어떤 토핑이 올려질 것인가가 바로 캐릭터이다. 그 토핑들은 작가가 제시해 놓았다. 고기가 얹어질지 마늘, 베이컨, 혹은 파인애플이 얹어질지 작가가 제시한다. 길에서 모르는 사람의 지갑을 주웠을 때 그것을 곧바로 집어서 자신의 주머니에 집어넣을 것인가, 주위를 둘러보며 세상 망설이다가 조심스럽게 품 안에 감출 것인가, 아니면 못 본 척 곧바로 지나칠 것인가, 집어서 가까운 파출소에 가져다줄 것인가는 작가가 써 주었다. 그러한 모든 순간의 결정들을 이끄는 행위, 그 선택들이 모여서 캐릭터가 되는 것이다. 주인공을 죽이고 협박하는 역할이라면 그 행동들, 그 선택들이 바로 그 역할의 행동이자 캐릭터로서의 결과들이다. 배우는 단지 그 행동들을 열심히, 충실히 수행하기만 하면 된다는 것이다. 100% 천연 유기농 수제 도우로서 말이다. 내가 다루기 가장 쉬운 방법으로 '나화'시키지 말고 말이다. 주인공을 죽이고 협박하는 행동이 '나쁜' 행동이라는 것을 배우 스스로 지레 생각해서 그 행동이 나빠 보여야 한다고 '나쁜 말투'와 '나쁜 눈빛'을 계획하여 만들어서 표현하는 것이 캐릭터 연기가 아니란 것이다. 의도적으로 목소리를 긁거나 눈에 힘을 주거나, 미간을 찌푸리거나, 인상을 쓰거나, 말을 일부러 버벅거리거나, 팔자걸음 등의 신체 행동들을 의식적으로 하는 것이 캐릭터 연기가 아니란 말이다.

많은 배우들이 〈에쿠우스〉의 알런, 〈신의 아그네스〉의 아그네스, 〈보이체크〉에서 보이체크, 〈욕망이라는 이름의 전차〉에서 블랑쉬, 〈아마데우스〉에서 모차르트 등의 역할에 도전해 보고 싶어 한다. 그 이유는 뭔가 현실과 환상 속을 오락가락하며 소위 제정신이 아닌 것 같은 그 역할들을 자신의 열연으로 한번 경험해 보고자 함이다. 그리고 소위 '미친 사람' 연기를 한다. 그러나 이 인물들은 미치지 않았다. 남들이 봤을 때는 이 인물들의 각각의 반응, 행동들이 '정상적'이지 않다는 판단으로 미쳤다고 생각할 수 있을지라도 적어도 각자 스스로는 미쳤다고 생각하지 않을 것이다. 이들은 그 순간, 분명한 자극이 발생했고, 그것을 오롯이 충동으로 받아들였으며 그것을 있는 그대로 행동으로써 반응한 것일 뿐이다. 알런에게는 하필 그 순간, 그 장소에서 멋들어진 말들이 그의 눈앞에 나타난 것이다. 다른 사람에게는 허공인 공간이 알런에게는 마구간으로 변한 것이고, 허공을 더듬고 있는 것이 알런에게는 눈앞의 말들을 정성스럽게 쓰다듬는 것이다. 알런을 맡은 배우는 자신의 눈앞에 말이 나타나면 된다. 그 말을 정성스럽게 쓰다듬으면 된다. 그것을 '미친 사람처럼' 쓰다듬지 않아도 된다는 말이다. 캐릭터는 본인 외의 사람들이 그것을 밖에서 보는 사람들 입장에서, 그 행동들의 적합성 때문에 판단되는 '형용사'이다. 나쁜 행동으로 보여서 나쁜 사람이라고 평가하고 미친 행동으로 보여서 미친 사람이라고 평가하는 것이며 이 평가는 전적으로 관객이 한다는 의미이다. 캐릭터는 관객이 부여하는 것이다.

이는 결국 다시 피자 도우 그 자체의 문제로 회귀된다. 그 도우가 얼마만큼 순도 100%의 완벽한 도우이냐의 문제이다. 내가 맡은 역할이 비가 오는 날 빨간색 옷을 입은 여자를 보면 살인충동을 느껴 살인으로까지의 행동으로 옮겨져야 한다면, '나'라는 도우가 비, 빨간색 옷, 여자 등의 자극들을 진짜로 받아들여야 한다. 그리고 진짜의 살인충동을 느껴야 한다. 그 충동의 반응으로서의 행동, 그 행동이 진짜 살인이 아닌

예술적으로 약속된 행동이 되는 것일 뿐이다. 이와 관련하여 우리 인간은 누구나 수천, 수만 가지 컬러의 충동의 물감들을 있는 그대로 빨아들일 수 있는 보편적인 캔버스로 태어났다고 본다. 그것이 단지 성장 과정 중에 변형과 왜곡이 되었을 뿐이고, 이 역시 훈련을 통해 다시 계발되고 극복될 수 있다고 본다. 그럼에도 불구하고, 유전자 등 소위 타고난 성향에 의해 혹은 유독 많이 사용되어 발달된 특정 컬러가 있다는 데에도 동의한다. 배우에게 있어 자신이 잘할 수 있는 역할과 하고 싶은 역할의 간극이 발생하는 것 또한 바로 이 부분에서 기인한다고 본다. 따라서 배우가 어떤 인물을 마주할 때 그 인물의 성격, 특성, 취향이 배우 본인의 그것들과 맞는지를 막연하게 보는 것이 아니라 그 인물이 마주해야 할 자극, 충동들이 '나'라는 배우의 캔버스에 있는 그대로 스며들 수 있을지, 그리고 그로 인한 행동의 반응들이 어떠한 장애나 걸림이 없이 나가질 수 있는지를 간파하는 것이 중요하다. 그것이 그 인물을 오롯이 만날 수 있는지, 진정한 의미에서의 캐릭터 연기를 할 수 있는지 파악하는 데 가장 중요한 지점이 아닐까 싶다. 그것들이 기반이 되지 않은 행동들은 너무나 당연히도 '살아있는 인간의 행동'들이 아니고, 이는 곧 가짜의 연기가 될 것이기 때문이다. 가짜의 태도, 계획된 감정, 의도된 무드를 캐릭터 연기라는 미명 하에 흉내 내는 것은 예술가가 아닌, '~쟁이'이고 기술자이다. 열연이 될지 모르지만 호연은 아니고, 또한 역겹다. 작가가 제시한 인물의 행동들을 '나'라는 사람의 진짜 자극, 진짜 충동에 의한, 충만한 내적 정당성에 기반을 둔 진짜 행동으로 변환할 수 있어야 한다.

개인이 성선설을 믿든, 성악설을 믿든 간에 인간 보편성을 아우르는 작품 속 인물들은 그 아무리 흉측한 범죄자 역할이라 하더라도 결국 우리 인간이 행할 수 있는 범위 안에 있다. 슈퍼맨, 배트맨, 스파이더맨, 외계인 등의 역할이더라도 결국 인간의 상상으로 창조된, 인간성(humanity)을 장착한 '살아있는 생명체'이다. 따라서 캐릭터라고 하는 내가 아닌 다른 사람의 행동, 그 행동이 수반될 수 있는 충동의 지점들을 바로 내 안에서 찾아야 한다. 앞서 필자는 인간이라면 누구나 수천, 수만 가지 충동의 물감들을 왜곡 없이 빨아들일 수 있는 순수한 재료로서 태어났다 언급한 바 있다. 그 순수한 재료의 컬러들이 살아오면서 감춰지고, 덜 써져서 거미줄이 쳐져 있을 뿐 인간 보편성이 아우를 수 있는 모든 물감들은 우리의 잠재의식 속에 여전히 존재한다고 본다. 바로 그 부분, 각각의 역할이 작가가 제시한 행동들을 수행할 수 있는 밑거름이 되는 그 충동들을 바로 나의 잠재의식 속에서 찾아내야 한다. 건드려주고, 일깨워줘서 거미줄을 걷어내야 한다. 그리하여 역할의 행동, 언어들이 이성의 머리로 계획하고 의도하여 겉으로 표현하는 것이 아니라 잠재의식적으로, 본능적으로, 즉각적으로, 일말의 의도도 없이 '나와져야' 한다. 그것이 캐릭터이다. 이를 위해 변호사 역할을 맡으면 연습 내내 양복을 입어야 한다. 엘리자베스 시대 왕족 역할을 맡았다면 연습 내내 코르셋을 입어야 한다고 본다. 군인 역할은 연습 내내, 그것으로 부족하다면 평상시에도 군복을 입고 군화를 신어야 한다. 그리고 그 인물의 사고를 끊임없이 돌리면서 이해하고 공감해야 한다. 그러면 어느 순간, 자신도 모르게 변호사로서, 왕족으로서, 군인으로서 행해지는 크고 작은 행동들에 스스로 놀랄 것이다. 자살을 하는 인물이라면, 어느 순간 그 인물의 고뇌와 고통, 자살을 할 수밖에 없는 내적 정당성을 이해하고 공감할 것이다. 그것이 캐릭터 연기이다. 그 인물의 사고를 나의 머릿속으로 돌리고, 그 인물의 옷을 입고, 그 인물로서 행동함으로써 배우로서의 '나'의 사고의 템포, 흐름도 함께 변화한다. 의도하지 않았는데도 말이 느려지거나 빨라지고, 피치가 낮아지거나 높아진다. 말이 또렷해지거나 우물거려지고, 행동이 빨라지거나 주저해진다. 여기엔 그 어디에도 배우의 의도가 선행되지 않는다. 생각, 사고에 의한 결과물이어야 하고, 계획에 의한, 배우 개인의 숙제를 통한 결과물이 아니라 우연히 경험되는 '찰나의 진실'이다. 그러한 의미에서 어쩌면 필자는 개인의 자아를 넘어 상상의 세계로 이끄는 '초자아'가 바로 배우라는 예술가 그 자체라고 말한 미하일 체홉의 미학적 가치관에 상당 부분 동의를 하고 있는지 모른다. 그러나 필자는 연기예술의 위대함이 바로 여기에 있다고 본다. 체홉이 말한 것과 같이 '나'라는 보편적 재료가 내 앞의 문지방 너머에 있는 '역할'이라고 하는 판타지의 세계로 들어가 오롯이 현존하는 것, 그것이 바로 연기예술의 신비이자 미스터리이고, 바로 예술이 되는 것이라고 말이다.

마지막으로 정리하자면, 작가가 제시한 대본이 배우에게는 악보이다.

대본은 각각의 음계와 그것을 연주하는 방법까지 정확하게 제시되어 있는 악보이며 정답지이다.

배우는 그 악보를 충실히 이행하여 연주하면 된다. 그것이 캐릭터 연기이다. 그렇다면 왜 관객들은 같은 작품, 같은 역할을 다른 배우들이 연기를 할 때에도 보러 가는가? 베네딕트 컴버배치와 주드 로는 햄릿을 맡아 각각 정답지를 충실히 이행했을 뿐일 텐데 관객들은 왜 그 둘의 햄릿을 비교하고 싶어 하고 둘 다를 보고 싶어 하는 것일까? 그것은 재료가 다르기 때문이다. 악기가 다르기 때문이다. 같은 악보를 정확히 연주하더라도 다른 두 장인이 만든 수제 바이올린으로 연주할 때 발생하는, 언어로 형용할 수 없는 그 무언가의 차이 때문이다. 반대로 이야기하면 그 두 바이올린들은 같아지려야 절대로 같아질 수 없다. 그것이 배우의 연기예술이고, 거기서 논하는 캐릭터라는 개념이다.

Key Questions

- 작품과 그 작품 속 인물 한 명을 선정하여 위에서 제시한 바와 같이 '사실'과 '의견'을 구분해 보자. 그리고 '사실'을 반복적으로 숙지한 다음에, 파트너와 함께 인터뷰를 진행해 보자. 파트너는 그 인물에 대해 궁금한 점을 질문하고, 여러분은 그 질문에 대해 사실에 기반한 즉답을 하는 방식이다. 이 과정을 통해 여러분 스스로에게 체화된 인물의 사실, 아직 그렇지 못한 사실, 여러분 개인의 의견이 반영된 왜곡된 사실 등을 동시에 경험해 보게 될 것이다.

- 역할을 둘러싼 모든 이슈들에 대해 끊임없는 질문을 스스로에게 던져보자. '난 왜 그 여자를 차지하고 싶을까?', '난 왜 이 남자에게 내 마음을 고백하지 못할까?', '난 지금 이 공간, 환경이 과연 얼마만큼 지긋지긋할까?' 등등 무궁무진하게 떠오르는 질문, 의문들을 생각날 때마다 스스로에게 되물어 보자. 그리고 매일 답해보자. 당연히도 정답이 있을 수 없는 만큼 답을 내리는 것이 중요한 것이 아니라, 이 과정을 통해 그 인물을 공감하도록 애써보는 것이 중요하다.

- 가능한 길이가 긴 독백을 찾아서 빠르게 훑어보도록 한다. 중요한

것은 그 인물의 사고의 주요 흐름을 파악하는 것이다. 그 인물이 하고자 하는 말, 사고, 행동을 내가 핵심적으로 요약하여 누군가에게 대신 말해준다고 가정해도 좋다. 그러고 나서 그 독백 대본을 덮고, 내가 그 인물이 되어 그 독백의 주요 흐름들을 입 밖으로 말해보자. 아마 원래 독백 길이의 1/3도 채 나와지지 않은 채 끝날 것이다. 그리고는 다시 그 독백을 보고 지나치게 말도 안 되게 말을 한 부분, 중요한 내용인데 언급이 되지 않은 부분, 지나치게 다른 단어를 사용한 부분들을 빠르게 검토해 보자. 그리고 다시 덮고 독백을 나의 말로 말해보자. 이 과정을 그 독백의 모든 것이 원래 대본과 거의 흡사하게 나의 말로 나와질 때까지 반복해 보자.

- 여러분 각자가 생각하는 '캐릭터 연기'의 대표 배우, 역할들을 꼽아보자. 그 역할들을 왜 '캐릭터 연기'의 대표 인물로 생각했는지, 그 역할을 떠올리면 어떤 말로 요약할 수 있는지 적어보도록 하자. 여러분이 정리한 표현들이 혹시 각종 형용사로 표현되지 않았나? 여러분은 그것을 정리하면서 혹시 여러분 개인의, 관객으로서의 '인상'을 정리하고 있지는 않은가?

- 소위 '악역', '나쁜 역할', 혹은 주인공에게 해를 끼치는 역할 중에서 여러분이 연민과 공감을 느꼈던 인물들이 있다면 기억해 내보자. 그리고 여러분은 그 역할에 왜 그러한 감정을 느꼈는지 고민을 해보자. 그 감정이 해당 역할에 대해 작가가 써준 일종의 드라마적인 장치, 요소들 때문인지, 아니면 순수하게 그 역할을 수행했던 배우의 연기 때문인지 고민을 해보자.

7장
연기교육에 대하여

한국 연기교육의 슬픈 과거와 현실, 그리고 미래 과제

이제 본 책의 마지막 주제로 연기교육에 대한 담론을 나눠보고자 한다. 어쩌면 책을 한번 써봐야겠다는 생각을 하게 된 계기가 한국에서 연기교육을 하고 계시거나 혹은 준비를 하고 있는 선생님들이 그동안 산발적으로 고민하셨을 부분들을 다소 쉽게 정리를 하여 소개하는 것 또한 의미가 있을 것 같다는 용기에서였다. 그것은 당연히도 필자의 직업에서 비롯된 것일 테지만, 플랫폼의 다변화와 함께 여기저기서 쉽게 만날 수 있는 다양한 연령층의 배우들의 연기가 하루가 다르게 변화하는 양상을 보면서 어쩌면 연기교육 분야도 이러한 시대의 흐름에 맞게 과거와 현재를 돌아보고 발 빠르게 미래를 준비해야 할 시간이 아닌가 하는 생각에서 비롯된 것이기도 하다. 이와 같은 유의미한 취지에서 글을 시작하고자 하니 이 글을 보시게 되는 많은 선배님, 선생님들께서는 한 풋내기의 당돌함으로 봐주셨으면 하는 바람이다.

필자는 앞서 지극히 개인적인 생각이긴 하지만, 유독 한국 배우들에게 두드러지게 보이는 몇 가지 특성을 언급한 바 있다. 첫째, 감정 표현에 지나치게 집착을 하고, 둘째, 연기예술에 대한 관점의 대부분이 '대사'에 집중되어 있으며, 셋째, 누군가에게 보임을 당하고 있다는 일종의 '자의식'에서 자유롭기가 쉽지가 않다는 점이다. 이 같은 특성들은 평소 과정보다 결과를 중요시하고, 나보다 남을 더 신경 쓰며 유독 스스로에게 인색하게 대하는 등 우리 한국 사람들에게 '보편적'으로 깔려 있는 성격적 특성과도 연관이 되어 보인다. 따라서 이는 개인의 타고난 성격적, 심리적 특성에 기인하기도 하지만 가정환경, 성장배경 등 외부적, 사회적 요인의 다양한 영향들이 복합적으로 작용된 결과일 수 있다고 본다. 하지만 필자는 그 어떤 원인보다도 그들이 처음 접하게 되는 연기교육의 접근 방식, 과정 등에서 기인했을 가능성이 크다고 본다. 혹은 적어도 연기를 교육받는 과정에서 이와 같은 부분들이 적절하게 짚어져 사람 그 자체가 완전한 재료가 되어야 하는 연기예술을 행하기 위한 준비가 되었어야 한다고 본다.

수많은 학생들과 배우들을 만날 때 그들에게 처음 연기를 접한 것이 언제였냐고 물으면, 시대가 그만큼 변화해서인지 이제는 중 · 고등학교 연극반, 대학 연극 동아리, 연극 교양수업 등의 아날로그적 접근이 흔치 않은 대답이 되었다. 최근 어린 학생들의 주요 계기는 아역반 학원, 예술계 고등학교, 혹은 친구나 지인을 따라 가게 된 연기 학원에서이다. 이 중에서 아역반 학원을 제외하면 결국에는 전부 대학 입시와 직결되는 사안이다. 뿐만 아니라, 아역반 학원 역시 아이들의 정서 계발과 협동성 강화 등의 교육적 목적이 부각된 일종의 '놀이'의 개념이 아닌 아역 탤런트가 되기 위한 실전반을 의미하는 것이니, 오로지 입시가 중심인 예술계 고등학교와 전국에 수많은 입시 연기 학원들과 함께 대한민국 연기교육의 거의 전부는 '결과 중심의 연기교육'을 수행하고 있다고 해도 과언이 아닌 것이다. 아역 학원에 간 어린 아이들은 표정을 예쁘게 짓는 법, 포커스를 고려하여 카메라 앞에서 움직이는 법 등의 실전 감각들을 빠르게 습득해야만 광고나 드라마에 조기 투입이 가능했을 것이다. 울어야 하는 장면에서 아이가 울지 못하면 엄마가 촬영감독 옆에 서 있다가 슛이 들어갈 때 다른 곳으로 도망가는 척하여 아이의 눈물을 흘리게 한다는, 웃지 못한 에피소드는 빙산의 일각일 것이다. 입시를 위한 연기교육은 어떠한가. 약 24년 전 필자도 수험생으로서 직접 경험한 입시 연기 레슨 방식부터 매해 수천 명의 입시생들의 연기를 심사하고 있는 현 상황까지도 그다지 바뀐 것들이 보이지 않는다는 것은 참으로 비극이다. 여전히 발음 훈련이랍시고 '아야어여오요우유', '가갸거겨고교'를 외쳐대고, 호흡 훈련이랍시고 항문에 힘을 최대한 준 채 아랫배를 인위적으로 들락거리게 만들면서 "아! 아! 아! 아!"를 반복하게 하고 있다니 말이다. 그 수천 명의 입시생들 중 거의 90% 이상의 학생들에게 도대체 연기를 어디서 배웠는지, 학원에서 무엇을 어떻게 가르치는지, 그 학원을 지금 당장 때려치우거나 다른 곳으로 바꿀 생각이 없는지 단도직입적으로 물어보고 싶은 충동을 느끼는 심사위원이

필자 하나만이 아니라는 것은 감히 확신한다. 그럼, 당시 이와 같은 필자의 지적에 동의하던 다른 대학의 그 많은 교수님들은 대학에서 적어도 입시생들이 접근하던 방식과는 다른 차원의 연기교육을 하실 것인데, 그 분들의 교육을 받았을 그 많은 연기 선생님들은 대체 입시생들에게 무엇을 어떻게 하시기에 그 아이들이 연기예술에 대해 그렇게 생각하고, 그렇게 접근했을까.

이 지점에서의 근원적 문제는 물론 대학 입시 전형의 구조적 문제에서 시작되었다고 본다. 약 50개가 넘는, 한국 전체 대학의 숫자 대비 참으로 어이가 없을 정도로 많은 연기예술 관련 학과의 실기시험의 전형은 흥미롭게도 대동소이하다. 자유독백, 지정대사(결국은 독백), 특기, 면접 등의 항목에서 크게 벗어나지 않을 것이다. 여러분도 짐작이 갈 테지만, 전부 학생이 오롯이 심사위원과 1:1로 독대하여, 그동안 준비한 것을 단 1분 정도의 짧은 한순간에 제대로 보여줘야 하는 'showing' 그 자체이다. 물론 이와 같은 방식이 입학 전형에 대한 각 대학의 교수님들의 니즈가 적극 반영된 결과라고 단정하고 싶지는 않다. 필자 역시 연기 실기 시험의 전형 요소 및 진행 방법을 변경하고 결정함에 있어서 대학 본부의 입학 담당 부서와 매해 온갖 실랑이와 설득, 애원, 구걸 등을 해야 하지만, 또 한편으로는 변화무쌍한 교육부 정책과 지시들에 일방적으로 종속될 수밖에 없는 대학의 입장 역시 완전히 이해가 안 되지는 않기 때문이다. 그러나 분명 한국 연기교육의 구시대의 산물로서, 보여주기식의 독백을 중심으로 한 연기의 평가가 유독 배우를 판단하고 순위 매기게 하는 주된 도구가 되어 있는 것은 사실이다. 여기서 감히 구시대의 산물이라고 표현한 것은 한국 연기교육의 주된 흐름과 일맥상통하기 때문이다.

주지하다시피 한국의 연기예술은 과거 전통연희(민간예술 포함) 중심에서 일제강점기 이후 서양의 신극의 요소와 방식들이 흡수되기 시작했고 전통연희는 대단히 빠르게 주도권을 내어주게 되었다. 신파극과 같은 혼종이 잠시 유행하기도 했지만 결과적으로 서양의 연극이 주도적으로 자리 잡기 시작했고, 연기 방식 역시 자연스럽게 그에 맞는 새로운 영역을 필요로 하게 되었다. 이를 실천한 초기 인물들은 당연히도 일본 유학파 중심이 될 수밖에 없었다. 그들은 일본에 전파되어 있던 서양 연극의 방식들을 공부했고, 스타니슬랍스키 등 소위 현대의 연극, 연기예술에 대한 자료들을 일본어로 재번역된 문헌에 의지하여 서양의 연기예술을 습득하고 전파하게 되었다. 이와 더불어 1960년대 이후 빠르게 확산된 극단들의 창단은 다양한 작품들의 양산이라는 측면에서 한국 연극사에 중요한 의미를 갖지만, 동시에 연기교육의 측면에서는 정체성 없는, 일방적인 도제식 연기교육을 자리매김하게 한 중요한 원인이 되었다고 본다. 이후 미국에서 선진 연기교육을 수학한 세대들이 대거 한국에 귀국하여 주요 대학에서 연기교육을 시작하면서 비로소 체계가 있는 커리큘럼 및 연기교육이 이루어졌지만, 마찬가지 그 시대 미국의 연기교육 역시 스타니슬랍스키의 초기 이론에서 지대한 영향을 받은 '메소드' 방식의 연기, 독백훈련 중심의 연기교육이 주류를 이루고 있었던 바, 이는 고스란히 한국 연기교육과 평가 방식에서 절대적인 기준이 되어 버렸다. 독백연기는 소위 '내면 연기'와 동일시되며 배우 개인의 성장환경과 내재된 트라우마까지 낱낱이 파헤쳐 때로는 심리치료에 가까워 보이는 수업 시간의 기본 모델로, 오디션 현장에서는 배우들의 평가 잣대로 적극 활용되기 시작하였다. 더불어, 좋은 대학의 입학과 졸업이 한 개인의 인생을 결정하는 문화가 되어버린 현대 한국 사회에서 자연스럽게 연기를 비롯한 대부분의 예술 분야들은 대학의 입학이 해당 전공을 할 수 있는 거의 유일한 길이 되었다. 즉, 배우가 되는 길은 대학을 가는 길이 되어버렸고 대학을 가기 위해서는 각 대학의 입시 전형에 맞는 연기를 추구하고 배울 수밖에 없었다. 이는 지금도 거의 마찬가지이다. 과거와는 달리 아이돌 가수를 준비하거나 가수일지, 배우일지, 방송인일지 분야도 정해놓지 않고 어린 새싹들을 미리 선점하여 '연습생'으로 보유하기 시작한 대형 기획사들이 일부분의 수요를 수급하기 시작했지만, 여전히 연기 분야에서는 입시가 대학 졸업장을 중요시하는 사회적 인식과 편승하여 배우가 되기 위한 절대적인 길이 되어버렸다.

이와 같은 배경 때문에라도 대학의 연기교육은 매니지먼트, 입시학원 등과는 다른 차원의 접근을 해야만 한다. 배우가 되고자 하는 어린 학생들에게 무엇을 가르치고, 어떤 영향을 줄 것이며, 어떤 배우로 배출할 것인가 근원적인 성찰과 고민을 해야 한다. 하나의 상품, 콘텐츠로서의 접근이 아닌 인문학적 소양을 갖춘 진정한 아티스트를 양성하여 인류의 미래에 공헌할 수 있는 사회의 유의미한 구성원으로 배출해야 한다. 그러기 위해서는 취업률과 벤처 창업률 확대 등 공학대학, 경영대학 등 타 전공들과 도저히 결이 맞지 않는 기준을 일률적으로 내세우는 대학 자체와의 싸움도 필요해 보인다. 이를 통해 커리큘럼 구성, 교강사 선정, 입시제도 개편 등 구조적인 문제들에 대해 막중한 책임감을 갖고 임해야 한다고 생각한다. 연기교육의 패러다임을 재조정하고 미래 지향적인 연기교육의 관점과 방식에 대해 끊임없이 고민하고 시도해야 한다고 본다. 매니지먼트, 아카데미(단순 입시 학원이 아닌 미국과 유럽에서의 스튜디오 방식을 의미함), 대학이라는 세 가지의 주요기관들이 각자의 역할과 목표에 맞게끔 건강한 경쟁이 필요하다고 본다. 그리고 무엇보다 대학에서는 연예인 양성이 아닌 아티스트로서의 배우를 만들어내기 위한 근원적인 고민을 치열하게 해야 한다고 제언한다. 우리 교수들, 연기 지도자들의 이러한 작은 고민과 시도들이 모인다면 분명 시대를 어루만지는 위대한 배우를 탄생시킬 수 있다고 감히 확신한다.

대한민국 입시 연기 학원들 옥상으로 따라와!

그러한 의미에서 현재 연기교육을 하고 계시거나 혹은 앞으로 계획을 하고 있는 모든 사람들에게 전하고 싶은 이야기가 참으로 많다. 그중에서 특히 서울 강남에만 가도 50m 간격으로 하나씩 보이는 그 수많은 입시 연기 학원 담당자 분들에게 꼭 당부하고 싶은 것들이 있다. 동시에 이 글을 보는 수험생, 연기 지망생 분들에게도 연기 학원 선택의 중요성, 신중함을 강조하고 싶다. 그리고 이 글이 보다 적합한 연기 교육자와 기관을 선택하는 기준을 세우는 데 있어서 작은 보탬이 되었으면 한다.

여담으로 얘기하자면, 얼마 전 타 연극 대학들의 젊은 교수들끼리 모여 대화를 나누면서 입시 연기 학원에 대해 담소를 나눌 일이 있었다. 우리가 나눴던 이야기 중 흥미로웠던 점은, 좀 극단적 표현이긴 하지만, 대다수의 입시 연기 학원에서 연기를 가르치고 있는 선생님들은 대부분 학과 시절 '실패자' 혹은 '부적응자'에 가까웠다는 것이다. 대학 재학 중 연기를 정말 잘하거나, 혹은 정말 똑똑하고 다재다능하거나, 혹은 교수 관계가 뛰어나서 인맥이 무척 넓거나 하는 학생들은 졸업 후 입시 연기 학원의 강사로 가 있지 않는다는 것이 주요 골자이다. 그런 '우수한' 학생들은 이미 배우로서 자리를 잡았든가 혹은 대학로나 충무로에서 배우, 플레이어서로서의 삶을 포기하지 않고 고군분투를 하고 있다는 것이다. 혹은 그런 학생들은 이미 다른 사람들이 가만히 두지를 않아서 연기예술과 연관이 되었든, 되지 않았든 이미 어딘가로 쓰임을 당하고 있어 대단히 바쁘다. 혹은 대학원 진학을 선택했거나, 유학을 준비한다. 혹은 적어도 개인 연습실을 차려서 본인의 연기 훈련과 함께 최소한의 생계를 위한 개인 레슨을 하지 입시 연기 학원의 시간제 강사를 하지는 않는다는 그런 내용의 수다였다. 그래서 결국 대학 입장에서 4년 동안 전달하고 가르치고자 한 많은 것들을 적절하게 전달받지 못한 인적 자원들이 입시 학원에 취직을 하게 되고, 그럼으로써 오는 괴리, 간극이 상당할 것이라는 예상이었다. 연기적으로, 인성적으로 등등 말이다. 때문에 많은 수험생들이 연기예술을 처음으로 접하게 되는 그 중요한 순간과 과정에서 필요한 체계, 다양성 등이 적절하게 제공이 되고 있을까 하는 부분에 대한 우려였다. 물론 필자는 좋은 연기 교육자가 반드시 연기를 잘해야 한다고는 생각하지 않는다. 연기를 잘 가르치는 것과 잘 하는 것은 나름 별개의 사안일 수 있다고 본다. 그러나 연기를 잘 가르치는 것, 아니 최소한 제대로 가르치는 것에는 연기를 잘 하는 것과는 또 다른 차원에서의 필요조건들이 있다고 보는 것이다.

그럼에도 불구하고, 아이러니하게도, 대학 졸업 때가 되거나 졸업을 한 후 채 몇 년이 지나지 않아 배우라는 프리랜서로서 경제적 이유와 맞물려 결국 입시 학원 취직을 선택할 수밖에 없는 그 많은 제자, 후배들의 고충을 이해하는 바이다. 그래서 오히려 입시 연기 학원을 연기교육계에 있어서 거부할 수 없는 하나의 절대적 주체로 인정을 하고, 그들을 함께 공생시킬 수 있는 현명한 방안을 생각해 내야 한다고 보는 것이다. 이에 그동안 연기 입시생, 그리고 입시생을 가르치는 연기 학원에게 하고 싶었던 실질적인 이야기를 크게 세 가지로 나눠 정리해 보고자 한다. 그리고 이 이야기는 어쩌면 입시생뿐 아니라 배우를 준비하는 모든 사람들에게도 해당이 될지도 모른다는 생각을 해본다.

첫째, 독백의 선택이다. 일 년에도 엄청난 인원의 입시생들을 심사 현장에서 만나게 되는데, 그중에서 참으로 많은 아르까지나, 뜨레쁠료프, 에비게일, 존 프락터 등을 만난다. 예를 들어 한 대학 수시전형에서 1천 명의 지원자들을 만난다고 치면, 동일 캐릭터들을 연기하는 학생들이 약 70%는 훌쩍 넘는 것으로 체감이 된다. 첫 대사를 치자마자, 더 과장해서 이야기하면, 수험생이 의자를 갖다놓고 뒤로 돌아앉아 기를 모으기 시작만 해도 우리는 무슨 작품의, 무슨 배역의, 무슨 장면의 독백을 할 것인지 이미 다 안다. 그리고 첫 대사를 시작하는 그 순간, 우리에겐 이미 너무나도 지치고 지긋지긋한 상태의 '기준선'이 잡혀버리고, 수험생 입장에서는 짧은 시간의 연기를 통해 그 기준선을 올리기란 상당이 어려운 문제가 되어 버린다. 세계적으로 유명한 걸작의 주인공들을 공부하고 연기하는 것 자체가 문제가 있는 것은 절대 아니다. 그러나 넓은 의미에서 입시도 배우의 숙명인 오디션의 일부라고 치면, 자신의 독창성과 매력을 어필해야 하는 그 자리에서 똑같은 인물, 똑같은 장면, 똑같은 풀치마를 입은 배우들에게 대체 어떤 차별성을 찾기 위해 우리가 노력을 기울여야 하는가. 문제는 입시생 개개인의 연령대, 성격적 특성 등을 전혀 고려하지 않고, 마치 공장에서 샘플 몇 가지를 토대로 틀에 박아 찍어낸 듯한 점들이 가장 큰 문제이다. 19살의 파릇파릇하고 씩씩한, 귀여운 학생들이 왜 그 1-2분이라는 짧은 시간 안에 〈억척어멈〉의 노모를 연기해야 하고, 〈시련〉의 댄포스 목사를 연기해야 하는가. 대체 그 어른, 노인의 흉내를 통해 무엇을 어필하고 싶은가. 독백의 내용도 마찬가지이다. 역으로 생각해 보자. 여러분이 심사위원이라면 19살, 20살 학생들의 입에서 '창녀', '낙태', '강간', 'x발', 'x같은', '섹스' 등등의 단어들을 '최대한 아무렇지 않고, 자연스럽게' 연신 내뱉고 있는, 그 안타까운 귀염둥이들의 1-2분을 흐뭇하게 감상할 수 있겠는가? 대체 무슨 생각으로 이러한 독백들을 골라주었고 연습을 시켜왔는지 필자는 아무리 노력을 해봐도 이해가 되지 않는다. 물론 우리 배우들은 어떠한 상황과 조건의 역할을 맡아도 결국 해내야 한다. 그러나 이와 같은 배역들은 기존 배우들조차 직접 경험의 부족으로 인해 온전히 상상력에만 의지하여 해내기가 대단히 어려운 인물들일 것이다. 또한 입시라는 특성을 고려해 보았을 때 배우로서 그 사람 자체가 돋보일 수 있는 독백을 선정하는 것이 무엇보다도 중요하다는 의미에서 이러한 이야기를 강조하는 것이다. 독백을 찾고 고르는 것부터 연기훈련의 시작이고, 연기지도의 시작이다. 독백을 정하기 위해서는 장르, 매체를 초월한 무수히 많은 작품들을 봐야 한다. 엄청난 시간을 리서치 자체에 투자해야 하고, 독백을 정하기 위해서는 그만큼 실제로 해봐야 한다. 찍어서 봐야 한다. 여러 피드백을 들어봐야 한다. 그리고 무엇보다, 자기 자신을 재료로서, 매체로서 잘 알아야 독백을 정한다. 사실 이 모든 과정이 연기예술을 얼마만큼 하고 싶은가, 그리고 얼마만큼 스스로에게 객관적이고 분석적인가, 그리고 방법적으로 영리하고 현명한가를 고스란히 드러낸다고 본다. 연기를 가르치는 분들은 이러한 과정의 '방법적인 측면'을 제시해 주어야 한다. 스스로 자신만의 유니크함을 연구하고, 공부하고, 적용해 보고, 스스로 결정할 수 있는 역량을 장착할 수 있게 해주어야 한다. 그리하여 보는 이가 그 독백을 더 듣고, 더 보고 싶어야 하고, 작품과 인물에 대한 호기심이 생겨야 하며, 그로 인해 그 배우 자체에 대한 호기심과 궁금함이 발생해야 한다. 그 배우와 시간을 더 보내고 싶고, 대화를 더 나누고 싶고, 나아가 다음에 또 보고 싶어야 한다. 그게 배우의 숙명이다.

둘째, 독백의 선택을 지나 적용, 실전의 문제이다. 배우가 '나'로서 '자기의 말'을 한다는 것은 어려운 문제이다. 누군가는 대단히 빠른 시간 안에 깨치기도 하지만, 많은 배우들은 오랜 시간의 체계적인 훈련과 실전 경험을 통해 점차 깨달아가게 되는 것이 일반적이다. 그렇다면 입시생들을 단기간에 '자기의 말'을 하게 하기까지는 무리가 있다고 치더라도 최소한 '자기의 말'을 하는 것처럼은 만들어야 된다고 본다. 그 이야기인 즉, 자기의 생각을 자기의 말로 말하는 것이 연기의 이상적 목표임을 최우선적으로 공유하고, 그것을 포기하지 말고 적용을 해보되, 입시라는 시간적, 상황적 한계를 만났을 때 최소한 그런 과정에 대한 노력들이라도 드러나게 해야 한다는 것이다. 최소한 거짓말을 하는 연기, 흉내 내기, 모사를 하게 해서는 안 된다는 것이다. 그러나 현실은 어떠한가? 여기서 언급하고 있는 약 90%에 해당하는 입시생들의 연기는 1960년대에 머물러 있는 듯하다. 아니, 어쩌면 세계 어디에서도 볼 수 없는, 정체불명의 연기를 하고 있다는 의미가 더 맞는 듯하다. 대사 두 줄 뱉은 후 무릎을 꿇는다. 그리고 다음 대사 한 줄 친 후 일어나서 하늘을 손가락으로 가리킨다. 정해진 타이밍에 갑자기 소리를 질렀다가, 정해진 타이밍에 웃기 시작한다. 스스로 실제로는 웃기지도 않았는데 말이다. 구연동화를 시연하는 것처럼 문장 하나하나 '대사를 치면서' 대사 내용을 '표현'한다. 손짓 발짓은 마치 율동을 추는 것 같다. '이 캐릭터는 이렇게 말할 것이다'가 장착된 '말투'와 '태도'로 일관한다. 나쁜 캐릭터는 '나쁘게' 말한다. 니나는 '청순하게' 말한다. 햄릿은 '우유부단하게' 말한다. 이 모든 것은 의심의 여지없이 선생님이 그렇게 시킨 것이다. 타이밍, 톤, 태도, 분위기, 손짓, 발짓까지 전부 정해진 악보와 같이 디테일하게 짜인 것이다. 이 세상 그 어떤 살아있는 사람이 그렇게 말을 하고 행동하는가. 필자도 20대에 입시 연기 레슨으로 아르바이트를 하던 때가 있었다. 입시라는 과정과 결과 사이에서 오는 간극을 온몸으로 경험해 보았다. 때로는 시간의 문제로 인해 결국엔 학생에게 '지시'를 할 수밖에 없는 상황이 있다는 것 또한 잘 알고 있다. 그러나 최소한 '연기란 무엇인가'에 대한 철학, 가치관에 근거한 연기예술의 근원적인 원리는 가장 먼저 공유가 되어야 한다. 작가가 써 준 가상의 인물을 배우라는 '살아있는 사람'이 사고하고, 말을 해야 한다는 것을, 인간 본연의 메커니즘에 기반을 두어야 한다는 것을 선행적으로 공유해야 한다. 그래야만 '거짓말'을 시키는 범죄 행위에서 최소한의 죄책감을 줄

일 수 있지 않겠는가.

셋째, AI와 같은 면접이다. 개인적으로 입시든 현장 오디션이든 연기예술 분야에서의 면접, 미팅은 사회에서 기존으로 통용되고 있는 일반적인 면접과는 상당히 다른 차원의 것이라고 생각한다. 우리는 대답의 옳고 그름이 중요하지 않다. 대답을 못하고 망설이고 있더라도 망설이는 그 순간, 그 자체를 포착한다. 순간에 포착된 그 사람, 그 자체를 캐치한다. 그 사람이 평소 어떤 사고를 갖고 있고, 또한 지금 이 순간에, 어떻게 즉각적으로 대처하는지를 본다. 질문을 하고 대답을 듣는 Q&A 퀴즈가 아니라, 얼마나 상호 소통을 할 수 있고 그 소통 안에 인간미가 있는지를 본다. 그러나 대부분의 입시생들은 면접 역시 선생님이 정해준 대답을 암기하여 공식처럼 읊어댄다. 연기에서도 '자기의 말'이 있듯이 면접에서 또한 '자기의 말'의 성질이 있다. 그 대답이 진정 본인의 생각에서 비롯된 것인지 단번에 알 수가 있다. '자기의 말'이 작동하지 않으면 당연히 자기 자신의 사고, 영혼이 개입되지 않는다. 북한의 아나운서들이나 예술단원들의 인터뷰 같은 것을 본 적이 있는가? 마치 그것처럼 살아있는 사람으로서의 영혼이 없어 보인다. 개인의 개성과 유니크함을 일부러 감추고 로봇을 만들어 놓은 것 같다. 오늘날 연기예술 관련 현장에서는 이제 캐릭터에 맞는 배우를 찾기보다 오히려 매력적인 배우 개인을 캐스팅하여 캐릭터를 그 배우에게 갖다 맞춘다. 그만큼 이제 이 분야에서 배우 개인의 매력이 보다 중요해졌다. 따라서 우리는 입시생들의 자유분방함을 선호한다. 건방지고 당돌하고 4차원이어도 무방하다. 미국의 초대 대통령 이름을 몰라도 되고, 연극의 3요소나 셰익스피어의 4대 비극과 같은 질문 따위에 당황해도 상관없다. '재료' 자체가 매력적이어야 한다. 선생님들은 어떻게 하면 그 '재료'의 날것 그 자체가 변질되지 않게 선보일 수 있을지 그것을 고민해야 한다. 한 가지 유일하게 지시해야 할 것이 있다면, 착하고 선해야 한다는 것이다. 타인을 공감하고 배려할 수 있는 인간미를 갖추는 것을 말한다. 물론, 단기간 안에 절대로 되지 않는 것이지만 말이다. 그리고 그러려면 먼저 그 선생님들이 착하고 선하며 인간미가 있어야 하는데 말이다.

연극에 진심인 두 나라, 영국과 러시아에서의 연기교육

지금까지 언급하고 있는 문제의식 하에서 필자가 영국, 러시아에서 겪었던 경험들을 토대로 연기예술, 연기교육에 접근하는 근원적인 가치관의 차이에 대해 추가적으로 논의해 보고자 한다. 이에 앞서 조심스럽게 전제하자면, 필자는 그들의 연기교육이 우리나라보다 대단히 선진적이거나 발전해있다고 생각하지는 않는다. 역사적으로 동서양의 연극예술의 전개 과정 자체가 비교의 선상에 놓을 수 없을 만큼 현저하게 달랐기 때문이다. 이제 동서양은 각자의 특성들을 자신들의 과거와 현재에 착안하고 투영시켜 자신들만의 고유한 시스템으로 구축해 나가고 있다고 본다. 다만 그들에게 부러운 것이 있다면 연극예술이 차지하고 있는 사회적 위치, 그리고 연기예술, 배우를 바라보는 사회의 시선 그 자체일 것이다. 나아가 예술, 문화가 해당 국가에서 차지하고 있는 위상 자체일 것이다.

영국과 러시아에서의 경험을 통해 가장 크게 느꼈던 점은 무엇보다 연기교육에 접근하는 '방식의 다양함'이다. 필자가 공부했던 영국 University of Essex, East15 Acting School의 연기 실기 대학원(MFA) 과정은 주 5일 매일 오전 9시부터 저녁 6시까지 수업이 이루어진다. 그리고 매일 저녁 6시 이후 워크샵 공연 리허설이 진행된다. 수업은 한 과목을 제외한 전 과목이 연기 관련 실기 수업이고 나머지 한 과목은 〈Context〉라는 이름의 작품 분석, 이론, 비평에 관한 수업이다. 연기 실기 수업 중 〈Movement〉 수업이 총 3종류가 진행되는데, 각각 라반, 그로로프스키, 그리고 인지신경과학 기반의 각기 다른 접근 방식에서 비롯된다. 〈Acting Technique〉이라고 통칭되는 연기 수업에서는 스타니슬랍스키 '시스템' 기반의 에쮸드를 중심으로 과정이 이루어진다. 그리고 〈Voice〉, 〈Articulation〉 등의 연기 관련 과목들에서는 각 분야의 전문가로 구성된 강사진이 호흡과 발성, 발음을 주제로 한 수업을 진행하고, 수업의 내용들은 〈Acting Technique〉에서 진행되고 있는 학생 개개인의 내용들을 연결시켜 진행한다. 즉, 〈Acting Technique〉에서 다루고 있는 작품, 장면, 즉흥극 등을 다른 연기 관련 교과목에서도 함께 다루며 연결성을 갖는 것이다. 이 외에도 〈Stage Combat〉(무대 움직임), 〈Singing〉, 〈Acting for Camera〉 등 기타 연기 관련 교과목을 곳곳에 배치하여 다양성을 강조하였다. 언젠가, 〈Acting Technique〉 수업 시간에 교수, 학생들과 한국의 연기교육에 대해 이야기를 나눈 적이 있었다. 그들은 유학을 오기 전 한국의 대학에서 강사로 연기 강의를 해왔던 필자에게 궁금함을 피력하였고, 필자의 대답 중 그들이 대단히 흥미로워 하던 지점이 있었다. 바로 한국에서는 독백을 통해 연기를 가르친다는 것이었다. 상상만 해도 부담이 되어 얼어붙을 것만 같은데 학생들이 독백수업을 잘 따라오는지, 독백을 통해 연기라는 예술이 개선이 되고 배우의 역량이 발전하는지 등등의 질문들이 이어졌다. 그도 그럴 것이 영국의 해당 학교에서는 연기 수업을 100% 즉흥에 기반을 둔다. 배우들이 연기를 '준비'해 와서 보는 이에게 '짠'하고 '보여주는 것'을 철저히 배제한다. 연기를 평가하지 않는다. 함께 움직이고, 치열하게 토론하며 '과정'을 중시하고 경험하게 한다. 모든 연기 관련 수업에서는 항상 동그랗게 모여 앉아 지난 시간까지 진행했던 과정들을 되짚고 그동안의 사고의 변화를 확인한 후 함께 일어나서 다 같이 움직인다. 그리고 수업이 끝나면 다시 모여 앉아서 느꼈던 바를 함께 공유한다. 여기에는 연기란 다름 아닌 역할의 삶 그 자체를 배우가 경험하고, 관객은 그 삶을 관람하고 함께 하는 것이라는 전제가 깔려 있다. 연기 수업에서 학생들은 역할의 삶 그 자체를 살기 위한 많은 준비과정을 필요로 한다. 리서치에 기반하여 역할의 공간을 창조해 내는 데 오랜 시간과 노력을 필요로 한다. 장면연기 중 마임은 절대 금물이다. 해당 장면에서 역할이 술을 마시면 실제 술, 혹은 최소한 실제 마실 것을 가져와야 하고, 문을 여는 장면이 있으면 실제 문을 가져다 놓아야 한다. 필요하다면 침대, 옷장 등의 가구들, 이불, 세면도구, 옷가지들 등등 역할과 장면의 리얼리티를 구축하기 위한 세밀한 접근이 중요하게 다루어진다. 흥미로웠던 기억 중 하나는 East15 Acting School의 학부 수업 중에서 연간 행사로 홀로코스트를 주제로 한 작품의 제작 과정을 진행하는 것이 있었다. 학생들은 나치군과 유대인, 두 개의 집단으로 나뉘고 그들은 등교하면서 각자의 의상과 복장을 착용하여 하교를 할 때까지 그 두 역할, 집단으로 살아간다. 약 한

달이 넘는 기간 동안 그들의 다른 모든 수업들은 중단이 되고, 학생들은 일과 시간 내내 그 두 역할의 리얼한 '놀이'를 진행한다. 실제로 땅을 파고 진지를 구축하는 등 일을 하고, 노예로서 살아가거나 혹은 그들을 부린다. 진흙탕을 구르게 하고, 구덩이의 물을 마시게 하고, 반합과 같은 철제통 하나에 밥을 떠주며 그것을 손으로 먹게 한다. 초반에 필자는 그 과정을 우습게 여겼다. 그 과정이 대학원 과정에서는 하지 않는 것을 천만다행이라고 생각하며, 학부 학생들이 불쌍하게도 느껴졌다. 각자 연기만 알아서 잘 하면 되지 굳이 저런 작업까지 필요하나 싶었고, 또 한편으로는 나치와 유대인이라니… 밥을 손으로 먹게 하다니… 심지어는 구타(소품용 경찰봉을 활용)도 이루어지다니… 아무리 연기라지만 한국에서는 상상도 할 수 없는 행위들이 수업이라는 미명 아래 이루어지고 있다는 생각도 들었다. 그러나 한 달이 되어가면서 상상할 수 없었던 결과들이 눈에 띄기 시작했다. 나치군, 유대인 등에 속한 학생 개개인의 눈빛과 말, 행동들에 '진짜'가 포함되기 시작했다. 익숙함과 경험됨이 장착되기 시작했다. 모든 사소한 행동들이 흉내의 개념이 아니라, 반복된 학습에 의한 잠재의식적인 행동들로 나오기 시작했다. 그리고 그러한 리얼리티의 진짜 경험들은 이어지는 공연에서 그 위력을 드러냈다. 무대 위에 등장해 있는 나치군, 유대인 무리들은 어린 학생들의 막연한 상상력만을 동원해 어설프게 재현된 사람들이 아닌, 실제 경험을 바탕으로 그들의 고통, 고뇌들을 뼈 속 깊이 장착한 사람들로서 '살고' 있었다.

한편, 약 4주라는 짧은 기간 동안 체험했던 러시아 GITIS(국립공연예술대학교)에서의 경험은 마치 '해리포터의 연기학교'를 아주 잠시 다녀

온 기억이다. 일단 학교 정문에 들어서는 순간 박탄고프, 스타니슬랍스키, 메이어홀드 등 러시아의 위대한 연극인들의 대형 액자가 높은 벽면에서 학생들을 쳐다보는, 그 위압감에 먼저 압도된다. '아, 이곳에서는 연기를 절대 쉽게 볼 수 없겠구나...'라는 생각부터 들었으니 말이다. 그 외에도 삐걱거리는 나무 계단, 미로와 같은 복도들, 세월의 흔적이 물씬 느껴지는 연습실 나무 바닥 등 학교 공간 곳곳이 마치 안톤 체홉의 작품에서 나올 법한 운치를 품고 있었다. 또한 그 공간의 곳곳에서 펜싱, 마술, 서커스, 장면연기 등을 끊임없이 연습하고 있는 학생들의 연기예술에 대한 진지함이 대단히 인상적이었던 곳이다. GITIS 학생들의 정규 학기 과정이 어떻게 진행이 되었는지는 모르겠지만, 자매결연 대학 초청학생들로서 우리에게 제시된 교육 과정은 〈Movement〉와 〈Acting〉 두 과목이었다. 흥미로운 것은 〈Movement〉에서는 스타니슬랍스키의 제자이지만, 그의 사실주의식 연기 접근에 절대적으로 반대를 표명했던 메이어홀드의 '인체역학'(Biomechanics)을 배우고, 〈Acting〉 수업에서는 스타니슬랍스키의 에쮸드를 바탕으로 한 장면연기 실습이 진행되었다는 것이다. 그리고 그 두 수업 내용의 재료로써 안톤 체홉의 〈갈매기〉가 공통적으로 활용되었다. 처음엔 마치 불교와 기독교를 함께 전도 받는 것처럼 낯설고 어색했다. 그러나 한 달이 되어갈 즈음, 오히려 이들이 양 극의 상반된 방법론을 단순히 소개하는 것이 아닌, 절대적인 평행선으로 오인할 수 있었던 이 둘의 방법론들이 사실은 공통적으로 인간 본연의 메커니즘에 기반을 하고자 하였고, 배우들이 이 두 방향의 실제 경험과 적용을 통해 유사성, 연관성, 나아가 혼합의 가능성을 스스로 찾게 하고자 함이라는 것을 깨닫기 시작했다. 신체와 정서는 서로 절대 분리할 수 없다는 기본 전제 아래, 동일한 텍스트에 접근하기 위한 양 갈래의 길을 제시한 것이다. 그리고 그 양 갈래 길에서의 접점과 차이점에 대한 이해와 발견을 오롯이 학생들 개개인에게 맡긴 것이다.

GITIS의 러시아 학생들은 우리들을 대단히 궁금해 하고 만나고 싶어 했다. 필자를 포함하여 초청학생 신분이었던 우리들도 그들을 대단히 만나고 싶어 했다. 러시아 학생들에게 우리는 셰익스피어의 나라에서 온 배우들이었다. 그리고 우리에게 그들은 스타니슬랍스키, 메이어홀드, 미하일 체홉의 나라의 배우들이었다. 그래서 매일 밤 GITIS의 러시아 학생들이 양손에 보드카를 들고 우리의 숙소 앞으로 찾아왔고, 외부인의 출입을 절대 금지시켰던 학교 방침에 따라 우리는 영하 20도가 훌쩍 넘는 모스크바의 한 야외 놀이터에서 그들과 보드카를 마시며 밤이 늦도록 연기 이야기의 꽃을 피웠다.

필자가 이 두 국가의 연기학교에서의 경험들을 통해 전달하고자 하는 것은 먼저, 연기예술에 접근하는 그들의 진지함이다. 확실히 느낀 것은 그들은 연기를 기술로서가 아닌 예술로서 먼저 대한다. 어떻게 하면 보다 진실에 접근하고 진짜를 할 수 있을 것인가를 고민한다. 한 명의 예술가로서 스스로의 자존감을 바탕으로 동료 배우들을 존경하고, 연기예술을 존경하며, 연극을 존경한다. GITIS의 연기 교수는 연습 중 실수로 바닥에 떨어뜨린 대본을 주울 때 무릎을 꿇게 한다. 그것이 위대한 작가의 위대한 작품에 대한 예의라며 말이다. 그리고 무대 자체에 대한 예의라고 말이다. 또한 그들의 연기교육은 앞서 수차례 언급한 바와 같이 연기예술 그 자체에 대한 근원적 성찰을 바탕으로 한다. '나'라는 유일한 재료와 매체를 어떻게 하면 명품 악기, 동시에 연주자로 개발을 할 것인지 문제를 제기토록 한다. 그리고 그것을 해결해 주는 것이 아닌 스스로 고민하고 해결해 나갈 수 있도록 다양한 방법론들을 제시해 준다. 그것을 취사선택하여 유연하게 적용하는 것은 각자에게 넘긴다.

주지하다시피 영국에서는 연극, 공연예술이 갖는 사회적 의미가 대단히 높다. 여전히 좋은 공연을 보기 위해 줄을 서고 당일 대기 티켓을 구매하기 위해 새벽부터 극장에 나와 혹시 모를 가능성에 시간을 투자한다. 러시아 역시 마찬가지이다. 모스크바 예술극장의 신작을 보기 위해서는 지독한 추위를 견디며 수 시간의 줄을 서야 하는 고통을 감내해야 한다. 볼쇼이 발레, 오페라 등은 말할 필요도 없다. 그들에게 신적인 존재와 다름없는 안톤 체홉의 작품이 어느 한 곳에서는 약 5시간이 넘는 러닝 타임의 '사실주의의 극치'로 공연이 되고 있고, 다른 한 곳에서는 헤비메탈 음악과 유혈이 낭자하는, 도저히 무슨 말을 하고자 하는지 짐작조차 가지 않던 실험극으로 재탄생시켜 용감한 시도가 이루어지며, 그 상반된 양 갈래의 결과물에 관객들은 기립박수로 화답한다. 연극 자체의 생사를 걱정해야 하는 나라, 연극을 하는 사람은 경제적, 사회적으로 궁핍하여 많은 부모들이 그러한 연극쟁이 자식들을 창피해하는 나라의 사람에게는 참으로 먼 나라 이야기이다. 그러나 이러한 척박한 환경 속에서 우리가 하고자 하는 연기예술에 대한, 연극에 대한 사회적 인식과 스스로의 자부심은 다름이 아닌 바로 우리 스스로에서부터 조금씩 다져지는 것이라고 본다. 그리고 이는 다름이 아닌 연기교육이라는 첫 걸음에서부터 대단히 중요한 영향을 끼친다고 본다. 우리의 연기예술을 그럴 듯한 모사로 취급당할 것인지, 다른 사람의 삶을 완전하게 재현하는 마술과 같은 예술로 대접받을 것인지, 그 출발점이 바로 연기의 교육에 있다고 보는 것이다. 이에 필자를 비롯한 한국의 모든 연기 교육자들은 엄청난 사명감을 가져야 한다고 강조하고 싶다. 제발 모르는 것을 아는 척하지 말고, 본인도 못하는 것을 잘하라고만 하지 말자. 거짓말로 그럴듯하게 대사치는 법을 가르치지 말고, 진실을 말하는 법을 가르치자. 그럴듯한 표정을 짓는 것을 가르치지 말고, 인물로서 사고하는 법을 가르치자. 연기예술의 근원적 원리에 근거한 가치관, 연기관을 스스로 갖게 하되 그것을 강요하는 것이 아니라 배우들 각자가 자신만의 관점을 갖도록 다양성을 제시해 주자. 그리고 그 다양성에는 정체성 없는 방법론들의 주먹구구식의 혼합이 아닌, 기본 원리에 대한 이해를 바탕으로 객관적이고 체계적인 제시가 포함되어야 한다.

8장

에필로그:
액팅 코치들의 수다

김경아
한양대학교 연극영화학과 대학원 박사(연출실기, DFA)
한양대학교 연극영화학과 겸임교수
블리스아웃 액팅스튜디오 대표
극단 꼬리 상임연출
icesodapop@hanyang.ac.kr

김태하
한양대학교 연극영화학과 대학원 석사과정(연기실기) 수료
서일대학교 영화방송공연예술학과 외래교수
2407 액팅스튜디오 대표
리라아트고등학교, 서일문화예술고등학교 등 예술고등학교 연기 강사
2407lab@gmail.com

오성수
한양대학교 연극영화학과 대학원 박사과정(연기실기) 수료
동 대학원 석사(연기실기, MFA)
한양대학교 연극영화학과 겸임교수
배우로 갑니다 액팅 스튜디오 수원지점 부원장
배우를 품다 엔터테인먼트 액팅 코치
sooactortime@naver.com

본 챕터는 여러 방면에서 연기교육을 수행하고 있는 연기 지도자들과 함께 그동안 논의되었던 연기예술 전반을 '토론 형식'으로 되짚어 봄으로써 독자들의 이해를 돕고, 사고의 다양성을 제공하고자 기획하게 되었다. 또한 바로 직전 챕터인 〈연기교육에 대하여〉의 거시적인 'Key Questions'로 이해해 주어도 좋을 것 같다. 본 토론에서 다뤄지고 있는 주제들은 연기예술 분야에서 결코 정답이 나올 수 없는 내용들이다. 이에 여기서 언급되는 개인적 사견들이 해당 이슈들에 대한 절대불변의 이치가 아님을 밝혀두고자 한다. 뿐만 아니라, 본 토론에 참여한 연기 지도자들은 각기 다른 환경에서 연기교육을 받고 배우로서의 경험을 쌓았으나, 그 가운데 필자에게 일정 기간 연기교육을 받은 사람들임을 밝히고자 한다. 이에 연기예술 전반에 대한 이해의 영역에 상당 부분 교집합이 있는 상태에서 논의가 진행되었음을 언급하고자 한다.

연기를 가르치는 일이란

조한준 여기 계신 선생님들은 현재 각기 다른 환경에서 다양한 대상들에게 연기를 가르치고 계신데, 다들 어떠신지요? 듣자하니 최근 여러 측면에서 고민들이 많다고 들었어요.

김태하 요즘 정말 고민이 많습니다. 내가 이 일을 하는 게 맞는지, 내가 뭘 가르치고 있는 건지, 잘 가르치고는 있는지, 내가 연기를 가르쳐서 나 스스로 얻고자 하는 게 뭔지 등등 제 자신의 정체성에 대한 혼란으로까지 이어지고 있어요.

김경아 그건 연기 선생이라면 누구나 한번쯤 진지하게 고민해 봤을 문제 아닌가요?

조한준 맞아요. 연기 선생으로서의 회의감은 저 또한 과거에도, 그리고 지금도 느끼는 것이고 아마 앞으로도 마찬가지일거에요. 가장 많이 느끼는 자괴감은 항상 똑같은 말을 반복하고 있다는 거잖아요. 학생들은 항상 새롭게 들어오는데, 연기란 무엇인지, 좋은 연기란 무엇인지, 왜 진실되어야 하는지, 왜 자기의 말을 해야 하는지 등등 가르치는 입장에서는 사실 같은 말을 반복적으로 해야 할 때가 많잖아요. 중간 중간 드는 예시도 항상 같은 걸 똑같이 이야기하고 있고. 그래서 저는 수업시간 때 농담으로 얘기해요. 녹음해서 그냥 틀어놓고 싶다고.

그럼에도 불구하고 막상 학생들을 독대하다 보면 우리의 손길이 필요한 재료들을 만나게 되고... 그럼 또 불꽃이 막 타오르지 않나요? 온 힘을 쏟게 되고 진심을 다해 봐주게 되고. 그럴 때, '아... 그래, 이 학생들, 이 배우들에게 내가 있어야겠구나...'라는 생각이 들 때가 있지 않나요? 그런 생각들로 버티면서 사는 것이 아닌가 싶어요.

김태하 저는 무엇보다 학생들의 입시에 대한 결과, 오디션의 결과에

제 멘탈도 크게 좌지우지 되는 것 같아요. 그 결과들이 좋지 않으면, 내가 무언가 분명 잘못 접근하고 있구나 하는 생각으로 사로잡히거든요. 요즘의 제가 딱 그렇습니다.

김경아 그런 측면에서 저는 좀 자유로운 편인 것 같아요. 요즘 20대 일반인들이 제게 연기를 배우러 많이 와요. 그들은 직업으로서 배우가 되고자 하는 사람이 아니거든요. 그러다 보니 오히려 연기 자체의 순수한 목적에 다가갈 수 있는 것 같아요. 인간의 인생 이야기를 오히려 진솔하게 다루면서 배우는 사람이나 가르치는 저나 힐링이 되는 순간을 경험할 수 있거든요. 저도 마음이 편안해지면서... 뭔가 눈에 보여야 하는 결과들을 신경 쓰지 않고 연기에 대한 순수한 접근이 가능해진다는 생각... 저도 김태하 선생님처럼 그런 회의감이 들 때였는데 마침 딱 그때 그러한 작업들이, 연기 자체에 대해 순수하게 고민할 수 있는 그런 시간들이 저에게 큰 의미로 다가와 준 것 같아요.

김태하 저도 김경아 선생님처럼 그런 환경 속에서만 가르치고 살 수 있다면 얼마나 좋겠어요. 사실 저는 입시 연기를 가르칠 수밖에 없는 상황이잖아요. 입시 연기는 뭐랄까... 일종의 '틀'이 존재해요. 대학마다 대동소이하지만 보통 자유연기, 지정연기, 당일대사 등으로 분류되는 독백 중심의 연기, 그리고 움직임, 노래 등등 짧은 시간에 많은 것들을 보여줘야 하는, 입시 연기만의 일종의 문법 같은 게 있거든요. 그 문법에 의해 저도 모르게 학생들을 '틀'에 넣고 있다 보면 '내가 배운 진실한 연기는 이게 아닌데... 자유로운 영혼에서 비롯된 진짜 연기는 이게 아닌데...'라는 회의감이 확 밀려와요.

조한준 저도 아주 예전에 아르바이트로 입시 레슨을 했던 경험이 있어서 어느 정도 공감이 되는 부분이 있어요. 결과가 대단히 중요하지요. 결과만이 남을 뿐이죠. 그래서 입시 연기를 가르치는 것은 대단히 피곤해요, 스트레스도 많고. 당장의 돈은 되겠지만 그만큼 스스로를 갉아먹는 느낌이라 저도 연기 선생이 되고자 하는 제자들에게 입시 연기 가르치는 것을 최대한 빨리 그만두거나, 혹은 가능하면 아예 하지도 말라고 조언해요. 그럼에도 불구하고 해야 한다면, 학생들에게 '진짜 연기'의 영역, '진실의 영역'을 먼저 분명하게 제시해 주어야 한다고 생각해요. 우리가 추구하고자 하는 이상, 목표는 분명하지만, 입시라는 시간적, 물리적 조건으로 일정 부분들은 '결과 중심적'으로 접근할 수밖에 없음을 학생들과 솔직히 공유하면서 접근하는 것이지요. 대학 입시 전형에서 요구하는 결과들을 연기적으로 '만들어내야'하는 상황을 터놓고 이야기하는 것이지요. 그러면 연기 선생으로서 스스로 갖게 되는 죄책감으로부터 조금은 자유로워지지 않을까요?

김태하 저는 사실 입시 연기를 처음 가르칠 때는 입시 연기도 일반적인 연기와 다를 바가 전혀 없다고 생각했었어요. 똑같다고. 그런데 하면 할수록 그게 아닌 것 같더라고요. 분명 각 대학에서 원하는 특징들이 있고, 포맷들이 있고, 그 포맷과 취향에 우리 선생들이 학생들을 잘 맞춰주어야 분명히 결과적인 반응으로 이어지더라고요. 다들 그렇게 생각하지 않나요?

오성수 동의하는 바에요. 우리나라에서 초-중-고 제도권 교육을 거치고 대학으로 나아가는 과정은 연기예술을 희망하는 지망생들에게도 고스란히 적용되는 실정인 것 같아요. 획일화된 교육, 입시구조에서 학생들의 창의성이 사라지고 마는 느낌. 전국에 분포되어 있는 입시 연기 학원에서 연기교육을 배운 학생들 스타일이 거의 똑같잖아요. 이 학교는 이럴 것이다! 이 교수님의 성향은 이렇다! 전략을 짜거든요. 그래서 입시용으로 준비하는 연기들은 거의 정해져 있어요. 십중팔구 여자는 니나, 아비게일, 남자는 뜨레쁠료프, 로파힌이죠. 그리고 연기는 일종의 '전략'에 의해 완벽하게 짜여 있어요. 여기서는 이렇게 해라, 거기서는 저렇게 해라... 소리 지르고, 앉고, 입을 틀어막고, 시선을 빼고 등등... 그리고 입시 연기 특유의 톤, 시험장에서 가져야 할 노골적인 매너... 일종의 입시 연기 스타일이 있잖아요?

조한준 좀 비꼬아서 얘기하자면 한국의 입시 연기는 전 세계에 유일하게 존재하는 아주 독창적인 연기 스타일인 것 같아요. 저도 일 년에만 해도 수천 명의 입시생들을 만나는 것 같은데 조금 과장해서 얘기하자면 그중 절반 이상은 '한국 입시 연기'라는 독특한 장르의 연기를 하는 것 같아요. 무슨 공장에서 찍어낸 것과 같은 동선과 표정, 말투로 일관하잖아요. 그건 연극적 연기, 과장된 연기로도 표현이 안 되는 것 같아요. 입시 연기 특유의 톤과 매너가 있어요, 그들이 하는 연기에는.

오성수 그런데 이렇게 말이 많고 문제가 많다고 판단되는 연기를 하는 입시생들이 결국 대학에 합격을 한다는 것이 문제가 아닐까요? 그런 학생들에게 합격을 선물하는 대학이 존재하기에 연기 학원에서는 지금의 교육 시스템을 고수하고 있는 상황이지 않나... 하는 질문입니다.

조한준 맞아요. 저도 심사에 가서 놀라는 건, 분명 쉬는 시간에 심사위원들끼리 얘기를 할 때는 재네는 대체 연기가 왜 저러냐, 입시 학원들을 모조리 없애야 한다, 제발 자기의 말을 진실하게 하는 연기를 봤으면 좋겠다 등등 말씀들을 하시지만, 막상 들어가서 전형적인 입시 연기를 하는 학생들을 선택하시는 걸 보고는 결국 그런 학생들을 선호하시는 건지, 아니면 연기는 이상하지만 학교에 들여보내서 그 이후에 잘 바꿀 수 있다는 생각으로 '재료'에 집중한 것인지 저 또한 묻고 싶어지는 순간들이 많아요. 오히려 저는 개인적으로 그러한 학생들보다 조금은 어눌하고 훈련이 덜 되어 보이고 소심해 보이지만, 소심하게라도 자기의 말을 하려고 하는 친구들에게 즉각적인 관심이 가는데, 그런 경우 다른 심사위원 분들을 보면 그 학생은 곧바로 관심 밖의 사람이 되어 있던 순간들이 종종 있었어요. 그래서 이게... 보는 눈이 다른, 일종의 취향의 문제인지... 아니면 연기의 가치관 자체에 대한 문제인지... 아직도 혼란스러워요.

김경아 그런 거 아닐까요? 최근에 저와 상담을 한 학생이 한 명 있었는데, 그 학생이 처음 외부 작품에 조연으로 캐스팅이 되어 출연을 하고 있대요. 그래서 제가 촬영장에서 어떠냐고 물었더니, 자신이 촬영장이라는 곳에 처음 와 본 사람이라는 것을 티 나지 않게 하기 위해 굉장히 여유로운 척을 하려고 했다고 하더라고요. 그리고 주위에서 '너 잘 해야해'라고 할 때마다 그 시선으로부터 압박을 받지 않기 위한 방법들을 터득해가고 있다고 하더라고요. 그래서 제가 '아, 이 친구가 생각했던 것보다 훨씬 악바리 같구나. 소위, 깡이 있구나..' 하는 생각을 했었어요. 그래서 보면, 심사위원을 하시는 교수님들의 연기에 대한 이상향, 목표하는 지점은 다 비슷한데, 입시생들의 연기 또한 결국 다 비슷비슷하니 결국 그 '사람'을 보는 것이 아닌가 하는 생각이 들어요. 여기 모여 있는 저희는 '유기농'이라고 표현할 수 있는 그 사람의 선함, 인간성, 인간미, 진정성 이런 것을 그 '사람'을 보는 중요한 지점으로 본다면, 그 분들은 어떻게 보면 아까 그 학생과 같은 깡다구, 악바리 근성 같은 것을 보시는 것이 아닐까 하는 생각이요. 그 분들은 배우에게 가장 필요한 지점이 바로 그것들이라고 생각을 하시는 건 아닐지.

조한준 아... 충분히 그럴 수 있겠네요. 선함과 인간미가 있는, 소위 착한 학생들에게는 제발 좀 있었으면 좋겠다고 하는 그 깡다구 말이지요?

오성수 결국엔 한국의 입시 제도가 주는 병폐, 어떤 시스템적 문제에서 비롯되는 원인들이 아닐까요?

김태하 맞아요, 그럴 수 있지요. 그렇지만 반대로 보자면 그 특유의 입시 제도가 존재하기 때문에 그 많은 학원들이 먹고 살 수 있는 것 아닐까요?

조한준 다시 한번 같은 표현을 하자면, 한국의 입시 연기는 전 세계에 유일하게 존재하는 아주 독특한 연기교육 시스템인 것 같아요. 우리나라에서 배우를 하기 위해서는 일찍부터 대형 기획사의 연습생이 되던가, 아니면 대학을 가야 한다고 생각하지요. 연기가 대학을 가기 위한 수단이 되기도 하고, 혹은 연기를 배우기 위해서는 반드시 대학을 가야 한다고 생각하지요. 그리고 각 대학에서는 교육부의 정형화된 정책 아래에서, 입시에 대단히 민감한 한국인의 정서를 고려하여 대단히 포맷화된 입시 전형 방법을 제시할 수밖에 없고요. 당연히 그 수많은 학원들은 그 포맷에 맞춰서 주입식으로 연기를 가르칠 수밖에 없는, 어떤 환경적, 구조적 차원에서의 문제가 있지요.

김태하 미국이나 영국의 경우 연기 실기 전형을 어떻게 하나요?

조한준 글쎄요. 미국의 경우는 직접 경험해 보지 않아 조심스럽지만, 워낙 독백 연기라는 것이 유니크한 특성으로 자리 잡혀 있는 곳이기 때문에 독백이 대단히 중요한 요소로 차지하지 않을까요? 그렇다면... 거기도 입시 독백을 위한 연기교육, 기관이 존재할까요? 모르겠네요. 하지만 뭔가 스튜디오 방식의 연기교육 기관이 워낙에 잘 자리 잡아 있는 만큼 그곳들이 아마추어들을 위한 연기교육 기관으로 주로 활용되지 않을까... 영국의 경우는 단체 워크샵 방식으로 입시가 진행되는 것 같아요. 물론 이것 역시 대학마다 다르겠지만요. 같이 트레이닝복 입고, 교수도 함께 뛰고 움직여가면서 그룹으로 시켜보고, 개인으로 시켜보면서요. 참 부럽지요. 배우들을 정말 그렇게 선발해야 하는데 말이지요. 그러게요, 생각해 보니 그렇게 영국에서처럼 우리가 원하는 대로 그러한 방식으로 선발을 한다면, 현재 우리나라의 많은 연기 학원들이 멘붕이겠네요. 어떻게 가르치고, 어떻게 먹고 살 건지...

김경아 그래서 저는 일반인들과 하는 수업이 정말 좋아요. 그런 스트레스 안 받아도 되고. 저는 그렇게 생각해요. 최근에 트랜드가... 사람들의 관심이 점차 자기 자신의 성장, 자기계발이라는 측면으로 강해지는 것 같아요. 나 자신을 보듬고 나 자신을 이해하고 공감하려고 하는, 그걸 통해서 스스로 성장하고자 하는. 그래서 이제는 '꼭 배우가 되겠다'라는 생각으로 연기를 배우는 것이 아닌 자신의 심리적, 정서적 해방의 도구로써, 자기 성장을 위한 방편으로 연기를 배우고자 하는 사람들이 많아지는 것 같아요. 연기 테라피? 이렇게 표현하는 말도 생겼잖아요.

조한준 스타니슬랍스키가 일찍이 배우 훈련을 배우 스스로에게 접근하는 것과 역할에게 접근하는 것으로 나눈 것처럼, 결국 우리가 해야 하는 것은 전자로부터 시작되어 후자로 넘어오는 지점까지를 아울러야 하잖아요. 전자는 배우의 재료, 각자의 '나'를 봐주고, 관찰해 주고, 어디를 어떻게 튜닝을 해야 하는지 찾아주고, 이를 통해 스스로 자아를 찾고 자존감을 찾게 해주고 심리적인 자유와 해방감을 선사해 주는 일일 것이고, 후자는 결국 그리하여 '어떻게 역할에 다가갈 것인가'이고요. '연기'라는 것이 성립이 되려면 결국 후자의 영역을 다뤄야 하는 것이 아닐까요? 저는 개인적으로, 연기를 가르치는 사람의 입장에서 보자면 전자의 경우 때문에 피곤하고 힘든 일이 많은 것 같아요. 연기를 막연하게 생각하고 접근하는 사람들을 보면 전자의 목표와 목적으로만 접근하는 사람들이 많아요. 자기 위안을 위해서, 자기 치유를 위해서. 근데 그거 자체만 목적으로 끝나면 괜찮아요. 그러면 김경아 선생님 말씀처럼 즐거운 작업이 될 수 있을 것 같아요. 근데 배우가 되려면, 결국 우리는 그 친구를 전자를 통해서 후자로 넘어오게 해야 하잖아요. 그렇다면 목적의식 자체가 달라지는 것이고, 그러한 목적의식 하에서 벌어지는 전자의 작업이 대단히 괴롭고 힘들다는 의미에요.

오성수 우리가 하는 연기라는 것이 답이 없잖아요? 우리의 삶에 답이 없듯이. 저는 배우라는 존재가 연기라는 예술, 기술을 통해서 자신만의 삶을 이해한 사람들이라고 생각해요. 그런데 이런 것들이 교육이나 배움이라는 측면보다 그 과정에서 '스스로 깨우친' 것이라는 점! 이 깨달음을 누군가에게 다시 '가르친다'라는 것이 참 어렵지 않나... 하는 생각이 요즘 많이 들어요. 우리도 깨우친 것들인데, 학생들에게 "나는 이렇게 깨달았으니까 너도 이렇게 깨달아야 한다!"라고 교육을 하는 것이 참 어려우면서 아이러니해요. 그래서 요즘은 액팅 코치라는 직업이 어쩌면 선행된 연기지식을 가르치는 사람이 아니라, 학생이 가진 재료 자체를 살려주고, 그 과정에서 인생의 어떠한 깨달음을, 답을 찾아가는 과정에 동행하는 존재가 아닐까 라고 생각을 해요.

배우가 연기를 한다는 것은 역할을 온전히 받아들일 준비가 되어 있어야 한다는 전제를 가지죠. 그런데 연기교육을 처음 시작하는 사람들을 보면 속된 말로 '내 속에 내가 너무나 많아'에요. 답답한 건 그걸 포기하려고 하지 않는다는 것이고요. 정말 속이 터지는데, 이런 점에서 연기교육 이전에 오히려 연극 치료 같은 게 필요한 사람들을 만나는 것이 참 힘들어요. 저는 심리적으로 치료가 필요한 사람들에게 교육되는 연기예술은 불난 마음에 기름을 붓는 행위와 다를 바 없다고 보거든요. 안타까운 현실이 뭐냐 하면 지금 제가 말하는 일종의 '치료'가 필요한 사람들이 대부분 입시를 준비하는 고3 학생들이라는 사실이에요. 이 부분에서 엄청난 괴리감이 발생해요. 교육기관을 운영하는 입장에서 치료가 필요한 아이들에게 대학 입학을 위한 주입식 연기교육을 할 것인가? 아니면 병든 마음을 먼저 품을 것인가? 저는 후자를 선택해요. 물론 경영적인 측면에서의 운영에는 큰 타격을 입어요. 그런데 이 과정을 통해서 저는 '사람'을 얻어요. 좋든 싫든 인간적으로 유대감이 생긴 학생들과 연대를 형성하면서 지금까지 함께 작업을 해오고 있어요. 선생이 아닌 동료로서 말이죠.

선생님들이 말씀하신 것에 너무나 공감해요. 배우라는 직업에 접근하는 과정부터 연기교육이 제대로 시작되어야죠. 그런데 대한민국의 배우 지망생들은 입시라는 무시무시한 틀을 주입하는 많은 연기 학원들에 의해 '양성'되고 있어요. 선행된 지식을 잘 수용해서 말 잘 듣는 착한 학생이 되어 대학에 합격을 하고, 또 다른 사람들은 그런 케이스를 보면서 그것이 정답인 것처럼 그 길을 고수하죠. 그렇게 대학에 입학한 학생들은 단발성 테크닉을 통해 또 다른 주입식 연기교육을 경험해요. 비극적이게도 졸업을 하고 나면 잘 나가는 배우는 찾아보기가 힘들어요. 솔직하게 우리 각자의 동기들 중에 지금까지 연기하는 친구 몇 명이나 됩니까? 현실의 삶이 녹록치 않으니까 배운 것이 도둑질이라고 다시 입시 학원에 취직을 해요. 그리고 또 다시 학원에서 자신이 배웠던 억압적 연기교육을 반복해요. 이러한 악순환이 반복되고 있는 게 대한민국 연기교육의 현 주소라고 생각해요. 참 마음이 아프죠. 그래도 연기 자체는 포기하지 않으려고 끙끙거리고 있는 모습이니까…

그래서 저는! 더욱! 배우를 하고자 하는 사람과 연기를 가르치고자 하는 사람이 인문학, 철학적인 공부를 해야 한다고 생각해요. 뭔가를 창조하기 위해서는 뿌리부터 알아야 할 필요가 있다고 생각해요. 뿌리 없이 꽃이 필 수 없고, 꽃을 알기 위해서는 뿌리에 대한 근본적인 이해가 필요하다는 거죠. 연극이, 연기예술이 다름 아닌 인간과 삶을 다루는 인문학, 철학적 사유의 예술이라는 점을 알 필요가 있다는 말이에요. 물론 시대가 바뀌었고, 저도 과거의 사람이니 무엇인가 근본적으로 변해야 하나… 하는 마음도 들지만요. 참 어렵네요.

김경아 네, 저도 우리가 뭔가 부단히 배워야 한다는 말에 굉장히 공감이 가요. 우리도 무언가 시대에 맞는 새로운 방법들, 사고들을 배우고 흡수해야 하지 않나 하는 생각이 강하게 들어요.

조한준 맞아요. 어찌 보면 당연한 이야기일 텐데... 저도 지금 그 말에 머리를 한 대 맞은 것 같네요. 우리도 끊임없이 배우고 쌓아가야 한다는 것을요. 사실, 연기를 가르치는 사람이 지금 이렇게 모여서 이런 대화들을 한다는 것이 저는 굉장히 중요하고 필요하다고 봐요. 이런 고민들이 모여서 우리도 뭔가 더 전문적이고, 반드시 필요한 존재들이 될 테니까. 뜬금없겠지만, 저는 배우 중에 개인적으로 공효진 씨나 김선영 씨, 류승범 씨 같은 배우들을 좋아해요. 뭔가 가공되지 않고, 날 것 같고, 매 순간 진짜 같고. 마치 짐승처럼 본능으로 연기하잖아요. 근데 제가 좋아하는 그 배우들의 공통점이 바로 제도권 연기교육을 받지 않았다는 점이에요. 희한하죠? 그래서 가끔 '연기라는 것이 결국 가르치는 영역이 아닌가? 배우는 결국 스스로의 체험과 경험에서 깨우치는 일일까?' 하는 생각도 들어요. 그러다가 베네딕트 컴버배치, 콜린 퍼스, 앤 해서웨이와 같은 배우들, 제도권 교육을 정식으로 받고 뭔가 남들과 다른 자신만의 연기적 가치관이 명확히 보이는 그런 배우들을 보고서는, 우리가 결국 해내야 하고 우리가 결국 양성해야 하는 부류의 배우들이 바로 그러한 배우들이라는 생각으로 명확해졌어요. 셰익스피어의 언어들이 일반 사람들이 사용하는 언어의 차원을 넘어 일종의 '정제된'(purified) 언어라고 표현하는 것처럼, 배우 역시 완전한 예술가로서, 인간의 삶과, 철학, 어쩌면 이 우주 전체를 담아낼 수 있는 '고급 예술가'로서 존재할 수 있게 해줘야 한다는 것을요. 우리 모두가 좋은 배우란 다른 사람들에게, 그리고 이 사회에 선한 영향력을 주어야 한다고 동의하잖아요. 그렇다면 그 배우들을 양성하는 우리 역시 그러한 사람이 먼저 되어야겠지요. 다른 학문들을 무시해서가 아니라, 그런 측면에서 보자면 단편적인 지식과 정보들을 잘 전달하기만 하면 되는 다른 분야들과 달리 우리가 하는 일 자체가 근원적으로 참 피곤한 일인 것 같네요.

연기에서 과연 '진짜'란 존재하는가

김태하 최근 저의 이러한 많은 고민들 속에서 또 한 가지 크게 자리하고 있는 것이 있어요. 바보 같은 생각일 수 있지만, 연기에서 과연 '진짜'가 가능한 건지에요. 진짜가 과연 가능은 한 건지. 결국 연기는 최대한 '진짜인 척'하는 것이 아닌지. 그러면 진짜는 과연 무엇이지? 그 진짜를 하면 연기를 잘하는 건가?... 진짜를 추구하고자 하는 우리의 노력과 시도들이 사실은 너무나 이상적인 것인데도 우리가 집착처럼 강박에 휩싸여 있는 것이 아닌가 하는 생각 말이에요. 예전에는 진짜가 아닌 연기를 추구하는 것이 단지 기술적인 차원에서만 연기를 바라보는 것이고, 더 심하게 말하면 마치 사기 치는 것이라고 생각했었는데... 요즘에는 오히려 다다를 수 없는 그 진짜의 영역이 반드시 있다고 또 다른 사기를 치고 있는 것 같은 회의

감, 자괴감 같은 것이 들어요.

김경아 어떤 부분에서 저도 김태하 선생님과 같은 회의감이 들기도 해요. 과연 우리나라의 배우들에게 '연기란 무엇인가'에 대한 근원적 차원에서의 고민이 존재는 하는가? 아니 그게 꼭 배우들에게 국한된 것이 아니라, 감독, 작가, 제작자 등 소위 산업 현장에 직결되어 존재하는 그들에게 배우의 연기를 바라보는 그러한 근본적인 관점 자체가 존재는 하나... 라는 회의감이에요. 그들에게는 '진짜'에 대한 관심이 전혀 없는 것 같아요. 그게 중요한 게 아닌 거죠. 그저 대중에게 어떻게 보이느냐, 어떻게 들리느냐에 대한 관심인 거지요. 그래서 아마 연기 선생님들이 결국에는 '보여지는 것'을 만들어내기 위한 특정한 기술에 대해 고민하고, 그것들을 기술로써 접근할 수밖에 없다는 생각들을 하게 되는 것인지 모르겠어요.

조한준 맞아요. 현장에서 매일매일 촬영에 임해야 하는 배우들을 가르치다가 보면 정말 그러한 현실적인 문제에 자주 부딪히게 되지요. 저도 예전에 중국 드라마의 남자 주인공으로 캐스팅이 된 한국 배우를 가르친 적이 있는데, 처음에는 그 드라마의 한국어 번역본을 받아 분석하면서, 현장에서 상대방이 중국어로 이야기할 것이니 그 말을 실제로 알아들을 수 없는 현실을 극복하고자, 상대방 말의 내용 자체를 통으로 외우게 하여 촬영장에 보냈는데요. 그 친구가 첫 촬영을 다녀오고 나서 저에게 그러더라고요. "선생님, 그런 노력들이 완전히 무의미하더라고요. 감독님이 저에게 어차피 전부 더빙을 할 것이고, 입모양이 달라도 시청자들은 전혀 알아볼 수 없으니, 그냥 한국어로 '가나다라마바사'를 계속 반복해도 된다고 하더라고요. 그래서 그냥 어떤 장면이든 간에 그 장면의 분위기만 표정으로 지어가면서 입모양만 진짜로 '가나다라마바사'를 하고 왔어요." 이렇게 정말 충격적인 말을 했던 기억이 나네요. 그래서 그 친구는 저에게 그냥 표정 잘 짓는 법을 가르쳐달라고 했었어요. 말도 안 되게 말이지요.

김경아 아... 제발... 선생님, 아니라고 말해주세요. 거짓말이라고 해주세요!!

김태하 그러니까요, 연기는 어쩌면 태생적으로 가짜였던 것일 수도 있고요, 그게 아니더라도 배우가 연기를 해야 하는 환경의 여러 조건들, 제약들이 결국에는 가짜가 될 수밖에 없게 만드는 것도 많다고 생각해요.

김경아 글쎄요... 가짜다?... 전 그렇다면, '나 스스로를 속일 수 있는 가짜가 가능하다. 즉, 내 스스로가 속을 수 있는 가짜가 가능하다', 이렇게 말하고 싶네요.

오성수 저는 개인적으로 수업 시간에 학생들의 '연기'하는 모습을 보면서 진짜 자신의 진실한 모습을 자각시키기 위해 이런 비유를 사용해요. "평소에 거짓말을 할 때 거짓말인 것을 티내면서 하니?"라고 말이죠. "오히려 거짓말을 믿지 않아? 근데 왜 연기할 때는 연기하고 있는 것을 티내고 있는 거야?" 이렇게 말이에요.

조한준 그런가요? 우리는 거짓말을 할 때 거짓말을 한다는 건 인지하고 있지 않나요? 티를 안 내려고 애쓰는 것뿐이지. 거짓말을 스스로 진실이라고 믿는 순간, 그건 병이지 않나요? 우리가 과대망상이라거나 다른 병명으로 이름 붙이는. 그런 사람들 있었잖아요. 학력 위조를 했는데, 물어보니 본인 스스로 진짜 그 학교를 졸업했다고 믿고 있는. 실제로 다니지 않았으면서 거짓말을 하다 보니 그게 쌓이고 쌓여서 스스로 진짜가 된 거. 근데 그게 우리 연기예술의 목표가 되면 그건 큰일이잖아요. 그럼 오성수 선생님 생각에는, '연기가 근원적으로는 거짓말이다'라고 하는 건 동의하신다는 건가요?

오성수 조심스럽지만, 성격적으로는 그렇죠. 허구죠.

조한준 그렇다면, 이건 어떻게 설명이 될까요? 우리가 연기를 할 때 아주 잠시라도 인물의 충동, 정서를 진짜로 영접하게 되는 그 한순간에 밀려드는... 정서적 잔여물(?)... 잉여 감정(?)... 뭐 이런 단어들로 밖에 표현이 안 되는데, 그 무언가 '진짜의 느낌' 말이에요. 여러분도 한번쯤은 느껴본 적이 있지 않나요? 그건 거짓말로는 느낄 수 없는 무언가 아닌가요? 왜 우리 몸에 그러한 정서적 진동이 남아있었을까요?

오성수 그 부분! 그 부분이 바로 배우들이 순간적으로 '뽕 맞았다!'라고 느끼는 지점이 아닐까요? 역할과 내가 하나가 되는 그 아름다운 순간!

김경아 일종의... '찐 공감'... 아닐까요? 배우가 역할을 진짜 공감하게 되는 순간.

김태하 조한준 선생님께서 그동안 하셨던 말씀을 돌이켜보면, 선생님은 배우가 스스로 연기를 진짜로 믿길 바라셨네요. 그 상황에 배우 자신이 온전히 속해져 있다는 걸 진짜로 믿는.

오성수 그렇죠. 저도 다른 말을 하는 것이 아니라 선생님들과 같은 이야기를 하고 있는 거예요. 연기라는 상황이, 예술이 '리얼'일 수는 없다. 의도를 가지고 창조된 허구다. 가상의 상황, 가상의 인물이니까요. 그러나 '믿을 수는 있다', 즉 '리얼리티'일 필요가 있다! 이런 이야기입니다.

김태하 저는 연기를 마술에 비유해서 자주 생각해요. 마술은 마법과는 다르잖아요. 특정한 기술을 장착해서 훈련한 다음, 그것을 타인에게 절대로 들키지 않았을 때 그때 비로소 마술이 되는 거잖아요. 그리고 유리 겔라처럼 스스로 그것이 트릭이 아니라 진짜라고 믿는 마술사도 있고요. 연기도 사실 우리가 그것을 남에게 가짜라고 들키느냐 들키지 않느냐의 문제이지 않나… 그럼 결국 연기에서도 중요한 판단은 '어떻게 보이느냐'… '진짜로 보이느냐, 아니냐'의 문제이지 않나 하고 말이지요.

조한준 김태하 선생님에게 제가 문제 제기 하나를 하면요. 연기예술이라는 영역을 어느 만큼이라고 보세요? 즉, 우리의 인생에서 벌어질법한, 피부에 와닿을 만한 사건을 다분히도 일상적인 언어로, 현실과 다름이 없이 보여주는, 우리가 TV나 스크린에서 주로 접하는 '사실주의' 방식의 연기가 연기의 전부라고 생각하시는 건 아닌지요? 그리고 그것이 실제처럼 보이느냐, 아니냐가 그 '진짜'의 기준이 되어 버린 건 아닌지요? 배우가 보임을 당하고 있지만 보임을 당한다는 인식을 버려야 하고, 텍스트의 일상 언어를 실제처럼 보이고 들리게 해야 한다는 생각에서 비롯되는 그런 영역의 연기 말이죠. 저는 연기를 그보다 백배나 넓은 영역으로 생각해요. 완성된 말이 아닌 키워드만 던져져도 텍스트가 될 수 있고, 색깔이나 이미지만 던져줘도 그게 텍스트가 될 수 있는 영역. 혹은 텍스트 자체가 필요하지 않는 연기의 영역이 있잖아요? 그런 연기의 영역에 임하는 배우들에게 '진짜'란 무엇일까요? 그들은 현실에 있는 사람을 그대로 모사하는 게 아니잖아요? 고대 그리스의 축제라든지, 혹은 피나 바우쉬의 피지컬 씨어터에서 볼 수 있는, 그런 배우들이 하는 것. 저는 그게 오히려 보다 더 연기의 근원에 가깝다고 봐요. 한 인간으로서의 충동에 의해 내 몸과 마음이 오롯이 본능대로 움직이잖아요. 소통하고자 하는 의지가 가득 찬 인간이 무언가에 대고 소통하잖아요. 그런 영역의 배우들에게 '연습'의 개념은 지금 김태하 선생님이 이야기하는 연기의 영역에서 논하는 연습의 개념과는 아예 다른 차원이었을 거예요. 마술사 이야기도 그래요. 트릭을 위한 기술이 몇 가지 존재하는 마술사는 단지 '~사'에 불과하다고 봐요. 기술자지요. 우리가 흔히 '~쟁이'라고 부르는. 근데 인류학자들이 이야기하는, 예술가의 기원으로 보는 마술사의 개념을 보면, 그들은 인간 존재에 영향력을 행사해요. 동굴벽에 동물을 그렸더니 실제 그 동물이 나타났다던가 하는. 지금의 기중기로도 들기 불가능할법한 무게의 돌을 그 원시시대에 들어 올려 쌓아 놓은 그들이 트릭을 쓴 게 아니잖아요. 좀 극단적인 예이긴 하지만, 전 배우가 마술사라면 거의 그 정도 급의 마술사라고 봐요. 기술이 필요하다면, 일정 수준, 일정 영역을 넘어서는 차원의 기술을 탑재하여 그것이 예술이 되는 경지.

김태하 선생님의 말씀을 들으니, 제가 정말이지 연기를 단순히 어떻게 '보이느냐'에 초점을 맞추고 있었다는 생각이 드네요.

조한준 연기란 그 인물의 사고를 나라는 사람이 '진짜로', '지금' 하는 것이니까요. 느껴서 표현하는 것이 아니라, 그 인물이 생각하는 걸 나라는 사람이 지금 진짜로 '생각'하는 것이니까요. 그게 어떻게 가짜일 수 있겠어요? 내가 오히려 묻고 싶어요.

김태하 예를 들어서, 베네딕트 컴버배치가 햄릿 연기를 했는데, 어떤 사람이 그에게 '정말 햄릿으로서 사고했었나요?'라고 물었다고 치면, 그에게 있어서는 오히려 보는 사람 입장에서 어떻게 보였는지가 더 중요하지 않나요? 스스로 진짜 사고했는지 안 했는지는 본인만 알 수 있잖아요. 자기는 진짜 사고를 했다고 하지만 관객들의 반응이 별로일 수 있고, 또 이 반대의 경우도 가능하고요. 결국에는 '안 들키면 되지 않나?' 이런 생각들이지요.

조한준 실제로 그럴 수 있지요. 스스로는 망했다고 생각했는데, 오롯이 역할로 존재하지 못했다고 생각했는데 관객들이 더 좋아하는 날이 있을 수 있고, 반대로 정말 혼연일체가 되었다고 생각했는데 연출자가 와서 "오늘 연기 왜 그랬어?"라고 묻는 날도 있지요. 저도 베네딕트 컴버배치가 90% 집중이 된 날도 있을 것이고, 80% 집중이 된 날도 있었을 것이라고 생각해요. 그렇지만, 우리의 이상, 목표가 무엇이냐는 거예요. 우리는 매회 공연마다, 처음부터 끝까지, 역할로서 100% 존재하는 게 목표인 거잖아요. 그리고 100%가 가능하다고 믿는 거잖아요.

걸리느냐 안 걸리느냐의 문제인 게 아니라, 진짜냐 진짜가 아니냐의 문제인 거라고 생각해요. 그걸 '배우가 스스로 판단할 수 있는 영역인가?'라고 묻는다면, 그건 배우가 스스로 판단할 수 있는 게 아니라고 대답하고 싶네요. 연기는 경험이고 체험이니까요. 연기처럼 사라지는. 액팅 코치는 단지 현상적으로 보이는 걸 가지고 그걸 통해서 어떻게든 '진짜'로 갈 수 있도록 도와주고 안내해 주는 것밖에 할 수 있는 게 없다고 생각해요. 우리가 배우의 연기를 본 후 그 배우에게 가장 먼저 '어땠냐고' 묻는 이유, 그리고 코멘트를 해줄 때 '내가 볼 때는...'이라는 단서를 다는 이유가 그렇잖아요.

김태하 그래도 선생님도 딱 보면 아시잖아요. 그리고 심지어 수치화로도 표현이 가능하시지 않아요? 넌 몇 퍼센트만큼 진짜였다. 넌 몇 퍼센트만큼 자기의 말이었다. 이렇게 판단이 가능하시지 않아요?

조한준 그렇죠. 사실 가능하죠. 근데 그건 현상적으로 보이는 것을 저의 경험을 통해 판단하고, 아는 거지요. 그러네요, 어떻게 보면 액팅 코치도 경험이자, 체험이네요.

김태하 전 액팅 코치의 그 '경험'이라는 측면에 의문을 갖는 거예요. '내 경험이 맞는 것이었나? 내 경험에 의해 판단 내리는 지금 이 판단이 맞는 건가?'하는 거예요. '일종의 보편적인 표본이 없을까? 어떤 기준 같은 것을 만들 수 있지는 않을까?

조한준 그게 어떻게 표본화가 될 수 있겠어요? 고정적인 '체계'만 존재할 수 있겠지요. 인간이 삶을 영위하는 체계, 살아있는 사람의 체계, 그것만이 불변의 것이겠지요. 그 외에 어떻게 우리가 연기를 어떠한 기준 안에 넣을 수 있겠어요. 재료들이 다 다른데. 저는 현재의 김태하 선생님이 입시라는 결과, 오디션이라는 결과가 다소 안 좋아지니까 선생님이 가르치는 것, 방법, 목표가 맞는 건지 흔들리는 것이라 보이는데, 전 액팅 코치들이 본인의 그 불변의 체계는 변함이 없다 믿고 확신해야 한다고 봐요. 그것은 변함이 없는데, 이 학생이 얼마만큼 그 체계에 다다랐느냐 그게 문제라면 문제겠지요. 그리고 어떻게든 그 학생을 그 체계에 다다르게 하려고 수단과 방법을 다 썼는데도 아직 멀리에 있다면, 그 수단과 방법의 한계겠지요. 보충이 되고, 보완이 되어야 하는 영역이 있다면, 그 수단과 방법의 영역이지 않을까요?

오성수 앞서 나왔던 이야기처럼 연기예술 그 자체는 허구의 인물, 상황에서 나와진다는 점에서 진짜가 아닌 것은 맞는 것 같아요. 그것을 어떻게 진짜처럼 보이게 할 수 있느냐의 문제 제기라면, 저는 그 답을 '진정성'에 있다고 말하고 싶어요. 따라서 배우가 연기를 '진실'로 대해야 한다고 생각해요. 인물 분석에 있어서도, 훈련 과정에 있어서도, 작업 과정에 있어서도 말이죠. 온 진실의 마음을 다 해야만 최소한 진짜처럼 보이던가, 진짜가 될 수 있다고 생각해요.

조한준 사느냐 죽느냐의 답을 찾아야 하는 햄릿의 사고는 작가가 제시한 것이지만, 그게 연기의 영역으로 오면 그 고민, 사고는 배우가 직접, 이 순간에 진짜로 해야 하잖아요. 인간이 어떻게 사고를 가짜로 하겠어요. 우리가 무언가를 고민하면서, 사고하면서 이 고민이, 이 사고가 진짜이냐 아니냐를 판단하지 않잖아요. 진짜 고민하고, 진짜 사고하지 못하면 그냥 연기를 못한 것이지, 연기예술이 진짜의 영역이 아니라고 하는 것은 어폐가 있다는 것이에요. 저는 다소 조심스럽게 이야기하자면, 액팅 코치들이 이러한 부분들에 흔들리거나 혼란스럽다면, 사실 진작에 장착이 되었어야 할 액팅 코치로서 연기의 본질에 대한 생각이 강력하게 자리 잡지 못했기 때문이라고 생각해요. 그 과정이 없이 바로 배우들과 만나게 되고, 무언가를 표면적으로 변화하게끔 만들어줘야 하고, 그 변화를 배우 스스로 느끼게 해주어야 하고, 그러다 보니 자꾸 현상적이고 기술적인 측면에서 접근이 될 수밖에 없었을 것이고요. 저는 배우가 연기란 무엇인가에 대한 고민을 하듯이, 액팅 코치 역시 액팅 코치로서 배우, 연기에 대한 가치관, 철학, 자신만의 기준, 이런 것이 흔들림 없이 장착이 되어 있어야 한다고 봐요.

김경아 저희 모두에게 어떤 교두보 같은 게 있으면 좋겠다는 생각이 들어요. 어찌되었든 좋은 배우를 양성한다는 건 사실… 사람 안에 엔진에 있으면 그 엔진의 코어에 정말 좋은 양질의 연료를 넣어주는 거잖아요, 그리고 그 연료를 가지고 스스로 엔진을 돌릴 수 있게 해주는… 그런 게 우리가 해야 할 일이잖아요. 그런데 어떤 상황에서든 소위 결과물을 내야 하는 선생의 입장에서는… 딜레마가 있을 수밖에 없다고 봐요. 우리가 추구하는 그러한 본질들이 사실 하루아침에 학생들에게 적용되는 것이 아니잖아요. 그래서 지금 당장 필드에 있는 배우들에게는 어떤 기술적인 측면들이 필요할 수밖에 없는 것이고. 그런데 그 '기술적'이라는 측면이 뭔가 좀 더 좋은 연기관을 장착하기 위한 재료로 사용이 될 수만 있다면… 혹은 그러한 교두보의 역할을 해줄 수 있다면… 예를 들어, 우리가 배우를 선발할 때 그 사람 자체에서 뿜어 나오는 아우라, 에너지, 긍정, 소통의 힘, 소통의 의지, 이러한 무형의 것들이 복합적으로 투영되어 그 '사람' 자체가 매력적인 배우들을 관심 있게 보잖아요. 그런 인간 존재 그 자체로서 현존하는 그 힘. 그런 근원적인 차원을 해결하기 위한 일종의 '기술적'인 측면들이 있을 수 있지 않을까요? 그게… 배움으로는 불가능하고 그저 인생 자체를 그렇게 살아야 한다고 얘기해버리면, 그건 너무 막연하고 허무하잖아요. 뭔가 전달되고, 교육되어 변화될 수 없다고 치면요.

조한준 그런 의미에서 아까 오성수 선생님이 이야기한 '진정성'을 다시 한번 짚고 싶어요. 저는... 한 사람의 얼굴 인상이 그 사람이 어떻게 사느냐에 따라 변화무쌍하게 변한다고 믿는 사람이에요. 흠... 갑자기 생뚱맞게 관상학을 논하는 것은 절대 아니고요, 그 사람이 어떻게 사고하고, 어떤 충동들을 느끼며, 어떤 관계 속에서 어떻게 반응하며 사는지에 따라 인상이 변한다고 믿어요. 당연한 이야기겠지만, 타인을 이해하고 공감하려는 노력 속에 사는 사람들은 그 노력의 흔적들이 자신의 인상에 고스란히 담긴다고 봐요. 그런 의미에서 기본적으로 연극을 공부하는 사람들은 그저 생계를 위한 치열한 전쟁의 삶 속에서 생활하는 '일반인'들과는 달리 인간에 대한 이해와 공감의 영역이 더 넓을 수밖에 없을 것이고요. 절대적 비교는 불가하지만, 그런 의미에서 진정성이라는 측면에서 보자면, 조금은 더 진실할 수 있는 사람들이라는 거예요. 연극을 하는 사람은 직업으로서 타인을 이해하고 공감하는 일을 치열하게 하고 있을 테니까요. 연기예술에서도 '나'와 역할이 진짜로 똑같이 될 수는 없잖아요. 그리 되어서는 절대로 안 되고요, 무슨 빙의나 신내림도 아니고. 그렇지만, 연기예술의 목표가 살아있는 사람이 하는 것과 똑같이 하는 것에는 변함이 없잖아요? 그것이 불가능해 보이더라도, 대단히 어려운 일이더라도, 목표 자체는 그렇잖아요. 그러면 그 불가능해 보이기만 하는 그 '진짜의' 영역에 도달하기 위해 우리는 무엇보다도 타인을 '진짜로' 이해하고 공감하려는 노력이 필요하다고 봐요. 제가 일찍이 '이해'라는 것은 이성적 측면이, '공감'이라는 것은 언어로 표현되지 않는 정서적 측면이 개입되는 것 같다고 이야기 한 적 있죠? 여기서는 그 둘 중에서 분명 '공감'이라는 측면을 보다 중요하게 언급하고 있는 거예요. 그것이 비록 하루아침에 되지 않더라도, 마음이 온전히 움직여지지 않아 자꾸 머리로 공감하려 애쓰게 되더라도, 끊임없이 시도하는 그 과정 속에서 자신도 모르는 사이에 자신의 진정성이라는 영역을 확보해 나가고 있을 것이라고 봐요. 그리고 그것들이 쌓여서 보다 더 '진짜'의 영역에 다다르고 있을 것이라고 봐요. 어떤 배우가 등장하자마자, 혹은 클로즈업이 잡히자마자, 그 어떠한 대사나 행동이 없었는데도 "와... 끝났다... 더 연기 안 해도 되겠다... 그냥 그 인물 그 자체다..."라는 느낌을 받았던 배우가 한 명쯤은 있지요? 그것처럼, 발끝부터 머리끝까지의 전체가 진짜 그 인물이 되어 관객들에게 발현되는 그 순간은 바로 그러한 과정들을 통해 축적되어 나올 수 있다고 봐요.

배우의 '현존'에 대하여

조한준 자, 오늘은 다소 어렵다고 느낄 수 있는... 그렇지만 배우 연기예술을 논할 때 절대 빼놓을 수 없는 개념인 '배우의 현존'에 대해서 한번 이야기를 나눠보면 어떨까요? 어떻게들 생각하세요? 현존에 대해.

김태하 와, 갑자기 대학원 종합시험 때 생각이 나네요. 배우의 현존.

김경아 제가 요즘 자주 드는 생각이 하나 있어요. 우리가 어떤 배우를 가르칠 때, 정말이지 우리가 생각한 바와 같이, 우리가 목표하는 바와 같이 한 명의 재료로서 먼저 접근을 해서 그 사람 자체의 진심이 담긴 '자기 말'을 하게끔 열심히 가르치잖아요? 그런데 그 배우가 현장에서, 특히나 매체 연기를 할 경우에 모니터를 해주다 보면 분명 그 배우는 우리에게 배운 대로 '살아있으려고' 하는데도 불구하고, 뭔가 그 에너지가 자기한테 갇혀가지고 그게 밖으로, 혹은 상대에게 끝까지 가지지 않는다는 느낌을 받아요. 그게 어찌 보면... 보임을 많이 인식하는, 소위 여우같은 배우들이 장면을 보다 더 효과적으로 '잡아먹는' 것이 아닌가... 그 여우같은 배우들은 화면을 뚫고 나올만한 에너지를 외부로 보내서 자신이 각인되게끔 하잖아요... 그게 어떻게 보면 지난 시간에 김태하 선생님이 이야기한 일종의 테크닉일 수도 있는 것이고... 또 다른 측면에서는 그게 배우가 연기를 할 때 가져야 할 '현존'에 대한 감각인가 싶기도 하고... 대단히 지엽적이고 실질적인 문제인데, 최근에 경험한 것이어서 그런지 저는 이 문제가 곧바로 떠오르네요...

조한준 글쎄요... 선생님께서 이야기한 것을 제가 잘 이해한 게 맞다면, 그 부분은 몇 가지 측면에서 고려가 될 수 있을 것 같아요. 일단은 목적이라는 개념이에요. 많은 배우들이 연기에 있어서 목적을 '그 인물이 원하는 것을 행했다'라는 것으로 끝난 줄 알아요. 근데 목적은 사실, 그 인물 스스로 '그 목적을 했다' 해서 끝나는 게 아니라, 그걸 통해서 상대를 변화하게 해야 하는 거잖아요. 목적이란 게 상대로 하여금 '~하게끔 하다'인 것처럼. 근데 그 배우의 경우에는 목적이 상대를 변화하게까지 전달이 안 된 게 아닌가 하는 생각이 들어요. 두 번째는, 미하일 체홉의 '발산'의 개념으로 빗대어 보자면, 축구 선수가 결정적인 순간에 슈팅을 날렸다고 쳐보지요. 그 축구 선수는 회심의 슈팅을 하고 나서 두 발이 지면에 착지하며 슈팅의 행동 자체는 끝이 났겠지만, 날아가는 공이 최종적으로 골 망을 흔드는지 온 감각을 다해서 공의 향방에 에너지를 발산하고 있을 것이거든요. '제발 들어가라, 들어가라' 하듯이. 눈과 표정, 온 신체가 오로지 날아가는 공에 집중되어 있을 것이고, 그 에너지가 온몸으로 뿜어져 나올 것이라는 것이지요. 근데 그게 바로 우리 인간이 하는 모든 것과 같다는 것이에요. 본인의 의지를 상대에게 전달하고자 하는 무형의 에너지가 계속해서 발산을 하고 있다는 것. 그게 크든 작든. 근데 그 배우의 경우로 보자면 단지 슈팅만 했을 뿐이지 그 이후가 없는 거잖아요.

김경아 그럴 수 있겠네요.. 전 근데 그게 오히려 어떤... 재료의 문제이지 않을까 하는 생각인거에요.

조한준 그렇죠. 재료의 문제일 가능성이 크죠. 연기에 있어서 그 상황이 내포하는 사안의 중요성을 강력하게 갖고 가지 못하는, 아니면 목적을 이루기 위한 절실함의 크기에 대한 문제이든… 우리가 홍상수 감독의 영화를 보면, 유독 거기 출연하는 배우들이 거의 슈팅만 하고 끝내잖아요. 상대를 변화시키고 말겠다는 의지까지 다다를 필요도 없이, 자신의 생각만 현상적으로 내뱉고 끝내는 듯한. 홍상수 감독은 그걸 진짜 우리 인간 삶이라고 보는 것 같고. 아마 그 감독의 영화에 우리가 지금 이야기하는 '발산'의 힘을 가진 배우가 등장한다면, 아마 그 영화의 결이 아예 깨질걸요? 갑자기 이상한 배우가 나온 것처럼 보일걸요? 그것은 그 영화의 소재나 이야기, 그리고 그 이야기를 풀어가는 방식이 그 정도로만 풀어주면 되기 때문에, 예를 들어 등장인물이 바람이 났는데 그걸 풀어가는 방식이 아침 드라마에서처럼 "네가 어떻게 나한테 그럴 수 있어! 부숴버릴 거야." 이런 식으로 접근하는 것이 아니라, "오늘 날씨가 왜 이래… 우리 그냥 삼겹살 먹을까? 싫어?" 대략 이런 식으로 풀잖아요. 마치 아무 일도 아닌 것처럼. 근데 그건 방식이나, 장르, 방법의 문제이지 그게 우리가 해야 하는 진짜 연기, 진짜 현존은 아니라는 것이지요.

오성수 선생님들의 이야기를 들으니 요즘 제가 꽂혀있는 단어에 대해 함께 토론해 보고 싶어요. 바로 '주체성'이에요. 저는 연기에서 현존을 체화하려면 먼저 배우 스스로 주체성이 있어야 가능하다고 생각해요. 홍상수 감독의 영화에 출연한 배우들이 다른 감독의 작품에서는 절대로 희미하게 보이지 않거든요. 그건 그들에게 주체성이 없다는 것이 아니라는 의미에요. 홍상수 감독의 작품은 그 스타일에서 나오는 미학으로 논의되어야 할 문제라고 생각해요. 그걸 떠나서 액팅 코치들은 배우 개개인의 주체성을 회복시켜주고, 그것을 도구로 사용할 수 있도록 방향성을 제시해 주는 것이 중요하다고 생각해요.

조한준 그럼요. 근데 그럼 그 주체성을 어떻게 회복하게 해줘요?

오성수 저는 요즘 가정환경, 가정교육이 개인의 주체성에 굉장한 영향을 준다고 생각해요. 인간이 주체성을 키우고 확립하는 것은 인간화의 작용이거든요. 그런데 이 주체성을 방해하는 것이 모든 형태의 '억압'이라고 저는 생각합니다. 사회적 억압, 교육적 억압, 제도적 억압 등등... 그중 인간에게 가장 원초적으로 직결되어 작용하는 억압이 바로 가정에서부터 비롯된다는 학문적 근거들이 많아요. 물론 모든 가정환경이 그렇다는 건 아니에요. 조심스럽게 논의를 이어가자면 저는 현존감을 키우는 것에 있어서 주체성이 전제가 되어야 한다고 보는 것이고, 그 주체성은 가정환경, 성장환경과 밀접하게 연관이 있다고 보는 겁니다.

조한준 지금 말씀하시는 그 주체성이 과연 뭔가요? 배우의 주체성.

오성수 연기예술 자체가 내가 아닌 다른 사람의 삶을 경험하는 것이기 때문에 나를 먼저 알아야...

조한준 내가 누군지 아는 건 뭔데요? 어떻게 알 수 있는데요?

오성수 인간이 태어나면서 "나는 이것 때문에 태어났어!"라고 하는 사람이 있을까요? 저는 인간을 부조리극에서 말하는 것처럼 '목적 없이 태어나서 세계를 표류하는 존재'라고 생각하거든요. 인간은 삶을 살아가면서 경험을 통해 이해하고 깨달으면서 자신의 존재를 인지하잖아요. 연기도 마찬가지라고 봐요. 내가 아닌 다양한 인간 군상의 삶을 경험하고, 그것을 실제 행동으로 옮겨보면서 스스로가 조금 더 고양되고, 의식 수준이 올라가고, 고차원적 인간으로 성장하는 것. 그러면서 주체성이 형성되는 것. 저는 이것이 배우가 연기를 하는 이유라고 생각해요. 자신을 찾기 위해서요. 그때 비로소 무엇인가 창조를 할 수 있다고 생각합니다. 따라서 연기예술에 있어서 스스로를 안다는 것은 현존을 논하는 것 이전에 매우 중요한 과정이라고 보는 겁니다.

김경아 저는 조금은 다르게 생각해요. 오성수 선생님은 좀 더 철학적인 측면이 강한 것 같고요. 저는 뭐랄까... 배우의 주체성이란 '관계에 놓여있다'라는 것을 인식하는 것이라고 정의하고 싶어요. 배우가 누군가와 소통해야 하는 직업이라고 본다면, 스스로가 '그 누군가와 함께 같은 공간에 놓여있다'라는 조건, 그 관계에 있다는 것을 인지하는 것이지요. 분명한 목적지가 있는 것이에요. '내가 소통을 해야 한다'라는 것이 명확하게 잡힌 상태이지요. 좀 더 이해를 돕자면, 버드 아이(bird's eye view)와 같은 일종의 '뷰포인트'(viewpoint)적 감각을 가지고 있어야 한다는 것과 유사해요. 아까 말씀드린 그 배우의 예도 사실 이러한 뷰포인트적 감각의 문제이지 않았나...

조한준 와, 생각지도 못했던 키워드에요. 뷰포인트. 그런데 정말로 공감이 가고 동의가 되는 표현이에요. 뷰포인트 개념이 갖는 그 공감각적 능력. 그렇다면 이러한 감각, 능력이 탑재가 되는 건, 그건 타고나는 걸까요? 이게 운동신경 같은 것과 관련이 있을까요? 제가 가끔 수업 시간에 하는 훈련 중에 무대 위에서 배우들끼리 빠르게 움직여 서로 뒤섞이면서 절대로 다른 배우들과 부딪히면 안 된다고 강조하는 훈련이 있거든요? 마치 뉴욕 월스트리트의 출근길처럼 말이에요. 그때 배우들이 가져야 하는 게 바로 이 뷰포인트적 감각이거든요. 나, 상대, 공간, 시간이라는 개념을 동시에 탑재해서 그것을 융합적으로 지금 이 순간에 적용할 수 있어야 하는. 최대한 빠르게 움직이면서, 그리고 최대한 군중들과 섞이게 걸으면서 다른 사람에게 내 공간을 내어주고, 동시에 나는 다른 사람의 공간을 적절하게 점유해가면서 목적을 이뤄야 하잖아요. 나의 주체성을 가지면서 다른 사람들의 주체성도 인정하고 받아들이는 것. 근데, 이 감각이 그럼 타고나는 걸까요? 훈련을 통해서 발전이 될까요? 이 훈련을 상상해 보면 알겠지만, 다른 사람하고 계속해서 부딪히는 배우들이 꼭 있어요. 다른 사람 발을 밟고, 자꾸 이탈되고. 근데 그 배우들이 훈련을 대충해서 그런 게 아니거든요. 진짜 열심히 하거든요. 근데 자꾸 부딪혀요. 전 바로 이러한 예들이 바로 김경아 선생님이 얘기한 '관계의 인지'에서 온다는 주체성의 이야기와 일맥상통한 것 같아요.

김태하 그럼 방금 선생님께서 말씀하신 그 훈련에서 배우가 어떤 것에 집중을 해야 하나요? 나 스스로에 대해 집중해야 하나요?

조한준 전부 다요. 모든 것에 집중해야 하지요. 그게 뷰포인트고요. 당연히 나에 대해 집중해야 하고, 같은 공간에서 함께 존재하는 다른 존재들에 대해 집중해야 하고, 그 존재들과 함께 있는 그 공간에 집중해야 하고, 그 모든 것들이 존재하는 지금 이 시간, 순간에 집중해야 하는 것이지요.

김태하 주체성의 사전적 의미를 제가 지금 찾아보니, '인간이 어떤 일을 실천할 때 나타나는 자유롭고 자주적인 성질, 혹은 의식과 신체를 가지는 존재가 자기의 의사로 행동하면서 주위 상황에 적응하여 나가는 특성', 이렇게 정의가 되어있네요. 어찌 보면 이 정의에 우리가 지금 말하고자 하는 게 다 있는 것 같아요.

조한준 그러네요. '어떤 일을 실천할 때'라는 표현이 배우가 연기할 때 가져야 할 소통하고자 하는 의지의 측면으로 볼 수 있을 것 같고, '의식과 신체'라는 것은 배우의 몸과 마음으로 이해될 수 있을 것 같고, '주위 상황'이라는 것은 지금 우리가 말하는 '관계'와 대입하여 이해될 수 있겠네요. 재밌네요.

김태하 그래서 액팅 코치들이 배우들을 만나면 그 주체성을 찾아주기 위한 작업들을 가장 먼저 시작하는 것 같아요. 배우가 자기 스스로에 대해 알게 해주고, 액팅 코치도 그 배우에 대해 알아가고.

조한준 저는 배우의 주체성이란 단지 배우의 자기 스스로에 대한 앎에서 그치는 것이 아니라고 생각해요. 뭔가 말로 형용하기가 좀 어려운데... 어떤 두 사람이 아무도 없는 곳에 각각 혼자 있다고 쳤을 때, 주체성이 강력하게 있는 사람과 없는 사람이 있다고 치면, 우린 뭐가 그 둘이 분명히 다를 거라고 생각되지 않나요? 뭔가 주체성이 있는 사람은 막 형광등처럼 밝게 빛나고 에너지도 다르고, 풍기는 아우라도 다르고 그럴 것 같지 않나요? 눈빛도 빛나고 활력이 있고, 씩씩하고 긍정적이고 그런 것 있잖아요. 그럼 뭐가 그 사람을 그렇게 만들까요? 대체 뭐가, 그 사람 내면의 어떤 것을 순환시키길래 그럴까요?

오성수 저는 주체성이라는 것을 인간이라면 누구나 소유하고 있는 본능적이고 본질적인 성질이라고 봐요. 그런데 그 주체성이 약화되거나 소실된 거라고 생각합니다. 계속 말씀드리는 어떠한 환경적 요인, 억압에 의해서 말이죠. 토론 연극의 창시자인 보알에 의하면 주체성을 잃어버린 인간은 기계화가 된 인간이에요. 바로 이 지점에서 액팅 코치가 배우에게 하는 작업은 주체성을 잃어버린 배우 지망생, 피교육자에게 주체성을 발현시켜주는 일이어야 한다고 생각해요. 배우의 현존을 위해서 말입니다. 즉 수동적인 객체로 전락한 존재를 주체성을 발현하는 인간상으로 다시 만들어줘야 하는 것이죠. 그 시작을 의식화 교육을 통해, 문제 제기식 교육을 통해, 지금까지 막연하게 옳다고 여기던 것을 의심하게 하고 비판적 사고를 갖게 하는 것으로부터 시도되어야 한다고 생각해요. 새로운 시각으로 모든 것을 재인식하는 것. 그러한 방법들이 주체성을 회복시킬 수 있는 것 같아요.

김경아 저는 오히려 그냥... 세상에 대한 모순을 그대로 바라볼 수 있는 상태여야 좀 더 많은 사람들을 보편화시켜서 연기할 수 있다고 생각하거든요. 그래서 좋은 배우란... 세상의 모순을 큰 그릇에 담을 수 있는, 유연한 사람이어야 하지 않나... 라는 생각이 들어요.

조한준 뭔가... 그래서 자식을 대안학교에 보내야 하나... 이런 교육학적 문제로 귀결되는 느낌이네요...

김태하 외국의 경우는 어떠한가요? 이러한 게 국가적으로, 인종적으로 차이가 있을까요?

조한준 대단히 조심스럽지만, 저는 연기를 시작하는 한국 배우들에게 다소 부족하다고 느껴지는 일종의 자유로움이 서양 사람들에게는 좀 더 장착되어 있다고 생각하거든요? 전부가 다 그렇다고 볼 수 없지만, 그들 전반에 깔려있는 'whatever!', 일명 '어쩌라고'의 마인드 있잖아요. 그래서 그들은 사실 남 눈치를 우리만큼 많이 보지 않는 것 같아요. 거침없음? 자유분방함? 이런 측면에서요. 이런 것들이 사실 연기에서 즉흥 같은 걸 할 때 보면 분명 차이가 있는 것 같아요. 우리는 끊임없이 스스로를 체크하고 평가하고, 자기한테 엄격하고, 자기 의사를 있는 그대로 갖는 것보다 남의 것을 오히려 더 신경 쓰고 그러잖아요. 그게 어떻게 보면 그 주체성이라는 측면에서 차이가 있을 수도 있겠구나… 하는 생각이 드네요.

김경아 제가 최근에 어떤 TV 프로그램을 봤는데, 거기 출연한 사회학자 교수님 한 분이 그런 말씀을 하셨어요. 지금까지 우리나라가 개발도상국이었다가 선진국의 길로 들어왔지만, 여기까지 온 방식을 보자면 우리만의 독창적인 선택, 방식들에 의한 것이 아니라 선진국이 구축해놓은 케이스, 방식들을 잘 적용을 하며 여기까지 왔다는 것이지요. 그러나 그것은 이미 선택지가 있었던 것이고, 그 선택지들을 잘 따르기만 하면 되는 것들이었는데, 이제부터는 다르다는 것이에요. 선진국들은 지금까지 보면 그 누구도 제시한 것이 없는 상태에서 무언가를 결정하고 선택해야 했고, 그들은 그들의 기준에 맞게 그것들을 결정하여 그게 옳고 좋은 방향으로 갔다면 더욱 선진국으로 갔고, 그렇지 않다면 내리막을 걸었다는 것이에요. 그리고 이제 한국이 그러한 위치와 상황에 왔다는 것이고요. 우리의 목표를 찍고 그것을 향해 갈 수 있어야 한다는 것이지요. 정말 동감이 된 것이, 사실 우리들은 계속 그래왔잖아요. 무언가를 선택해야 한다면, 예상 가능한 선택지들에서 무언가 정답이 있을 것이고, 그 정답지 안에서 틀림이 없이 선택해야 한다고 생각하던. A와 B가 선택지에 있다면 우리는 틀림이 없이 그 둘 중에서 답을 찾으려고 했던. 그런데 선진국들의 사고방식, 선택은 A와 B의 선택지에서 스스로 C의 가능성을 찾을 수 있다는 것이에요. 저는 이게 우리 배우들의 가치관, 사고방식에도 필요하다고 봐요. 여러 가지로 종합적인 측면에서요. 선생님께서 말씀하신 서양 배우들의 자유로움, 자유분방함이 어쩌면 그들에게는 처음부터 '무엇이든 정답이란 없다'라는 사고방식에서 기인한 것이 아닌가 하는 생각이 들어요.

조한준 지금까지 이야기한 바에 의하면 현존이라는 것은 상당 부분 심리학적이고 철학적인 측면과 맥락을 같이 하는 것 같아요. 나라는 인간의 존재 이유, 그것을 얼마나 잘 인지하고 있는가, 그리고 나 말고 다른 인간들의 존재를 얼마나 있는 그대로 받아들이는가. 또한 세상을 바라보는 가치관, 그것을 내 그릇에 담아낼 수 있는 담대함. 그리고 내가 가진 무언가를 어떤 대상과 나누고 공유하고 전달하고자 하는 의지. 내가 있는 이 공간에 대한 인지와 인식, 지금 이 순간에 대한 받아들임. 이러한 것들이 한 데 어울려서 끊임없이 일종의 순환의 형태로 가동되고 있는, 그런 상태를 종합적으로 일컫는다면 그것이 바로 '현존'이지 않을까...

오성수 제가 생각하는 배우의 현존은 무대 위에서 세 개의 존재가 보이는 것이라고 생각해요. 무대 위 인간으로서의 오성수가 존재하고, 문득 오성수가 표현하는 인물이 보이고, 인물과 나 사이를 중재하는 배우의 자아가 보이는 것. 이 세 자아가 끊임없이 순환하는 것이 저는 연기예술에 있어 현존이라고 생각해요. 즉 '나'라는 현존, '역할'의 현존, 그 둘의 '중재자'로서의 현존이죠. 그들이 동시에 관객이라는 또 다른 현존하는 인간들과 연극적 소통을 통해 의미를 생산할 때 그 과정 자체를 하나의 드라마로 인식하는 것이 바로 연극 그 자체이고, 연기예술의 미학이 아닐까 합니다. 저는 이러한 부분이 없으면 배우의 단편적인 모습만 보이게 된다고 생각해요. 그것이 'showing'이든 자의식이든 혹은 어떤 기능적인 것이든 말이죠.

김태하 이게 같은 선상의 이야기인지는 모르겠지만, 저도 학생들이 연기를 할 때 항상 이걸 강조해요. 자신이 연기하는 걸 자신이 못 보는 순간, 그것은 연기가 아니라고요. 너 자신이 사라지게 된 거라고요. 이것도 현존과 연관되는 것이겠지요? 그래서 저는 이 현존이라는 개념이, 이중적인 것 같아요. 배우 and 역할, 배우 vs 역할 사이에서 공존하면서 거리를 두는.

김경아 저는 학생들에게 이렇게 말하는 것 같아요. 배우는 인물의 사고를 장착해야 하고 감정이라는 것은 그 사고가 정상적으로 운용이 될 때 발생하는 것인데, 저는 연기가 자신을 속이는 과정이라고 본다면 바로 이 과정, 이 순간이 바로 현존의 순간인 것 같아요. 내가 아닌 역할의 정서가 내 온몸에 투영될 때. 그리고 바로 이 순간이 발현이 되어야 역할로서 현존하고 있는 것이라고 말할 수 있다고요.

오성수 정답은 간단하네요. 연기를 '잘'하면 되는 것이네요. 우리들의 이러한 모든 논의를 침묵시킬 수 있는 완벽한 연기!

김경아 제게 조금 다른 관점이 있다면, 전 배우가 연기를 할 때 스스로에 대해 정말이지 모든 걸 알고, 깊이 파헤쳐야 비로소 주체성이나 현존감을 얻게 된다고 보지는 않아요. 그 과정은 오히려 스스로를 괴롭게 해서 현존에서부터 멀어지게 하는 수도 있다고 봐요. 손바닥 뒤집기처럼 생각해 보면, 우리는 사실 내가 아닌 다른 사람을 연기하면 되는 거잖아요? 즉, 나 자신을 후벼 파서 그 괴로움까지 송두리째 보여줘야 비로소 역할로 현존하는 것이 아니라, 그저 그 인물만을 알고 표현하면 된다... 어쩌면 그것이 오히려 역할의 현존에 가깝다... 라는 것이지요.

오성수 현존이라는 개념이 포스트드라마가 도래하면서 대두된 개념이잖아요? 배우가 더 이상 텍스트의 노예로 전락하지 않고, 주체성을 가진 현존하는 존재로서 스스로를 도구화하여 하나의 '시(詩)'가 되는 것. 관객 또한 수동적 객체에서 나아가 공연화에 적극적으로 참여하면서 수행성을 발현하며 의미를 만들어내는 것. 이 지점에서 그동안의 다양한 연기론들이 상충되는 것 같아서 흥미로워요. 스타니슬랍스키의 시스템처럼 나로부터 시작하여 역할로의 전환이 되는 방법, 미하일 체홉의 상상력을 통해 테크닉적으로 인물을 표현하는 방법 등등... 이러한 맥락에서 제가 말하고 싶은 것은 '정말 정답이 없구나!'라는 것이에요. 한 가지 확실한 건 연기 메소드라는 것이 연기를 위해 사용되는 것이 아니라 인간을 위해 사용되어야 비로소 배우를 위한 메소드로 올바르게 작용할 수 있다고 생각해요. 그래야 인간과 삶에서 비롯된 역할과 상황을 진실하게 표현할 수 있지 않을까요? 그때 진정한 현존이 가능하다고 봅니다.

조한준 연기에 정답이 없다는 말에는 일면 동의가 되지만, 배우의 현존이 포스트드라마에서부터 도래가 되었다는 말에는 동의가 되지 않네요. 그건 배우의 현존이라는 개념을 너무 좁은 관점에서 정의내리고자 한 거라고 봐요. 사실 우리가 지금 여기서 논의하고 있는 '현존'의 개념 또한 어떤 관통하는 일관된 관점이 있는 것도 아니고 그 깊이 또한 대단히 얕다는 것을 부인할 수 없고요. 그 모든 것을 아우르기 위해서는, 저도 김태하 선생님이 사용했던 표현인 '배우 and 역할', 그리고 '배우 vs 역할'이라는 개념이 대단히 주요한 키워드가 된다고 생각해요. 아, 거기에다가 '관객'이라는 존재까지 덧붙여져야겠지요. 배우의 현존이라는 개념을 어떤 기준, 어떤 영역, 어떤 관점에서 보느냐에 따라 연극사적으로 대단히 다양한 논의가 있었지만, 전 그 모든 걸 아우르는 측면에 결국 연기예술이라는 것이 '인간을 주제로 한 이야기를 배우라는 인간이 역할이라는 인간이 되어 관객이라는 인간에게 전달한다'라고 정의할 수 있는 관점이 있다고 봐요. 바로 이 관점의 기저에 '인간의 현존'이라는 것이 있다고 보고요. 결국 '현존'이라는 단어 자체의 뜻이, 간단히 말하면 '인간이 현재 여기에 존재하는 감각'이잖아요?

김태하 네, 맞습니다. 그래서 연기예술이 정말로 쉽지 않은 학문이자 예술인 것 같아요. 그래서 끊임없이 인간 존재의 고민, 고통, 슬픔, 행복 등을 고뇌하고 이해하며 공감하려고 해야 하잖아요. 그래야 바로 이 배우의, 역할의 현존을 경험할 수 있을 테니까요. 그래야 연기가 '예술'이 되는 차원일 테니까요. 그런데 문제는 그 작업이 때로는 고통스럽다는 것이지요.

조한준 그래서 배우가 예술가, 아티스트여야 하잖아요. 그렇게 불릴 만하고, 불려야만 하고요. 그리고 우리 액팅 코치들은 바로 그 예술가들을 길러내는 또 다른 예술가여야 하고요.

이놈의 '긴장'을 어찌할꼬?

조한준 자, 오늘은 모든 배우들의 적, 모든 연기 훈련법들의 존재 이유라고도 볼 수 있는 '긴장'이라는 개념에 대해 한번 이야기를 나눠보죠. 이것 또한 배우의 현존과 마찬가지로 거의 밤새 이야기를 해도 될 정도 아닌가요?

김태하 제 생각에 긴장이라는 것은... 상업 영화나 드라마 오디션이든 아니면 입시든, 뽑혀야 하고 캐스팅이 되어야 하는, 즉 선택을 받아야 하는 배우라는 직업의 운명 같은 거 아닐까요? '선택되고 싶다, 되어야만 한다'라는 생각이 크면 클수록 그 긴장이라는 것 또한 커질 것이고요. 결과에 대한 욕심이라고 할까요?

조한준 그럼 선생님은 배우가 그 결과물을 얼마나 열망하느냐에 따라 긴장의 양이 달라지는 거라고 보시는 건가요? 근데, 입시생 열 명에게 이 학과에 얼마나 붙고 싶은지 물어보면 열 명 전부 말로 표현할 수 없을 만큼 붙고 싶다고 할 텐데, 그들의 열망의 정도는 어떻게 판가름할까요?

김태하 아, 그러니까 제 얘기는 열 명의 배우들이 있으면 기본적으로 열 명 모두 긴장이라는 것은 한다. 그러나 보는 이의 관점에서는 그중에서도 긴장에 덜 휩싸여진 배우들이 눈에 보인다. 그리고 그것은 얼마나 준비가 되어 있느냐와 아니냐에 달려 있다. 이런 의미였어요.

조한준 준비를 할수록 긴장을 안 한다?...

김태하 맞습니다.

조한준 동의는 되지만, 다소 원론적이네요.

김태하 출발은 같지만 그 과정 속에서 얼마나 노력을 하고, 얼마나 준비를 했느냐에 따라 배우는 스스로를 믿을 수 있다고 생각해요. 그 믿음이 바로 배우를 긴장에서 구해내 줄 수 있는 원동력이 된다고 보고요.

조한준 그럼, 지난번에도 잠시 얘기가 나왔던 것이지만, 체계적인 훈련을 받지 않은 배우들인데 대단히 자유로우면서 긴장이라는 건 전혀 하지 않는 배우들은요? 그들은 연기훈련에서 요구하는 그 놈의 노력, 준비, 분석, 스스로에 대한 믿음, 뭐 이런 것들을 듣지도 보지도 배우지도 못한 사람들일 텐데 막상 연기를 시키면 그냥 거리낌 없이, 막 자유롭게 하기도 하잖아요? 어떠한 긴장감도 안 보이고 스스로 즐기면서. 그런 사람들은요?

김태하 맞아요, 그런 사람들 있죠. 제가 예전에 몸담았던 극단 〈차이무〉의 선배들이 그러했어요. 그때 저는 저 나름대로 학부에서 연기를 착실하게 배웠다는 생각으로 대본이나 인물을 분석하려 하고 그러면 그 선배들은 "야, 그런 거 아무 것도 하지 말고, 그냥 해!" 그러셨거든요. 그 사람들이 '그냥 해'라고 말하는 건, 연기는 일상이고, 배우는 그 일상을 그냥 하면 되는 건데 뭘 자꾸 갖다 붙이고 분석하려고 하냐 그런 의미였어요. "너 살아가면서 뭐 분석하면서 살아? 너 이따가 누구 만날 건데 만나기 전에 분석해?" 이렇게요. 그 사람들은 그러한 방식으로 연기를 접근했고, 그 방식이 그 사람들 나름의 테크닉이 되었고, 그 테크닉이 쓸데없는 긴장을 해소하게 했다고 할까요?

조한준 그렇죠. 그러한 의미에서 일종의 '선수'들을 보자면 정말 연기를 설렁설렁 하시는 것 같은데, 굉장히 자유롭고 유연하고 부드럽죠. 정말이지 긴장이란 건 안 한 것 같고. 근데 또 그게 대단한 테크닉이 필요한 것이거든요. 진짜 '그냥' 하는 것이 아니고. 자, 그러면, 우리 본격적으로 긴장에 대해 논의하기 전에, 각자 예전에 배우로서 연기를 할 때 이놈의 긴장 때문에 힘들었던, 어려웠던, 죽고 싶었던, 끔찍했던 등등의 기억이 있다면 그걸 한번 먼저 공유해볼까요?

김경아 저는 엄청 심했어요. 전 정말 끔찍하게 긴장을 하던 배우였어요. 제가 노래를 정말 못하는데, 예전에 대극장에서 공연된 뮤지컬의 주인공을 한 적이 있었어요. 주인공이니까 당연히 저 혼자 해결해야 하는 노래들이 있었고요. 근데 그 긴장이라는 게... 제가 해야 하는 '노래'라는 행위의 모든 것에 지배적으로 영향을 끼쳤어요. 그때는 소리가 이상하고 노래가 잘 안 되는 게 긴장과 연관되어 있다는 것조차도 몰랐으니까, 그 긴장을 고스란히 안고 노래를 했던 거예요. 제 노래의 소리가 이상한 건 물론이거니와 음이 제대로 나가지도 못하고, 음정도 불안하고 모든 것들이 최악이었죠. 그래서 공연 직전에 연출자가 와서는 "김경아, 나와. 노래해봐.", 그러고선 제가 그 긴장된 상태에서 노래를 그렇게 하니까, "도저히 안 되겠어. 이 노래 빼.", 이래서 주인공의 노래가 빠진 적이 있었어요. 엄청 울었죠. 그리고 그 후로 연습을 정말 많이 해서 나름 호전이 된 채 공연을 했는데, 어느 관객평에 '여배우 집에 무슨 우환이 있는지... 너무 불안해 보였다'라는 평이 있었어요. 그거 보고도 엄청 울고요... 정말 커튼콜을 못 나갈 정도로 괴로워하던 날도 있고 그랬어요.

무대 위에 있을 때, '관객들이 나를 보고 있다'라는 기운, 느낌이 나에게 고스란히 긴장으로 엄습할 때가 있잖아요. 와,

그 공포는... 혼자 무대 위에 남겨져 있는데, 이 공간의 모든 사람들이 날 걱정스런 눈빛으로 보고 있다는 그 느낌... 전 아직까지도 트라우마에요.

김태하 전 날짜까지도 기억하고 있어요. 2017년 4월 4일. 여기 한양대 대학원에 들어와서 〈맥베스〉 장면 발표를 준비하던 그 시기, 그리고 그날이 가장 무서웠어요. 전 그전까지 항상 수업을 듣던 스튜디오 씨어터라는 공간이 뭐 전혀 무섭거나 그런 공간이 아니었거든요? 근데 그날 이후에 그 공간이 심지어는 지금도 저에게는 엄청나게 무서운 공간으로 자리 잡고 있어요. 연기를 하러 앞에 나가는 게 너무 공포스러웠어요. 그때 저에게 한 동생이 "형, 형 지금 팔다리가 다 잘린 사람 같아."라고 했었어요. 물리적으로는 분명 서 있는데, 제 정신이 완전히 나가서 그냥 긴장한 머리만 동동 떠 있는 느낌이었겠죠. 그래서 그런 표현의 말을 했겠죠. 전 대학원에 들어오기 전까지는 나름 연기도 배웠다고 생각하고, 연기도 곧잘 한다고 생각했었나 봐요. 근데 대학원에서 와서 〈맥베스〉를 즉흥으로 경험하면서, 완전히 바보가 된 느낌이었어요. 텍스트에 의지한 연기만 하다가 아무것도 없이 맨몸으로 남 앞에 서다 보니, 정말이지 벌거벗겨진 느낌? 그러고 나서 오후에는 최형인 선생님 수업 시간에 독백을 중심으로 연기를 배웠거든요? 그럼 또 그 시간에는 최형인 선생님께 그렇게 혼나는 거예요. '연기에 허영심이 차 있다. 태하, 네가 안 보인다. 뭔지 모르겠다', 이렇게 얘기를 하시니... 하루 종일 패닉인 거예요.

오성수 저는 사실... 연기를 하면서 긴장 때문에 그렇게나 괴로웠던 순간은 없었던 것 같아요.

조한준 저는... 연기를 안 하기 시작한 시점이 공교롭게도 전임 교수가 되면서부터였던 것 같은데... 아마 전임이 안 되었더라도 지금 연기를 계속하고 있을까 하는 의문은 있어요. 그리고 만약 계속 안 하고 있다고 한다면, 이유는 분명 긴장 때문이었을 거예요.

전 운이 좋게도 20살 때부터 연기로 다양한 외부활동을 경험했어요. 그리고 그때는 정말이지 무식해서 용감했고요. 그리고 어린 나이에 연기 때문에 대차게 몇 번 깨지고 나서는 학교에 돌아와서 정말 열심히, 정말 미친 듯이 연기를 배웠거든요? 그랬더니 20대 중반에는 정말 자신감이 뿜뿜 해지는 거예요. 그래서 TV나 영화를 찍으면서 현장에서 막 박수도 받고 그랬어요, 감독의 컷 사인 이후에. 그런데 20대 후반에 출연했던 공연을 하면서... 그 공연은 〈뷰티풀 선데이〉라고 제가 세 번의 출연을 하고 이후 세 번의 연출을 했던, 정말 세상 그 누구보다 '잘 알고 있는' 작품이었거든요? 모든 인물들의 대사를 다 외우고 있을 정도로. 그런데 그 작품에, 심지어 세 번째 출연을 하던 그 시즌에 연기를 하는데... 그때는 제가 연기에서 '자기의 말을 한다'라는 관점을 인지하고 있을 때였어요. '대사를 씹는 건 자기의 말을 못 했기 때문에 씹는 것이다'라는 그런 관점. 근데 무대 위에서 내가 대사를 씹는 거예요. 그랬더니 그 다음날 그 부분을 또 씹고. 그 다음 또, 또. 그리고는 이제 신경이 쓰이는 거예요. 그랬더니 이제 그 부분만이 아니라 그 앞뒤로도 씹기 시작하는 거예요. 내 스스로 막 바보 같고, 쓰레기 배우 같고... 대사 씹는 건 말을 하지 못해서라고 생각하던 나인데, 그런 내가 실제로는 계속 쓸데없는 신경을 쓰면서 계속해서 대사를 씹고 있고. 그리고 그걸 신경 쓰니까 더더더 씹고. 어느 날은 무대 위에서 연기를 하는 중에... 그냥 죽고 싶다는 생각까지 들더라고요. 공연 중에 도망가고 싶었어요. 아니 연기 경험이 미천하지도 않고, 나름 한 십 년 간의 다양한 활동을 했던 배우인데, 정말 〈갈매기〉 4막 니나의 독백에서 나온 말과 같이 내 손발을 어찌해야 할지도 모르겠고, 관객들에게 '죄송합니다'라고 하고 도망가고 싶은 느낌? 그러다가 잠시 퇴장하는 타이밍이 있어서 무대 밖으로 나와 패닉이 되어 있는데, 같이 무대 위에 있던 선배 배우가 본인 퇴장 타이밍도 아닌데 나와서는 내 어깨를 잡고 속삭였어요. "한준아, 숨 쉬어. 너 지금 숨을 아예 안 쉬고 있어. 야, 너 이 작품을 지금 일 년이 넘게 공연을 했어. 뭘 그렇게 신경 써. 숨 쉬면서 천천히 해."라고요. '아... 긴장이라는 것이 호흡과 직결되는구나'라는 건 그 계기를 통해 온몸으로 알았지만, 그 선배님의 그 따뜻한 말씀이 실제 그 이후의 저의 긴장을 아예 제거하는 데 엄청난 영향을 끼쳤다고 기억나지는 않네요. 그리고 그 이후에 몇 편의 연극 출연을 더 했었는데, 뭐 보는 사람들이 어떻게 봤을지 모르겠지만, 내 스스로는 그 긴장이라는 것에 여전히 괴로워했다고 기억을 해요. 보는 사람들이 몰랐다면, 눈치를 못 챘다면, 그저 내가 잘 숨긴 것이겠지요. 마치 긴장을 전혀 안 한 사람처럼... 꾸역꾸역... 긴장이라는 건 연기라는 걸 알면 알수록 더 나 스스로를 옥죄는 것 같아요. 적어도 저 같은 경우에는 그랬어요.

김태하 그런데요, 저는 우리가 지금까지 이야기했던 그러한 고통스러운 기억, 트라우마처럼 남은 그것들이 저희에게 선사해준 게 분명 있다고 봐요. 그러한 일련의 고통의 과정들이 없다면 전 제대로 된 배우가 되기 어렵다고 생각해요. 그리고 그걸 이겨내고 극복해 내기 위한 피, 땀, 눈물이 전 분명히 있어야 한다고 봐요. 그래서 연기라는 게 누구나 쉽게 시작할 수는 있지만, 아무나 할 수 없는 것이라고 보고요.

오성수 저는 긴장이라는 걸 해결할 수 있는 방법이 딱 한 가지 존재한다고 생각해요. 바로 집중이에요. 긴장은 집중으로 해결된다.

조한준 너무 원론적이지 않나요? 저도 그때 집중하려고 엄청 집중했어요.

오성수 음... 한편으로는... 배우가 연기를 할 때 필요로 하는 긴장이 있잖아요?

조한준 당연하죠.

오성수 그럼 달리 말해서 배우가 연기적 상황과 전혀 상관이 없는 다른 것들을 신경을 쓰거나 집중하고 있어서 긴장이 발생하는 것이라 생각해요. 자기가 보임을 당하고 있다는 의식, 이건 나를 보는 사람, 즉 관객에게 집중하고 있다는 것이지요. 또 다른 하나는 글, 바로 텍스트에 집중하고 있는 것이죠. 그걸 틀리지 않고 해야 한다는 것. 단지 그 글에 집중하고 있는 것이죠. 또 역할이 느껴야 할 감정에 집중하죠. 그게 터져 나와야 한다는... 이처럼 자꾸 다른 측면들에 대해 집중을 하는 거예요. 그리고는 스스로 집중을 했다고 착각을 하는 것이죠. 결국 배우가 연기를 할 때 집중을 해야 하는 건, 그 인물의 생각, 사고이다..

조한준 결국 마음가짐이네요? 아닌가요?

오성수 저의 경우는... 불안하지 않을 때까지 연습하기...

조한준 아까 이야기랑 마찬가지네요? 결국 훈련이다?

오성수 저는 연습, 훈련이라는 것이 실수하지 않기 위해 훈련한다가 아니라 훈련했던 것을 믿고, 그것을 기반으로 인물에게 더욱 몰아가기 위함을 의미한 것이에요. 그 인물의 사고 속으로 들어가기 위해, 완전히 내 것으로 체화하기 위해. '대사 신경 쓰지 마. 진실하게 해!' 이런 말은 쉬어요. 근데 이것만 생각하면 배우들이 게을러져요. 무대 위에서 언젠가 오실 '그 분'만을 기다려요.

조한준 저는 긴장감에 휩싸여 고통을 받아본, 그리고 그것을 훈련과 경험, 그리고 그것들을 통해 습득된 테크닉으로 긴장을 숨기고자 한 저나 김경아, 김태하 선생님은 배우들 중에서도 가장 보편적이고 일반적인 차원의 부류인 것 같아요. 배우의 그룹으로 구분해 보자면 가장 많은 사람이 해당되는... 그 그룹에 속하지 않은 대단히 소수의 부류가 두 종류가 있는 것 같고요. 그중 하나는 긴장이 되는 순간 그걸 뛰어넘는 일종의 담대함으로 승화하는 사람들이 있는 것 같아요. 그와 아예 반대되는 다른 하나는 아예 남 앞에 가만히 서 있는 것조차도 어려워 보이는... 스스로 긴장을 숨기는 것을 시도조차 할 수 없어 보이는 사람들이 있고요. 전자의 사람들은... 예를 들자면, 김연아 선수? 혹은 야구의 선동렬, 류현진 선수? 김연아 선수가 올림픽 결승전에 나가는 순간을 보면 누가 봐도 긴장은 하고 있잖아요? 그런데 시작 포즈를 잡고 음악의 전주가 시작되기 전, 큰 호흡 한번과 함께 침착하고 담대하게 준비한 것을 해내잖아요. 그리고 그 긴장을 마치 즐기는 사람 같고. 그 중압감,

압박감을 말 그대로 '극복'해 내잖아요. 똑같이 긴장이 역력해 보이지만, 그 긴장에 결국에 지고 말았던 아사다 마오 선수하고 비교하면 이해가 좀 더 쉬울까요? 선동렬, 류현진 선수도 마찬가지에요. 9회말 투 아웃 만루, 투 스트라이크, 쓰리볼이라는 절체절명의 순간에 마지막 그 회심의 공 하나를 결국에는 기가 막힌 코스에 던지잖아요. 그래서 우리가 그들을 국보급, 슈퍼 에이스, 이런 표현들로 칭하고요.

야구에는 스티브 블래스 증후군이라는 게 있어요. 어떤 투수가 포수 미트에는 기가 막히게 던지는데, 1루 견제만 하면 공을 말도 안 되는 곳으로 던지게 되는 일종의 운동장애에요. 혹은 불펜에서는 스트라이크를 잘 던지는데 실제 마운드에 서면 포수 근처에도 공을 못 던지거나 그런 경우들이죠. 이러한 것들은 어떻게 설명이 될까요? 이게 배우의 연기, 그 중에서도 긴장이라는 것과 어떻게 연관이 있을까요? 결국 야구에서도 이러한 증후군을 보이는 선수들에게 심리치료, 정신상담 등을 통해 자신감을 키워준다고만 되어 있던데, 그럼 우리도 결국 그냥 배우들의 자신감을 키워주는 것만이 방법일까요?

오성수 방금 선생님께서 '담대함'이라는 표현을 쓰셨잖아요? 전 다른 단어를 말씀드려보고 싶어요. 뻔뻔함? 저는 배우들에게 정말로 이 뻔뻔함이 필요하다고 봐요.

조한준 저는 스포츠와 연기가 다른 게… 류현진이나 선동렬 선수는 그게 담대함이든 뻔뻔함이든 어쨌든, 최종적으로 '이기기 위한' 행위를 해내느냐 못 해내느냐의 문제이잖아요. 그 행위에 그 선수의 인간으로서의 어떤 마음, 정서, 느낌 같은 것이 얼마나 수반이 되느냐의 문제는 아니잖아요. 그 인간이 어떤 인간이든 그게 무슨 상관이겠어요. 스트라이크를 잘만 던지면 되고, 이기기만 하면 되지. 아, 물론 그 선수들 또한 공인으로서 가져야 하는 어떤 인간성 이런 것조차 필요 없다고 얘기하는 게 아니에요. 경기 중 그 운동 행위 그 자체에 대해 말하는 거예요. 근데, 우리 배우들은 연기라는 행위 속에 그 배우, 그 인간의 마음, 됨됨이 등등이 다 같이 포함이 되잖아요. 그건 너무나도 다른 차원의 것이라고 생각해요.

대학 동기 중에 두 명의 유명 뮤지컬 배우들이 있어요. 그 둘은 입학 때부터 연기도, 노래도 잘하고 굉장히 똑똑한 친구들이어서 본인들의 의사와 무관하게 외부로부터 라이벌로 불리기 시작했어요. 근데, 그중 한 명은 정말 아까 그 탈인간 같은 느낌의 친구였어요. 완벽한 테크닉에, 무대에 있는 모든 순간들을 즐기며 정말이지 긴장이라는 건 털끝만큼도 찾아볼 수 없는. 본인이 구상한 연기를 처음부터 끝까지 틀림이 없이 해내는. 공연이 몇 달이 지속되어도 매일 같은 연기를 똑같이 해내고야 마는 그런 악착같음이 있는 친구였죠. 또 다른 친구는 반대로, 아까 표현에 의하면 우리 일반인 배우의 영역에 포함된 친구였어요. 덜덜 떨었죠. 그 긴장을 극복해 내기 위해 더욱 훈련을 하고. 전 근데, 개인적으로 후자 친구의 연기를 더 좋아해요. 덜덜 떨고 있는 그 인간 자체가 말랑말랑하게 포함이 되는. 그 인간이 고스란히 드러나지는 그런 배우. 마음이 느껴지는. 그렇다면 또한 긴장이라는 것이 어떻게 보면 연기에서 그 인간을 드러나게 하는 데 중요한 밑거름이 되는 것이 아닌가 하는 생각도 들어요.

김경아 선생님 이야기를 들으면서 생각을 해봤는데, 보편적인 배우들이 보통 타인의 눈에 일희일비하잖아요. 그게 오히려 연기의 본질보다 더 앞서가기 때문에 문제가 생기는 것이고요. 전 그래서, 바로 그 이유 때문에 액팅 코치들이 필요하다고 봐요. 그 사람들이 떨고 있을 때 제 3의 눈으로 버팀목이 되어 주는 것이지요. 러닝메이트처럼. 같이 떨어주고, 같이 노력해 주고. 때론 그런 역할들이 연출자가 될 수도 있고, 상대 배우가 될 수도 있겠지만요. "좋아. 오늘 정말 좋았어!"라는 단순한 칭찬에 한 배우가 갑자기 긴장에서 조금은 자유로워질 수도 있는 것처럼요. 우리가 오늘 이야기 나누는 지점은 절대 배우 혼자의 힘으로 해결될 수 있는 영역이 아닌 것 같아요.

김태하 선생님의 그 두 영역의 말씀에 의하면, 결국에는 취향 문제일까요? 연기는 결국에는 보임을 당하는 문제이고, 그렇다면 그 두 부류 중에서 보는 사람이 어떤 부류를 좋아하게 되는가... 에 대한?

김경아 저는 근데 그게 어떤... 배우의 '매력'(?)... 이렇게 표현이 되는 차원은 아닌 것 같아요. 그 '사람이 보인다'라는 측면이 말이죠. 어떤 배우가 연기를 진짜 못하더라도 이상하게 끌리게 하는 그 인간미.. '깨지기 쉬운' 성격... 그런 게 있잖아요. 이상하게 더 눈이 가고 마음이 가는... 그건 매력, 취향이라는 차원을 넘어요, 분명히.

조한준 흠, 저도 지금 고민해 봤는데.. humanity라는 단어로밖에 표현이 안 되나요... 자, 지금 우리의 논의가 배우의 긴장을 이야기하다가 배우의 '재료'적인 측면으로 다소 넘어온 것 같아요. 아, 물론 그 둘은 결국에는 연결이 되고야 마는 지점이지만요. 우리는 지금까지 배우의 긴장에 대해서.. 집중을 통해서, 훈련을 통해서, 혹은 액팅 코치와 같이 지켜보는 사람을 통해서 극복이 될 수 있을 것 같다는 이야기가 나왔어요. 그런가요? 긴장이라는 것은 그러면 뭘 통해서든 극복이 되는 차원인가요?

오성수 다시 강조하자면, '누구나 배우는 될 수 있으나 아무나 할 수 없다'라고 정리하고 싶습니다.

조한준 만약에, 김연아 선수나 선동렬 선수가 대단히 게으르고 훈련도 별로 안 했는데 실전에만 나서면 그렇게 미친 듯이 잘하는 선수였다 라고 한다면 우린 정말이지 허무했을 거예요. 천재 그 이상인 거잖아요. 근데 그게 아니거든요. 그들은 세상 그 누구보다도 열심히, 반복적으로, 때로는 도망가고 싶은 마음이 들 정도로 훈련을 했고, 그 양과 질이 일정 수준을 넘어갔기 때문에 탈 인간 급이 되었거나, 혹은 그 긴장과 압박을 스스로 '재미'로 승화할 수 있는 영역으로 간 것이 아닌가.. 제가 언젠가 대단히 유명한 오페라 배우에게 이런 질문을 했었어요. '왜 한국 성악가들은 말하듯이 노래를 하지 않고, 그냥 노래를 하느냐. 왜 자기 노래를 '뽐내고' 있느냐. 그래서 가사가 들리지 않는다. 그 인물로서의 정서가 전해지지 않는다'라고 말이죠. 그랬더니 그 배우가 '노래를 하면서 말을 하려면, 그리고 그 말의 정서를 모두 투영해 내려면, 우선 그 한 곡을 완전히 소화할 수 있는 음성적, 음악적 기술이 완벽해야 한다고요. 순간순간 드는 노래에 대한 신경쓰임이 전혀 없이, 온전히 그 인물에 집중하려면 노래를 부르는 기술 자체가 한 차원을 넘어서야 가능하다는 것이지요. 사실 연기도 똑같은 것인데, 제가 참 바보 같은 질문을 했던 것 같아요.

그럼 배우의 긴장, 연기에서의 긴장도 마찬가지인 것 같아요. 만약 어떤 배우가 그 일반인의 영역에서도 대단히 긴장을 많이 하는, 특히나 괴로움을 많이 느끼는 배우라면 그걸 처음에는 티 나지 않게 하기 위해, 그리고는 그것을 극복해내기 위해, 그리고는 그것을 뛰어 넘어 즐기는 차원으로 가기 위해 더욱 치열하게 싸우고 고민하고 경험해야 하는 것이 아닌가 하는 생각이 들어요.

김경아 맞아요. 뭔가 타고난 기본적인 소양은 있는 것 같아요. 운동선수로 치면 어릴 때부터 보이는, 이기고 싶어 하는 타고난 의지 같은 거요. 근데 만약 그것들이 온전히 타고난 것이라면, 훈련에 의해서 개선되는 차원이 아니라고 한다면 너무 허무해지는 것 같아요. 분명히 있다고 믿어요. 가능하다고요. 그리고 그런 이유로 우리가 필요하다고요.

김태하 네, 저도 제가 배웠던 것처럼, 배우가 스스로 이걸 극복하기 위해 하는 모든 시도들, 괴로움들, 고뇌들이 결국에는 그 족쇄를 풀어주는 원동력이 될 것이라고 믿습니다. 이걸 얼마만큼 괴로워해봤느냐가 분명히 훗날 위력으로 발하는 날이 있을 것이라고요.

오성수 제가 대학원에서 〈예술경영〉 수업을 들을 때, 언젠가 예술과 기술에 대해서 원우들과 수업 내내 열띤 토론을 한 적이 있었어요. 그때 제가 스스로 내린 결론을 여기서 한번 얘기해 보고 싶어요. “한계를 뛰어넘어 모든 기술이 하나로 합쳐지는 순간 예술이 된다.”라는 거예요. 선생님들의 의견처럼 훈련, 원동력, 긴장, 성실함, 천부적 재능 등등이 모두 예술에 필요한 요소라고 생각을 해요. 그것들을 단순한 현상으로 치부하거나 부정하는 것이 아니라 자신만의 예술을 위해 발전시키고 극복해야 할 기술로 인식한다면 그 과정과 결과가 곧 예술이지 않을까 하는 생각이 듭니다.

연기를 공부하는 모든 사람들에게

조한준 자, 이제 〈액팅 코치들의 수다〉 편의 마지막 주제로, 연기를 공부하는 사람들에게 해주고 싶은 이야기에 대해 한번 자유롭게 논의를 해보면 좋겠습니다. 사실 지금까지 나눴던 이야기 곳곳에 포함되었던 것 같긴 하지만, 그럼에도 불구하고 대미를 장식한다는 의미에서 각자가 평소에 '꼭 이 이야기는 하고 싶다!'하고 가슴에 품었던 게 있다면 편하게 한번 이야기를 나눠보시지요.

김태하 첫 토론에서 말씀드렸던 것처럼, 최근에 제가 연기를 가르치는 선생으로서 이런저런 생각이 참 많습니다. 어떻게 하면 좋은 배우를 만들 수 있을까? 좋은 연기란 무엇일까? 나는 그만큼의 선생이 되고 있는 걸까... 그런 여러 생각들을 하면서 제 스스로에게 한번 물어봤어요. '나는 배우들에게 연기를 논하면서 어떤 부분들을 가장 중요하게, 중점적으로 다루고 있는가?'... 그에 대한 대답은 대단히 단순했어요. 바로 기본, 기초 훈련이었어요. 어쩌면 우리가 이미 다 알고 있다고 생각하고 쉽게 간과할 수 있는 부분 말이에요. 저는 배우들이, 특히 한국 배우들이, 물론 전부 다 그렇다고 일반화를 시킬 수는 없지만 적어도 제가 아는 선에서는, 정말이지 너무나 훈련을 안 하고 게으른 것 같아요. 저는 연기에 있어서 기초 훈련이 권투 선수에게 있어서의 러닝, 줄넘기 등과 같은 거라고 봐요.

프로 권투 선수들도 세부적인 기술 훈련은 물론이고, 그 이전에 기본 체력, 하체 단련 등을 위한 기초 훈련을 매일 같이 정확한 루틴에 의해 철저하게 하잖아요? 그런데 우리 배우들을 보면, 오디션이 들어오고 나서야 그 전 날 연습이라는 걸 하려고 하지, 오디션 혹은 촬영이 직접적으로 이뤄지지 않으면 그런 기본 훈련들을 평소에 전혀 하지 않잖아요?

조한준 맞아요. 우리도 예전에 그런 경험들 있지 않아요? '촬영만 들어가 봐라, 내가 진짜 열심히 할 거다', 아니면 '오디션만 들어와 봐라, 내가 진짜 열심히 할 거다'... 이래놓고는 막상 오디션이 들어오면 전 날 연습 좀 하는 척 하다가 심지어 대본도 못 외워가서 현장에서 대본을 좀 보고 하면 안 되냐고 묻기도 하고... 지금 생각해 보면 정말 최악이죠. 근데 이쯤에서 제가 문제 제기를 하나 하면, 저는 배우들이 이처럼 게을러지는 것이 일종의 '막연함' 때문이라고 봐요. 연습의 막연함. 대체 뭘, 어떻게 평소에 훈련을 할 것인가에 대한 막연함이지요. '내가 혼자 할 수 있는 게 뭔가...'라는 것 말이에요.

김태하 전 제가 말씀드린 기본, 기초 훈련이 배우 혼자 충분히 할 수 있는 것들이라고 봐요.

조한준 선생님이 이야기하는 기본, 기초 훈련이 뭔데요?

김태하 전 다섯 가지가 있다고 봐요. 호흡 훈련, 음성 훈련....

조한준 음성 훈련이요?

김태하 배우 본인이 가진 고유한 음성을 찾는 과정을 말씀드린 겁니다.

조한준 아, 네. 그리고요?

김태하 발음 훈련...

조한준 발음이요? 전 그 지점에서는 동의가 안 되는 것 같아요. 발음 훈련이라는 게 가능하던가요? '아에이오우'를 정말 열심히 연습하던가, 입에 볼펜을 물거나 바둑알을 물고 정말 열심히 연습한다고 해도 발음이 좋아지던가요? 아주 잠시 좋아지는 것 같지만 그게 지속적으로 교정이 되던가요? 전 '발음 훈련'이라는 개념 자체가 '의식적'이라고 봐요. '발음을 정확히 하면서 말을 한다'라는 것 자체가 의식적이고 의도적이라는 것이지요. 우리가 평소에 누구와 얘기하면서 '발음을 정확히 하면서 얘기해야지'라고 생각하지 않잖아요? 단지 상대로 하여금 내가 하고자 하는 말을 정확히 알게 해야지 하고 생각을 하겠지요. 그럼 그 의지에 의해서 말을 더 '분명히' 하려고 하는 것일 뿐.

김태하 아, 저도 그러한 구시대적인 발음 훈련의 개념을 말씀드린 게 아니에요. 요즘 애들을 보면 정말 '보편적인 인간'의 대화를 하는 게 아니라 도저히 무슨 말이지 알아들을 수도 없을 만큼 조음 기관들을 활용하지 않잖아요? 입과 턱을 움직이지 않는다는 이야기에요. 그런 보편적인 것과 이미 멀어져 있는 악기들을 다시 보편적으로 만드는 작업을 말씀드린 거예요.

조한준 아, 그렇다면 일맥상통한 것 같아요.

김태하 그리고 네 번째는 관찰 훈련. 그리고 마지막은 상상력 훈련. 이렇게 다섯 가지입니다. 제가 기본, 기초 훈련이라고 강조하는 것들은요.

조한준 전부 지당하게도 맞는 말씀인데... 호흡, 음성, 발음, 관찰, 상상력, 이 단어들 자체가 하나하나 너무나도 큰 개념으로 들리네요. 막연하게도 들리고요.

김태하 저는 연기예술이 다른 예술들보다도 더더욱 아티스트 스스로 '늘고 있다', 혹은 '발전하고 있다', '더 나아지고 있다'라는 느낌을 받기 어려운 분야인 것 같아요. 본인은 알 수가 없잖아요. 그럴 때 전 배우들한테 이렇게 얘기를 해요. '연기란 늘고 있다는 것을 본인은 절대 알 수 없다. 관객이 판단하는 예술이니까. 단, 이 기초 훈련들을 꾸준히 정진한다면, 분명히 관객이 인정하는 그 순간이 찾아올 것이다'라고 말이에요.

김경아 저는 김태하 선생님이 말씀하신 부분들이 10대나 20대 배우들, 혹은 연기를 시작하는 학생들에게는 직접적으로 연관이 된다고 봐요. 지금 말씀드리는 이 이야기는 제가 아는 한 선배가 저에게 해줬던 이야기인데요. 대단히 공감이 되었던 이야기이고요. 10대, 20대 배우들 중에는 분명 남들보다 끼가 있고, 연기적인 재능이 있는 배우들이 있다고 생각해요. 기질이 있는, 소질이 있는. 그리고 그게 외부로 보이는 그런 배우들이요. 그 젊은 배우들이 호흡이나 발음 등 기초 훈련들이 부족하다면 그걸 좀 만져주는 것으로도 연기적으로 다소 보완이 되어 보일 수 있다고 봐요. 근데 30대 배우들은, 뭔가 구체적인 연기훈련을 안 했더라도... 저는 각각의 개인이 '사는 것'만큼 연기가 성장한다고 보거든요? 그리고 40대에는... 아니, 40대 이후의 배우들은 개인의 '인격'만큼 연기가 성장한다고 봐요. 예전에는 성격이 나빠도 연기를 잘 하는 선배들도 있다고 생각을 했었는데, 근데 이제는 생각이 바뀐 것 같아요. 김태하 선생님의 기본, 기초 훈련이 틀렸다는 것이 아니라, 그 밑에, 그 기저에 인간의 본질, 본성에 가까운 영역이 있다고 말이에요. 삶에 대한, 인간에 대한 이해... 라고 할까요?

조한준 동의는 되지만... 그럼 배우들은 어떻게 살아야 하는 걸까요? 대체 무슨 훈련을 해야 한다는 말인가요....

김경아 아직 저도 모르겠지만.. 이건 잘 살아야 한다, 뭔가를 내려놓아야 한다, 이런 개념이 아니에요. 세상의 모순에 있어서, 꼭 촛불 들고 직접 거리로 나가지 않더라도 혹은 완전 나 몰라라 하지 않더라도 그 모순을 본인만의 관점으로 바라볼 수 있는지를 말하는 거예요. 좀 더 큰 그릇이 되어야 하지 않나... 하는.

조한준 조금만 더 구체적으로 말씀해 주시면 좋겠어요.

김경아 다양한 관점들에 대한 이해도가 조금 더 높은 사람? 이건 처음부터 될 수 있는 게 아닌 것 같아요. 이거야말로 어쩌면 배우 훈련을 통해서 축적되어 가는 것 같아요. 다양한 인물들을 만나야 하고, 이해해야 하고, 공감해야 하고, 그리고 그걸 결국 해내야 하는 배우라는 직업... 배우의 숙명이 다름 아닌 이해와 공감이지만, 전 그 두 가지는 모두 죽기 전에나 완전하게 되는 차원의 것 같아요. 하지만 그 목표점을 찍어놔야, 우리가 그 목표점을 향해 가면서 헤매기도 하고 길을 잃기도 하겠지만 그 과정 속에서 깨치는 세상과 인간을 바라보는 다양한 관점들이 쌓여갈 것이다... 이런 이야기입니다.

조한준 배우들 모두 어디 사찰에라도 들어가야 하는 건가요... 이해와 공감을 위해서...

김경아 거기에, 요즘은 다른 하나가 추가가 되었어요. 예전에는 저는 연기란 인간에 대한 이해라고 봤거든요? 근데 요즘엔 '아... 연기가 예술이구나...' 하는 생각이 더욱 들어요. 인간에 대한 이해, 성찰, 공감 외에 필요한 무언가가 더 있구나 하는 생각이 들어요. 바로 그것이 연기를 예술로 만들어 주는 것 같고요.

조한준 그게 뭔데요?

김경아 흠... 어떤... 뽕 맞음?

조한준 빙의 능력 같은 건가요?

김경아 아뇨, 일종의 감각적인 것이에요.

조한준 예민함? 영민함? 섬세함?

김태하 오감이 뛰어난 사람? 육감?

김경아 100% 감각적인 차원이에요. 뭐라고 말로 표현하기 참 어렵네요... 아까 말씀드린 것처럼, 저는 연기가 인간과 삶에 대한 성찰로 가능하다고 봤어요. 다양한 인생관들을 고민하고 내 것으로 가지고 옴으로써 타인의 인생관을 나의 인생관으로 투영시킬 수 있다고요. 그런데 그렇게 해서 연기가 된다고 하면, 결국 모든 배우들, 모든 평범한 인간들에게조차 다 적용이 될 수 있어야 하는데... 그렇지가 않잖아요? 그 이유가 뭘까 하고 봤더니, 바로 이 감각의 결여인 것이지요. 일종의 예술성. 배우 자체가 이 직업을 스스로 즐길 수 있는 감각. 이 감각은 미술이나 음악이나 그것을 기술적으로 아무리 뛰어나게 잘하더라도 그것과는 별개로 존재하는 특별한 것 같아요. 바로 이 감각을 제가 그동안 간과하고 있었던 것 같아요. 즐길 수 있느냐...

조한준 즐긴다... 네, 완전히 동감이 되는데요. 그렇다면 그게 계발이 되는 걸까요? 훈련을 통해서?

김경아 '즐긴다'라는 측면이 사실 굉장히 혼란스러웠는데요, 그 와중에 제가 학문적으로 책을 찾아보다가 아리스토텔레스의 행복론에 관한 내용을 접하게 되었어요. 그 책을 보면, 아리스토텔레스는 행복이란 덕이 있는 사람을 지칭하고 있어요. 그 덕이라는 건 단순히 좋은 사람이 되어야 행복하다가 아니라, 스스로 덕을 목표로 삼고 그것을 추구하는 과정에 있다고 보는 거예요. 즉, 실천적 지혜를 추구하고 그것을 즐길 수 있는 사람. 그래야 객관적 행복이 유지가 된다고요. 그걸 보면서 배우들의 즐김도 이걸 단순히 '끼'라는 차원으로 봐 버리면, 자칫 배우들이 훈련도 필요 없이 본인이 가진 성향이나 바람들을 완전히 해소함으로써 행복과 같은 것을 느낄 수 있다 오해될 수 있겠는데 그런 의미가 전혀 아니고, 아까 말씀드린 인간에 대한 성찰을 여기서 말하는 실천적 지혜의 목표로 삼고, 그 목표를 향해 가는 과정 그 자체를 즐기는 것으로 받아들여지더라고요. 배우들의 게으름이 저는 뭘 할지 모르겠다는 막연함보다는 '이게 무슨 소용이지?'라는 허무함 때문이 더 크다고 보는데, 이걸 이겨낼 수 있는 무언가가 필요하다면 저는 제가 지금 말씀드리고 있는 이 측면들이 훈련을 통해, 방법론을 통해, 관점을 통해 전달이 되어야 한다고 봐요. 그걸 탑재하게 되면 배우들 모두가 엄청난 행복을 얻게 될 수 있지 않을까 생각해요. 아, 물론 그 행복을 얻는 게 더 중요하다고 이야기하는 것이 아니에요. 그 과정 속에서 배우들이 스스로 단단해지는 것을 느끼게 될 것이고, 그 단단함이 배우들을 힘들게 하거나 지치게 하고, 포기하게 만드는 사회적인 요인들에서 스스로를 지키게 해줄 것이라는 거예요.

오성수 지금까지의 말씀을 듣고 있다 보니 드는 생각이, 저는 배우가 그 자체로서 살아있는 문화라고 봐요. 그 시대의 아이콘 같은 것. 이런 점에서 연기를 하는 사람들에게 저는 배우와 스타를 구분할 수 있어야 한다고 말하고 싶어요. 역할을 자기화해서 자신의 개성을 기반으로 표현하는 사람들을 스타로 보고, 자신을 역할에 동화시켜서 인물의 삶을 표현하는 사람들을 배우라고 봐요. 근데 우리가 추구해야 하는 것은, 배우이자 동시에 스타가 될 수 있어야 한다고 생각해요. 그렇게 될 수 있고, 그렇게 되어야만 한다고요. 그러기 위해서는 이유를 불문하고 훈련을 해야 한다고 봐요. 평생에 걸쳐서요.

조한준 저도 지금 나오는 이야기들을 기반으로 생각해 보면, 최근에 제가 꽂혀있는 관점 하나가 있어요. '나는 굿 리스너(listener)인가, 아니면 굿 토커(talker)인가, 아니면 둘 다인가'라는 거예요. 각자가 한번 생각해 볼까요? 나는 평소에 잘 듣는 사람인지, 주로 말을 하는 사람인지, 아니면 잘 듣고, 적재적소에서 잘 말하는 사람인지. 저도 교수지만, 교수들하고 있다 보면 정말 다들 자기가 토커에요. 자기만 토커여야 해요. 오디오가 물리는데도 서로 자기의 이야기를 동시에 해요. 남들 얘기를 들을 생각도 없이. 그리고 또, 인지도 있는 배우들 중에서, 혹은 연예인들 중에서도 토커들이 굉장히 많아요. 세상의 중심이 자기를 통해 돌아가야 하는... 모두가 자기 이야기를 들어야 하는 사람들이지요. 배우라는 직업이 어쩔 수 없이 '나 좀 봐 주세요'에서 시작하다보니 토커들이 더욱 많을 수밖에 없겠지요. 전 근데 지금 우리가 이야기하는 것, 혹은 이전 시간에 이야기했던 것, 인간과 삶을 성찰하고 말랑말랑한 자기 자신이 본인의 연기에 온전히 투영이 되고, 예술적 감각을 탑재하고 등등의 능력을 얻게 되는 사람들은 근본적으로 굿 리스너들이라고 봐요. 남들의 이야기에 진심으로, 온 진정성을 다해 들어줄 수 있는 사람. 굿 리스너가 아닌 그냥 리스너들은 상대방의 이야기를 단지 사운드로 들어요. 머리로 이해하려고 하는 차원이지요. 그것과 굿 리스너는 하늘과 땅 차이에요. 상대방의 말이 인지, 인식, 깨달음의 과정을 통해 스스로에게 반영이 되고, 작용이 되어야 비로소 진짜 '듣는' 거예요. 굿 리스너들이야말로 연민과 상처를 온몸으로 받을 수 있어요. 그리고 그것이 관객에게 전달이 된다고 봐요. 그래서 저는 이 책을 보는 배우들에게, 연기를 공부하는 사람들에게 이 부분을 먼저 이야기해 주고 싶어요. 본인이 자기를 둘러싼 가까운 사람들 가운데서 리스너였는지, 토커였는지 스스로 한번 살펴보라고요. 리스너였다면 굿 리스너였는지. 상대로부터 들은 것을 통해 '나'의 전체가 반영된 관점들이 있는 그대로 다시 상대에게 토킹으로 이어질 수 있는, 그런 연결고리를 갖추고 있는지 스스로를 먼저 돌아보라고 말이에요. 배우 훈련이란 이렇게 평소에도 스스로 얼마든지 할 수 있는 것이라고 말이지요. 좋은 재료가 되기 위해. 김경아 선생님 말씀대로 실천적 지혜를 깨닫게 되기 위해.

오성수 세상이 발전함에 따라서 우리의 삶이 풍요로워지고 행복해진 것은 분명하지만, 그만큼 사회적인 악(惡)도 함께 발전했다고 봐요. 그런 의미에서 선생님께서 말씀하신 실천적 지혜, 즉 지식이 지혜로 환원되기 위해 인간과 사회, 나와 타인에 대한 사랑과 이해가 무엇보다도 필요하다고 생각합니다. 자신이 사랑하는 삶, 자신의 꿈을 위해서 정말 부지런하게 열심히 살면 배우에게 그보다 더 좋은 자산이 있을까요? 우린 행복하기 위해서 연기예술을 시작했고, 배우라는 직업을 선택했다는 그 초심을 잃지 않았으면 좋겠어요. 배우들에게 뭔가 더 구체적인 것을 제시할 수 있다면 더 좋겠지만, 저는 할 수 있는 모든 것을 경험해 보라고 이야기하고 싶네요.

조한준 1학년 학생들 같이 이제 막 본격적인 연기훈련을 시작하는 학생들이 여름방학이 다가오면 저에게 물어봐요. 좋은 배우가 되기 위해 방학 중에 무엇을 하면 좋겠는지. 그러면 전 물론 할 수 있는 게 무궁무진하다고 이야기해요. 좋은 영화들을 찾아보고, 최근의 핫한 작품들도 찾아보면서 자신이 좋아하는, 싫어하는 감독도 만들고, 또 그 감독들의 다른 작품들도 찾아보고, 그 과정에서 발견되는 인상적인 캐릭터도 찾고, 그 캐릭터의 좋은 대사들도 따로 적어놓아 자신만의 라이브러리를 만들고, 그걸 자신의 휴대폰으로 한번 찍어보면서 어떻게 보이는지, 자기의 말로 들리는지 관찰해 보고, 작품 속에 등장하는 거리, 둘레길을 직접 가서 걸어도 보고, 음악을 다운 받아 듣고 등등 셀 수 없을 만큼 할 수 있는 것이 많다고요. 근데 문제는! 좋은 배우가 되려는 의지와 절실함을 장착한 사람이라면, 이러한 것들을 선생이 이야기해 주지 않아도 스스로 한다는 거예요. 심지어 선생의 아이디어를 뛰어넘는 기상천외한 방법들로 스스로를 끊임없이 갈고 닦는... 전 바로 그들이 배우가 된다고 봐요. 온갖 어려움과 장애물, 현실적인 이슈들에도 굴하지 않고 끝까지 살아남아서 배우가 된다고요. 그들에까지 못 미치는 대다수의 사람들이 아까 이야기한 일종의 게으른 배우들이에요. 해야 한다는 건 알면서, 심지어 뭘 해야 하는지도 알면서 실천이 되지 않는. 기회가 오지 않았다고 스스로 위안하면서 막연한 기다림으로 시간을 보내는. 다시 이야기하면, 전 연기훈련이란 꼬리에 꼬리를 무는 작업이라고 봐요. 돌멩이가 새끼를 까듯이 할 수 있는 영역이 무궁무진하다고요. '뭘 해야 하지?'라는 막연함이 드는 순간, 전 그 자체가 배우 스스로 의지가 강력하지 않기 때문이라고 봐요. 연기 선생은 그 무궁무진한 아이디어들을 조금 더 보태주고, 그걸 경험하는 배우들이 가고 있는 길이 잘 가고 있는 것인지 봐주는 정도의 일을 하는 것이라 생각해요. 결국엔 연기는 배우들 스스로의 '실천'이잖아요. 아무리 연기 선생이 채찍질을 하더라도, 그 배우가 그걸 얼마만큼 실천할 수 있느냐의 문제.

김경아 그럼에도 불구하고, 우리가 연기 선생으로서 허무해지지 않아야 한다고 생각해요. 연기는 가르침이 필요 없다, 연기 훈련이란 것이 무의미하다, 결국에는 배우 스스로 얼마만큼 절실한가, 그 절실한 사람이 스스로의 힘으로라도 성공을 한다, 이렇게 생각해버리면 너무 허무해지는 것 같아요. 인간은 누구나 완벽할 수 없고, 그렇기 때문에 저는 연기 지도자가 필요하다고 봐요. 인간이 할 수 있는 것은 무궁무진하지만, 그걸 '열심히' 하는 것이 제각각 다르니까요. 저는 모든 사람들이 다 똑같이 최대치만큼의 '열심히'로 살아야 한다고 생각되지는 않아요. 다 다르니까. 단, 각자 기준의 그 '열심'을 알아주는 사람이 있다면, 전 그 자체로도 충분히 시너지가 발휘된다고 생각해요. 배우들도 마찬가지고요. 우리 연기 지도자가 필요한 이유가 있다면 바로 그걸 알아주는 사람이 되어야 한다는 것이지요. 또한 선생님께서 말씀하신 것처럼, 저는 그 의지와 실천력이 있는 사람일수록 저희 같은 선생이, 그리고 제대로 된 훈련이 필요하다고 봐요. 그걸 지켜주고, 변질되거나 왜곡되지 않는 방향으로 안내해 주기 위해서요. 단, 사사하는 방식이 절대 아니어야 한다는 전제가 필요하고요.

오성수 그런 점에서 무엇보다 '사랑'이 필요하지 않을까요? 제가 예전에 군대에 있을 때 장애인 교육시설에 봉사활동을 갔던 적이 있어요. 거기서 한 자폐아동을 만났었는데 이런저런 이야기를 하다가 "친구야, 너는 꿈이 뭐야?"라고 물어봤어요. 그랬더니 "배우!"라고 하는 거 아니겠어요? 정말이지 너무 반가웠어요. 너무 반갑다며 손을 잡으면서 이야기를 하다가 그 아이가 제게 노래를 불러줬어요. 뮤지컬 〈지킬 앤 하이드〉의 〈지금 이 순간〉이요. 정말 드라마틱하지 않나요? 여태껏 그렇게 아름다운 예술을 본 적이 없어요. 박수를 치며 그 아이에게 "정말 잘한다! 정말 멋지다! 너는 분명 배우가 될 수 있어!"라고 말해줬습니다. 진심으로요! 제 말을 듣고 반짝거리던 그 눈빛을 아직도 잊을 수가 없어요. 지금 생각해도 울컥해요. 정말 멋진 순간이었죠. '나의 사소한 한마디가 누군가에게는 삶을 바꿀 수 있는 밀알이 될 수도 있구나!'라는 것을 깨닫는 순간이었어요. 책임감과 위대함을 느낀 순간이었죠. 보알이 한 인터뷰에서 이런 말을 했어요. "인간의 모든 행위는 문화적이다. 그것이 문화적인 이유는 우리가 다름 아닌 연극이기 때문이다." 제가 연극을 하고 연기예술을 교육하는 사람이라서가 아니라 삶을 살아가는 한 인간으로서 나와 타인에 대한 사랑이 정말 중요하다고 생각해요. 그것이 연극이 만들고, 우리의 삶을 행복으로 이끄는 것이라는 거죠.

김태하 맞아요. 연기라는 분야가 인간, 그리고 그 인간들의 공동체, 그 안에서의 삶, 이런 것들이 없었다면 과연 존재할 수 있었을까요? 드라마의 모든 소재, 이야기들이 우리 인간 삶을 투영하고 있듯이 그렇다면 배우도 인간들의 삶에 대한 깊이 있는 성찰이 필요하다고 봐요. 그런데 우리 인간 삶이라는 게 항상 재밌고 행복한 것만은 아니잖아요. 거기엔 고통, 슬픔, 분노, 회한, 후회 등등 인간이 느낄 수 있는 모든 감정들이 투영되는 복잡한 것이잖아요. 그럼 배우는 당연히도 그 복잡한 모든 것을 이해하고 공감할 수 있어야 하고요. 그렇기 때문에 우리가 예술가라는 존재가 될 수 있다고 생각해요.

오성수 연기교육이 사사하는 방식이 아니어야 한다는 말씀에 격하게 동감합니다. 연기가 바로 인간 삶이라는 말씀에도 전적으로 동의합니다. 삶에 정답이 있나요? 연기는 삶을 표현하는 예술이잖아요. 연기를 가르친다는 말은 삶을 가르친다는 것과 동일하게 볼 수 있다고 생각해요. 그래서 연기 지도자에게는 누구보다 인간에 대한 사랑, 윤리성, 중립성이 중요하다고 봅니다. 이 점에서 연기를 배우는 학생들이 두려워하지 않았으면 좋겠어요. 그게 무엇이든지 말이죠. 위대하고, 훌륭하고, 무엇보다 인간이 할 수 있는 가장 아름다운 예술을 한다는 자부심을 가지면 좋겠습니다. 그러면 그 과정이 행복할 수 있다고 생각해요.

조한준 배우라는 존재가 이 세상 그 누구보다도 위대한 예술가라는 말에 적극 동의해요. 이 세상 모든 인간들을 위한 가장 아름다운 예술을 행하는 사람들이라는 말에도 그렇고요. 이 책을 쓰기로 결심한 계기가 어찌 보면 그러한 배우로서의 자긍심, 자부심을 세상에 조금이라도 알리고 싶은 마음에서였어요. 그와 동시에 직업으로서 가져야 할 소명, 책임감도 물론이고요. 그렇다면 그러한 배우들을 잘 이끌어주어야 할 연기 지도자는 과연 어느 만큼의 그릇을 가진 사람이어야겠어요? 실로 엄청난 짐을 짊어졌다는 사명을 가져야 한다고 생각해요. 제 스승님의 연구실 벽면에 액자가 하나 걸려 있었는데, 그 액자에는 '사랑이 많으면 할 일이 많다'라고 적혀 있었어요. 어린 나이에 그걸 볼 때는 교육자로서 누구나 생각할 법한, 어찌 보면 당연한 말이라고 생각했었는데, 최근 들어 그 문구가 자주 생각이 들어요. 그 말은 비단 교육자로서만 해당이 되는 것이 아니라, 연기예술을 하는 배우들, 그리고 그 배우들을 가르치는 연기 교육자에게 특히 더욱 필요한 사안인 것 같아요. 연기예술을 공부하는 우리 모두는 이 세상 어떤 직업, 어떤 사람들보다도 사랑이 많아야 하고, 그렇다면 할 일이 정말 많아야 한다고요. 우스갯소리로 오지랖이 넓어야 한다고요. 세상에 대한 관심이 많아야 하기 때문에 이 사회의 목소리와 변화에 늘 귀를 기울여야 하고, 크고 작은 사건들에 진심으로 마음 아파하고 기뻐해야 하고, 언제나 다른 사람들을 진심으로 끌어안을 준비가 되어 있어야 한다고 봐요. 나 하나를 양초처럼 불태워서 이 세상의 작은 촛불이라도 되고 싶은 마음가짐이 있어야 한다고 봐요. 일방적으로 나 자신을 희생하라는 건 아니에요. 이 모든 실천들의 기저에 '나' 자신을 사랑하고 보듬어주는 일이 가장 먼저가 되어야겠지요. 세상에서 가장 소중한 나 자신을 가지고 다른 '나'들을 끌어안는 일이니까요.

스타가 되어 사람들의 관심을 온 몸으로 받는 일은 정말 이지 순간에 벌어지는 것 같아요. 그에 따르는 부와 명예도 마찬가지고요. 배우가 되고자 하는 사람들은 누구나 그렇게 되고 싶은 욕망들이 있을 터인데, 전 이와 같은 사고방식을 통해 '준비'가 된 배우들이 그러한 한 개인 인생의 급격한 변화에도 의연하게 대처해낼 수 있다고 봐요. 자기 자신과 남들을 동시에 위하면서 말이에요. 그런 의미에서 연기를 공부해 나아가는 과정이 거대한 막연함을 하나씩 지워가는 과정이라면, 연기예술의 개념적인 이해의 측면에서, 그리고 그것을 훈련을 통해 실천해 나가는 방법적인 측면에서, 그리고 그 기저에 있어야 할 정신적인 측면에서, 이 모든 것이 한데 어우러져 동시에 진행이 되어야 한다고 봐요. 그 치열한 노력들 속에서 어느새 자신도 모르게 '좋은 배우'가 되어 있을 거라고 확신해요. 비록 유명한 배우가 아직은 안 되어 있을지 몰라도 좋은 배우로서 좋은 인생을 살고 있노라면 분명히, 기필코, 점점 더 많은 사람들이 함께 있고픈 배우가 될 거라고요.

조한준
한양대학교 예술체육대학 연극영화학과 부교수
극단 한양레퍼토리 부대표
공연예술연구소 부소장
한국연극교육학회 학술이사(2021년-2022년)

한양대학교 연극영화학과 박사(연극학, Ph.D.)
동 대학원 석사(연극학, MA)
University of Essex, East15 Acting School 석사(연기실기, MFA)
한양대학교 연극영화학과 학사(인문학)

연기예술을 논하다

초판 2쇄 발행일 2025년 1월 3일
조한준 지음

발행인 이성모
발행처 도서출판 동인(등록 제1-1599호 | 서울시 종로구 혜화로3길 5 118호)
TEL 02-765-7145 | FAX 02-765-7165
donginpub@naver.com | www.donginbook.co.kr

삽 화 김유신

ISBN 978-89-5506-861-0
정 가 18,000원